绿色发展视域下数字经济赋能区域高质量发展研究

宋晓明　丁晨辉　著

北京邮电大学出版社
www.buptpress.com

内 容 简 介

围绕国家"双碳"及绿色高质量发展战略目标，本书系统、深入地研究了数字经济对区域高质量发展的影响机理、多维效应、实现路径并提出对策建议，具有重要的学术价值和实践指导意义。

全书包含上篇、中篇、下篇，共计12章的研究内容。其中，上篇为中国区域数字经济与经济高质量发展水平的测度与时空演变，中篇为数字经济赋能区域高质量发展的理论机制与路径研究，下篇为区域经济绿色低碳发展的影响因素与多维效应。

本书的研究内容涵盖区域、产业、企业三个层面，理论分析深刻，实证研究规范，系统性和创新性均较强。本书可作为高等院校经济管理类师生进行学术研究、专业学习的参考用书，也可供研究机构、企业管理者及科研爱好者使用。

图书在版编目（CIP）数据

绿色发展视域下数字经济赋能区域高质量发展研究 / 宋晓明，丁晨辉著．-- 北京 ：北京邮电大学出版社，2024．-- ISBN 978-7-5635-7376-9

Ⅰ．F127

中国国家版本馆CIP数据核字第2024CD6851号

策划编辑：彭　楠　　**责任编辑**：王晓丹　蒋慧敏　　**责任校对**：张会良　　**封面设计**：七星博纳

出版发行：北京邮电大学出版社
社　　址：北京市海淀区西土城路10号
邮政编码：100876
发 行 部：电话：010-62282185　传真：010-62283578
E-mail：publish@bupt.edu.cn
经　　销：各地新华书店
印　　刷：保定市中画美凯印刷有限公司
开　　本：787 mm×1 092 mm　1/16
印　　张：19.75
字　　数：427千字
版　　次：2024年11月第1版
印　　次：2024年11月第1次印刷

ISBN 978-7-5635-7376-9　　定价：96.00元

·如有印装质量问题，请与北京邮电大学出版社发行部联系·

前言

改革开放以来，中国经济保持了高速增长，经济实力显著提升，但这也引发了高能耗、高排放、高污染等严重问题；加上“碳达峰、碳中和”战略目标的要求以及外部环境的压力，我国亟待进行经济转型与产业升级，走绿色高质量发展之路。绿色发展是新时代中国的主题，党的二十大报告指出，要“推动绿色发展，促进人与自然和谐共生”。深入来看，绿色发展作为可持续发展的一种表现模式，兼具系统协调性和区域实践性等特征。其中，系统协调性是指绿色发展作为经济、社会和环境之间的调和器，其整个实现过程涉及绿色升级、环境治理与资源循环再利用等多个领域的协调；区域实践性是指各地区要兼顾生产与消费两端，立足于区域产业特征和资源禀赋，借助数字技术和平台经济等新的驱动力或增长点，加快推动传统产业转型升级，发展高技术产业，实现区域经济内涵式增长。

5G、人工智能、大数据、区块链等新一代信息通信技术(ICT)催生了数字经济，为世界各国(地区)新一轮的经济发展提供了重大机遇，成为重组全球要素资源、重塑全球经济结构、改变全球竞争格局的关键力量。党的二十大报告指出，加快发展数字经济，促进数字经济和实体经济深度融合，打造具有国际竞争力的数字产业集群。当前，我国数字经济与实体经济各领域融合的广度和深度不断拓展，在激发消费、拉动投资、创造就业等方面发挥着重要作用。2023年我国数字经济规模达到53.9万亿元，占GDP的比重达到42.8%；同时，中国有18个省(区、市)的数字经济规模超1万亿元。由此可见，数字经济成为中国及区域经济高质量发展的新引擎、深化供给侧结构性改革的重要抓手和增强经济发展韧性的主要动力。

基于此，在国家“双碳”及绿色高质量发展战略目标的指引下，精准把控当前国家和地区面临的经济痛点与难点问题，系统深入地研究数字经济对区域高质量发展的影响机理、多维效应和实现路径，并提出科学合理的对策建议，具有重要的学术价值和实践指导意义。一是能够丰富数字经济、绿色发展、产业升级领域的理论研究成果，拓宽研究视角；二是实证研究结果与合理的对策建议能够为各级政府部门制定科学的产业规划、扶持政策，进而促进区域经济高质量发展提供借鉴与参考；三是有助于指导各类企业加快自身数字化转型与高质量发展，进而为支撑区域绿色高质量发展贡献更大的力量。

本书包含上篇、中篇、下篇，共12章的研究内容。其中，上篇为中国区域数字经济与经济高质量发展水平的测度与时空演变，此篇探讨了中国区域数字经济发展水平的时空格局与收敛性，研究了新发展理念下中国区域经济高质量发展水平的测度、空间差异与动态演变，还系统分析了绿色发展视域下中国区域高技术产业升级机制、能力测度与动态演变。

中篇为数字经济赋能区域高质量发展的理论机制与路径研究。此篇深入分析了数字经济对中国区域生态福利绩效、区域创新效率差距及收敛的影响机理和促进提升的路径。在产业层面，论述了数字经济驱动中国高技术产业高质量发展的机制与路径，并从替代效应和创造效应两个方面，讨论了数字经济对区域制造业就业的双边影响。在企业层面，围绕数字经济领域的热点问题，剖析了工业互联网赋能"专精特新"企业数字化转型的机理与路径。

下篇为区域经济绿色低碳发展的影响因素与多维效应。此篇聚焦国家"双碳"目标，围绕区域绿色高质量发展目标，科学运用双边随机前沿模型，系统分析了空气污染对区域科技创新的双边影响：抑制效应还是激励效应。此篇还分析了环境规制对区域就业的双边影响：创造效应还是破坏效应。在此基础上，论述了数字经济对区域碳排放的双边影响：抑制效应还是促进效应。最后基于中国智慧城市试点的准自然实验，剖析了智慧城市建设对节能减排的影响。

本书得到了2024年度河北省社会科学发展研究课题（确认课题）"绿色发展视域下数字经济赋能区域高质量发展研究"（编号：20240602011）的资助。在书稿写作分工方面，宋晓明负责第1章、第2章、第3章、第4章、第6章、第7章、第9章、第10章共计8章内容的写作工作及全书统稿工作；丁晨辉负责第5章、第8章、第11章、第12章共计4章内容的写作工作。感谢恩师田泽教授对我们的悉心指导与培养，感谢家人的鼎力支持和陪伴。本书在写作及出版过程中，还得到了石家庄邮电职业技术学院各级领导的大力支持，河海大学商学院各级领导和导师团队也给予了很大帮助，在此一并表示感谢。

由于作者水平有限，书中难免有疏漏和错误之处，恳请读者批评指正。

目　录

上篇
中国区域数字经济与经济高质量发展水平的测度与时空演变

下篇

区域经济绿色低碳发展的影响因素与多维效应

上篇

中国区域数字经济与经济高质量发展水平的测度与时空演变

第1章 中国区域数字经济发展水平的时空格局与收敛性研究

本章基于数字经济理论内涵，构建中国省际数字经济发展评价指标体系，运用熵权法进行测度，并借助探索性空间分析法、时空跃迁法、空间杜宾模型对中国2011—2020年数字经济发展水平的空间格局及收敛性进行实证研究。研究发现：①中国数字经济发展水平呈逐年上升态势，且区域差异显著，呈现东部高、中部和西部低的空间分布特征；②数字经济整体上存在空间外溢效应和空间格局锁定特征，较难实现跃迁；③全国及区域层面的数字经济发展水平均存在α收敛、绝对β收敛和条件β收敛，空间因素可加速其收敛，收敛速度为东部、西部、中部依次减弱。

1.1 引　言

5G、人工智能、大数据、区块链等新一代信息通信技术(ICT)催生了数字经济,为世界各国(地区)新一轮的经济发展提供了重大机遇[1],成为重组全球要素资源、重塑全球经济结构、改变全球竞争格局的关键力量。党的二十大报告指出:"加快发展数字经济,促进数字经济和实体经济深度融合,打造具有国际竞争力的数字产业集群。"当前,我国数字经济与实体经济各领域融合的广度和深度不断拓展,在激发消费、拉动投资、创造就业等方面发挥着重要作用[2]。2023年我国数字经济规模达到53.9万亿元,占GDP的比重达到42.8%;同时,中国有18个省(区、市)的数字经济规模超1万亿元。由此可见,数字经济已成为中国及区域经济高质量发展的新引擎、深化供给侧结构性改革的重要抓手和增强经济发展韧性的主要动力[3]。数字经济水平的高低成为衡量一个国家综合竞争力强弱的关键标准,大力发展数字经济,实现从传统经济过度依赖向数字经济创新驱动的转变,成为国家的一项重大战略。然而,受区域资源禀赋差异、数字基础设施建设参差不齐等诸多因素的影响,我国不同地区的数字经济发展水平存在显著差异,这不利于全国数字经济整体水平的提升。因此,优化数字经济发展的空间格局,促进数字经济发展由低水平区域向高水平区域收敛,成为提升数字经济整体水平的重要途径。

数字经济已成为当下的研究热点,国内学者的研究主要聚焦于数字经济的内涵阐释[4]、指标体系构建、水平测度以及促进经济高质量发展[5]等方面。就数字经济的内涵及特征而言,数字经济以互联网、物联网等为载体,借助5G、人工智能、大数据、区块链等数字技术实现交易、交流的数字化;是一种基于数字化信息、知识生产要素等重塑再生产方式以及过程的经济活动[6]。数字经济对"乡村振兴""中国制造2035"等重大国家战略的贯彻落实发挥着支撑促进作用,数字农业被视为实现大数据与乡村振兴融合发展的根本途径,而制造业作为数字经济的主战场,催生出个性化定制、智能制造、服务型制造等诸多新业态、新模式[7]。这些新业态、新模式有力地推动了制造业的整体转型升级。

目前,关于数字经济水平的测度尚未形成统一的标准,学术界大多采用构建指标体系的方式,并叠加运用主成分分析法、熵权法、GIS空间分析法等进行数字经济发展水平的测度研究[8]。现有研究主要基于全国、省域等层面,从数字经济的内涵出发,围绕信息化发展、互联网发展、数字交易等维度构建评价指标体系,测算中国省域层面的数字经济发展水平,发现国内数字经济发展存在"数字经济鸿沟"和两极分化现象[9];也有学者从市域、县域层面,运用泰尔指数、Dagum基尼系数和Kernel密度估计探讨数字经济的演变趋势以及地区差异[10]。总体来看,随着人们对数字经济内在规律认识的不断深化,数字经济的评价指标体系日益成熟。然而,数字经济涵盖诸多方面,如何科学、全面地构建评价指标体系，进而精准地测度区域数字经济发展水平仍是亟待解决的重要理论与现实问题。

此外，中国及各省(区、市)数字经济的发展处于何种水平？各区域间数字经济发展水平在空间上存在怎样的关联？是否存在显著的空间分异？区域差异呈现何种趋势，是持续拉大还是收敛？若收敛，收敛是否呈现空间效应？对上述问题的研究与解答构成了我国数字经济发展水平研究的又一重要课题。但针对此类问题的相关研究较为匮乏，对区域间数字经济客观存在的空间相关性研究也缺乏深入探讨，有关数字经济发展水平收敛性的直接研究更为鲜见。基于此，本章在深入理解数字经济内涵的基础上，构建数字经济发展水平评价指标体系，测度 2011—2020 年 30 个省(区、市)的数字经济发展水平，并对数字经济发展水平的时空格局及收敛性展开系统且深入的研究。本章研究的边际贡献在于：一是清晰刻画数字经济的空间分布及动态演变特征，并对数字经济发展水平的空间收敛性进行实证检验分析，以弥补现有研究的不足；二是在研究方法上选取跨学科交叉方法与规范研究范式，以确保研究结论的准确性与借鉴价值。

1.2 中国区域数字经济发展水平的测度分析

1.2.1 测度方法的选取

数字经济发展指数的测度既需依赖可获取且具操作性的具体指标，又要为所选取的指标赋予合理的权重值。当前较常见的赋权法包括主观赋权法与客观赋权法。熵权法对权重的计算较为客观，其基于原始数据是一种集多指标、多对象于一体的客观赋权法[11]，可有效规避人为因素引发的测量误差，故选取熵权法对指标进行赋权。在计算出各省(区、市)数字经济发展水平测度体系的权重后，构建数字经济测度指标的加权矩阵，并基于标准化的指标以及测算所得的指标权重，使用多种线性函数的加权求出区域数字经济发展指数(DIG)。其中，DIG 的取值范围为 0～1，其值越大表示区域数字经济发展水平越高；反之，则表示区域数字经济发展水平越低。

1.2.2 指标选取与说明

1. 数字经济发展水平的测度指标

借鉴刘军等[9]将互联网发展作为测度的核心并融入数字交易指标体系的构建思路，

同时结合相关数据的可获取性，从互联网发展、数字金融普惠这两个维度来测度数字经济发展指数。互联网是数字经济发展的载体和依托。对于省域层面的互联网发展水平的测度，借鉴黄群慧[12]的做法，主要从互联网普及率、相关产业人员从业情况、相关产业产出情况和移动电话普及率四个方面展开，分别通过百人中互联网宽带接入用户数、计算机服务和软件业从业人员占城镇单位从业人员的比重、人均电信业务总量以及百人中移动电话用户数来表示。对于数字金融普惠的测度，采用郭峰等[13]编制的我国省级数字普惠金融指数进行衡量，该指数主要从数字金融覆盖广度、使用深度以及数字化程度三个方面进行测度。由此，运用熵权法对数字经济发展水平进行测度。

2. 相关控制变量指标

① 经济增长(ln PGDP)。选取地区人均 GDP 来代表区域经济增长水平，并对变量进行取对数处理。

② 城镇化(ln CITY)。以城镇人口在总人口中的占比代表城镇化水平。

③ 人力资本(ln HUM)。以平均受教育年限来表征区域人力资本水平的高低，并对变量进行取对数处理。

④ 政府行为(ln GOV)。选取各地区政府财政支出占 GDP 的比重来表示政府行为。

⑤ 市场开放度(ln OPEN)。用进出口总额占 GDP 的比重来表示市场开放程度，并对变量进行取对数处理。

⑥ 技术水平(ln TC)。用科技支出占 GDP 的比重来表示技术水平。

⑦ 产业结构高级化(ING)。利用第三产业增加值与第二产业增加值的比值来表示产业结构高级化。

⑧ 金融集聚(ln JAG)。参考金芳等[14]学者的研究，对金融集聚水平进行测度。

⑨ 生产性服务业集聚(ln SAG)。借鉴杨君等[15]学者的研究，运用相关计算公式对生产性服务业集聚水平进行测度。

1.2.3　数据来源与数据处理

结合数据的可获得性，研究选取 2011—2020 年中国 30 个省(区、市)作为样本，对其数字经济发展水平加以测度；研究按照国家地理分布，将区域划分为东部、中部、西部地区。研究数据来自《中国统计年鉴》、《中国科技统计年鉴》、《中国城市统计年鉴》、各省(区、市)统计年鉴及国研网、国泰安等数据库。由于中国西藏及港澳台地区数据缺失较多，故将其剔除，并对相关指标的缺失值进行插值处理。为避免异方差的影响，对部分指标进行取对数处理，并在 1%和 99%水平上进行缩尾处理。此外，涉及价格因素的变量，本章的研究均以 2011 年为基期进行平减处理。主要变量的描述性统计结果见表 1-1。

表 1-1 主要变量的描述性统计结果

变量类别	变量名(符号)	样本量	均值	标准差	最小值	最大值
被解释变量	数字经济发展指数(DIG)	300	0.327	0.142	0.125	0.937
解释变量	经济增长(ln PGDP)	300	10.841	0.443	9.706	12.145
	城镇化(ln CITY)	300	4.043	0.198	3.554	4.495
	人力资本(ln HUM)	300	7.836	0.284	6.987	8.633
	政府行为(ln GOV)	300	3.147	0.380	2.347	4.222
	市场开放度(ln OPEN)	300	1.689	1.389	−3.215	4.716
	技术水平(ln TC)	300	−0.926	0.515	−1.999	0.340
	产业结构高级化(ING)	300	1.227	0.717	0.518	5.991
	金融集聚(ln JAG)	300	−0.042	0.335	−0.731	0.976
	生产性服务业集聚(ln SAG)	300	−0.033	0.584	−0.940	2.180

如表 1-1 所示,数字经济发展指数的均值为 0.327,最大值为 0.937,最小值为 0.125,这表明不同区域间数字经济发展水平差距较大,其余变量除城镇化水平、人力资本外,均存在显著差异。

1.2.4 测度结果分析

按照前文构建的评价体系及选定的研究方法,计算出 30 个省(区、市)2011—2020 年的数字经济发展指数(表 1-2)。

从全国层面看,2011—2020 年中国数字经济发展指数的均值为 0.327,这表明整体数字经济发展水平不高,有较大的提升空间。就整体演变趋势而言,十年间全国数字经济发展水平呈上升趋势,这说明国家对数字经济的重视程度不断加强,发展成效也逐步凸显。

从区域层面看,全国数字经济发展水平呈现出东部高、中部和西部低的分布格局,东部、中部和西部地区的均值分别为 0.385、0.283 和 0.300。不难发现,中部地区略低于西部地区,且两者均低于全国平均水平。分阶段来看,2011—2014 年、2017—2020 年数字经济发展指数增速较快;但在 2015 年出现回落,其中 2014—2015 年间东部地区增幅仅为3.0%,中部地区增幅为 4.1%,西部地区增幅为 2.2%,成为近九年间增长最为缓慢的时段,这远低于

2011—2013 年东、中、西部地区数字经济发展指数的增幅，它们依次为 30.9%、41.1%和 40.3%。

表 1-2　2011—2020 年中国各地区数字经济发展指数得分与排名

省(区、市)		2011	2013	2015	2017	2019	2020	均值	排名
东部地区	北京	0.407	0.480	0.499	0.566	0.744	0.937	0.578	1
	天津	0.204	0.236	0.256	0.328	0.466	0.662	0.332	10
	河北	0.162	0.222	0.241	0.320	0.424	0.537	0.298	19
	辽宁	0.205	0.268	0.281	0.355	0.448	0.547	0.334	7
	上海	0.280	0.373	0.390	0.460	0.627	0.784	0.459	2
	江苏	0.206	0.283	0.326	0.410	0.546	0.667	0.382	5
	浙江	0.249	0.328	0.386	0.469	0.614	0.740	0.438	3
	福建	0.219	0.298	0.316	0.388	0.508	0.621	0.372	6
	山东	0.166	0.235	0.265	0.327	0.420	0.521	0.305	16
	广东	0.243	0.328	0.343	0.413	0.548	0.662	0.401	4
	海南	0.171	0.238	0.260	0.353	0.491	0.623	0.333	8
	均值	0.228	0.299	0.324	0.399	0.531	0.664	0.385	
中部地区	山西	0.165	0.227	0.253	0.311	0.417	0.555	0.301	17
	吉林	0.179	0.234	0.252	0.312	0.401	0.529	0.301	18
	黑龙江	0.155	0.213	0.237	0.299	0.382	0.501	0.281	22
	安徽	0.131	0.187	0.224	0.289	0.399	0.540	0.273	28
	江西	0.125	0.186	0.222	0.284	0.391	0.512	0.267	30
	河南	0.128	0.195	0.225	0.298	0.408	0.528	0.276	25
	湖北	0.156	0.223	0.248	0.304	0.419	0.530	0.295	21
	湖南	0.137	0.195	0.213	0.277	0.384	0.527	0.268	29
	均值	0.147	0.208	0.234	0.297	0.400	0.528	0.283	

续 表

省(区、市)		2011	2013	2015	2017	2019	2020	均值	排名
西部地区	内蒙古	0.186	0.248	0.247	0.319	0.435	0.584	0.315	13
	广西	0.143	0.195	0.220	0.284	0.410	0.557	0.279	23
	重庆	0.160	0.228	0.259	0.339	0.459	0.598	0.318	12
	四川	0.144	0.215	0.259	0.336	0.443	0.580	0.308	14
	贵州	0.126	0.184	0.208	0.283	0.415	0.599	0.275	26
	云南	0.131	0.195	0.210	0.283	0.396	0.582	0.274	27
	陕西	0.183	0.243	0.267	0.344	0.469	0.618	0.332	9
	甘肃	0.125	0.185	0.210	0.297	0.426	0.579	0.278	24
	青海	0.161	0.213	0.227	0.310	0.442	0.635	0.305	15
	宁夏	0.161	0.220	0.237	0.338	0.485	0.647	0.322	11
	新疆	0.159	0.227	0.235	0.290	0.420	0.605	0.297	20
	均值	0.153	0.214	0.234	0.311	0.436	0.599	0.300	
全国均值		0.179	0.243	0.267	0.340	0.461	0.604	0.327	

从省(区、市)层面看,各省(区、市)数字经济发展水平存在显著差异。2011—2020 年国内数字经济发展指数均值排名前五的依次是北京、上海、浙江、广东、江苏,其数字经济发展指数的均值分别为 0.578、0.459、0.438、0.401 和 0.382。相比之下,江西、湖南、安徽等省(区、市)排名较为靠后,对应的数字经济发展指数均值均低于 0.300。排名较为靠前的东部省(区、市),得益于良好的区位优势与经济基础,加上较为完善的数字基础设施以及高端要素的集聚,使得数字经济红利得以充分释放,整体数字经济水平较高;而排名较为靠后的多为中、西部地区的省(区、市),究其落后的原因,主要是缺少东部地区所具备的诸多优势,致使中、西部地区数字经济发展迟滞,数字经济红利有待进一步释放。

1.3 中国区域数字经济发展水平的时空格局

1.3.1 区域数字经济发展水平的空间关联性与空间集聚特征分析

1. 探索性空间数据分析(ESDA)

空间数据分析法通过描述或者可视化所研究对象或事物的空间分布格局,来判断空间集聚、空间分异状况,从而揭示研究对象的空间依赖关系。本章的研究采用全局莫兰指数来衡量区域间数字经济发展水平的空间关联性,采用局部莫兰指数来反映局部数字经济发展水平的关联特征。由于篇幅所限,具体公式省略。经计算,2011—2020年在空间邻近权重矩阵和经济距离权重矩阵下,全局莫兰指数始终显著为正;在这两种权重矩阵下,莫兰指数均呈波动变化趋势。可知,中国数字经济发展水平存在显著的空间正相关,且呈现出空间集聚的特征。

2. 全国数字经济发展水平的空间集聚特征分析

2011—2020年中国数字经济发展水平绝大多数位于第一、第三象限,呈现出高高集聚(HH)与低低集聚(LL)特征,这表明其存在较为稳定的空间关联性与空间集聚性。进一步来看,高高集聚分布在东部沿海发达地区,而低低集聚则主要分布在长江中游、西北、东北、西南地区,涵盖了50%以上的省(区、市)。高高集聚分布的地区较为稳定,除辽宁省逐渐掉队外,北京、上海、江苏、浙江、广东等地区一直稳居高高集聚的行列。相比之下,低低集聚主要分布在山西、河南、广西、贵州等中、西部地区,这些地区高端要素资源不足,导致缺乏数字经济发展所必需的"土壤"。此外,高低集聚区(HL)与低高集聚区(LH)因缺乏有效的辐射带动和协同治理,较易陷入"低水平均衡陷阱"。

1.3.2 区域数字经济发展水平的时空跃迁分析

时空跃迁测度法可进一步探究中国数字经济发展水平的局部空间关联的时空转移特征。时空跃迁共有四种类型,其中:类型Ⅰ,本地区发生跃迁而相邻地区未发生跃迁;类型Ⅱ,本地区在相邻地区发生跃迁的情况下仍保持原有状态;类型Ⅲ,本地区与相邻地区均发生跃迁;类型Ⅳ,本地区与相邻地区均未发生跃迁。如表1-3所示,2011—2014年跃迁类型为类型Ⅳ的省(区、市)最多,为24个,跃迁类型为类型Ⅰ和类型Ⅱ的省(区、市)

分别为3个与2个，而跃迁类型为类型Ⅲ的省（区、市）最少，为0个；2014—2020年跃迁类型为类型Ⅳ的省（区、市）最多，为25个，跃迁类型为类型Ⅰ的省（区、市）有2个，而跃迁类型为类型Ⅱ与跃迁类型为类型Ⅲ的省（区、市）均不存在。进一步分析，跃迁类型为类型Ⅳ的省（区、市）在2011—2014年、2014—2020年时段内分别为24个和25个，其空间凝聚度分别为0.80和0.83，这表明中国数字经济的空间分布格局存在显著的空间锁定或路径依赖特征。

表1-3　2011—2020年中国数字经济发展水平的时空跃迁类型

跃迁类型	2011—2014	2014—2020
类型Ⅰ	HL→LL：青海； LL→HL：陕西； HH→LH：天津	LH→HH：天津； LL→HL：宁夏
类型Ⅱ	LL→LH：内蒙古、吉林	—
类型Ⅲ		
类型Ⅳ	冀、晋、黑、皖、赣、豫、鄂、湘、桂、琼、渝、川、黔、滇、甘、青、新、京、沪、苏、浙、闽、粤、鲁	冀、晋、黑、皖、赣、豫、鄂、湘、桂、渝、川、黔、滇、甘、青、新、京、沪、苏、浙、闽、粤、蒙、鲁、陕

注：HH表示高高集聚，LL表示低低集聚，LH表示低高集聚，HL表示高低集聚。

1.4　中国区域数字经济发展水平的收敛性分析

由上文可知，我国数字经济发展水平的地区差距非常显著，那么这种地区差距会随着时间的推移而加大，还是会随着时间的推移而缩小呢？本章的研究借助α收敛与β收敛模型，对东、中、西部地区数字经济发展水平的收敛性做进一步的检验分析。

1.4.1　收敛性检验模型

α收敛用于说明不同省（区、市）的数字经济发展水平随着时间的推移，偏离平均值的幅度呈缩小趋势，即其离散程度会随着时间的推移而降低。α收敛是存量概念，其测度方法有标准差、变异系数和Theil指数等，现有的收敛性相关研究较多使用变异系数来表征α收敛。β收敛是增量概念，从增长率的视角来分析不同区域数字经济发展水平的变化趋势。β收敛分为绝对β收敛和条件β收敛，前者假设不同地区数字经济的发展条件完全相同，收敛于相同的稳态水平；后者则承认各省（区、市）在经济基础、人口密度和工业化水平等方面存在差异，不同地区会向各自的稳态水平收敛。由于篇幅所限，α 收敛变异系数公式和经典 β 收敛模型公式此处省略。

经典 β 收敛模型是一种未将空间因素考虑在内的传统计量方法。“地理学第一定律”指出，所有事物之间相互关联，且这种关联随距离的远近而有所差异，距离越近关联性越强，反之则越弱。对于数字经济发展水平收敛性的研究，若仅考虑自身而忽略相邻区域的溢出效应，所得出的结论必然会有所偏误。因此，为了更加科学合理地研究区域数字经济发展水平的收敛性，应将经典 β 收敛与空间计量方法相结合。考虑空间因素对数字经济发展水平的潜在影响，借鉴 Elhorst[16] 等的研究，通过构建空间面板计量模型来检验数字经济发展水平的 β 收敛：

$$\ln y_{it} - \ln y_{i,t-1} = \alpha \boldsymbol{I} + \beta \ln y_{i,t-1} + \lambda \sum_{j=1}^{n} \boldsymbol{W}_{ij} (\ln y_{jt} - \ln y_{j,t-1}) + \delta \sum_{j=1}^{n} \boldsymbol{W}_{ij} (\ln y_{j,t-1} + \xi u_{jt}) + \xi u_{it} + \varepsilon \tag{1-1}$$

其中，$\boldsymbol{I}$ 为空间单位向量，u_{it} 为控制变量，α 为常数项，λ、δ 为空间效应系数。根据 β 可计算出收敛率 S，$S=-\ln(1+\beta)/T$。式(1-1)是空间计量模型的一般形式，如要判断是 SDM、SLM 还是 SEM 模型更为适用，需要进行相应的模型检验。若 $\beta<0$ 且在统计上显著，表明存在 β 收敛；反之则不收敛，即是发散的。当 $\xi=0$ 时，上述方程是空间绝对 β 收敛模型；当 $\xi\neq0$ 时，则是空间条件 β 收敛模型。$\boldsymbol{W}_{ij}$ 为空间权重矩阵，包括空间邻接权重矩阵与经济距离权重矩阵。由于篇幅所限，空间邻接权重矩阵与经济距离权重矩阵的公式此处省略。

1.4.2　区域数字经济发展水平的收敛性分析

1. α 收敛检验

如图 1-1 所示，无论是从全国层面还是从区域层面来看，中国数字经济发展水平的变异系数整体差距显著，但呈逐渐缩小的态势。这与前文所得结论一致，表明中国数字经济发展水平存在 α 收敛。

2. β 收敛检验

在进行模型选取时，通过 F 检验、BP 检验、Hausman 检验，均在 5%的水平上拒绝了原假设，最终选取固定效应模型。在进行 β 收敛检验时，为防止模型估计出现偏差，需要将空间因素考虑进去。LR 检验分别在 5%、1%水平上拒绝空间滞后模型(SLR)与空间误差模型(SEM)，均选择了空间杜宾模型(SDM)。通过效应检验，在 5%水平上拒绝了时间固定效应模型、地区固定效应模型,说明选用空间杜宾模型是双向固定最优,其结果见表 1-4。

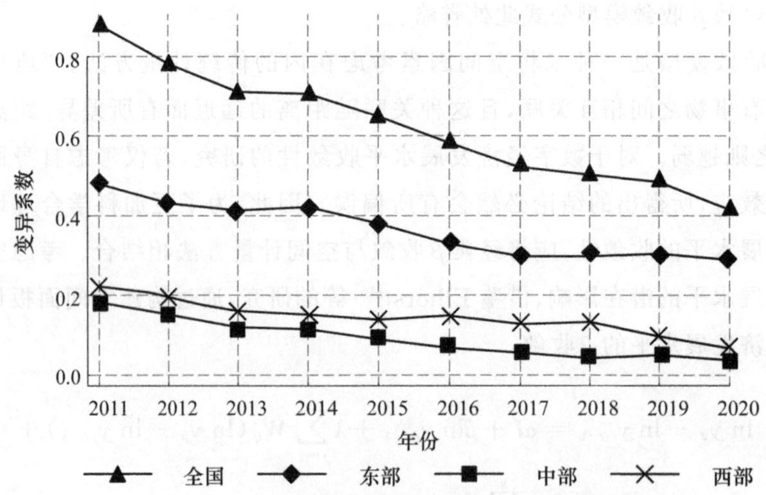

图 1-1　中国数字经济发展水平的变异系数演变趋势

表 1-4　全国数字经济 β 收敛的回归结果

变量	(1)	(2)	(3)	(4)	(5)	(6)
			空间绝对 β 收敛(SDM)		空间条件 β 收敛(SDM)	
	绝对 β 收敛	条件 β 收敛	经济距离权重矩阵	空间邻接权重矩阵	经济距离权重矩阵	空间邻接权重矩阵
ln DIG	-0.105^{**} (−2.37)	-0.233^{***} (−4.27)	-0.148^{***} (−3.89)	-0.118^{***} (−3.46)	-0.280^{***} (−6.31)	-0.284^{***} (−5.48)
ln CITY	—	0.416^{***} (3.88)	—	—	0.352^{***} (3.01)	0.460^{***} (4.10)
ln HUM	—	0.031 (0.63)	—	—	−0.028 (−0.78)	0.063 (1.47)
ln GOV	—	−0.043 (−0.96)	—	—	-0.066^{**} (−2.23)	−0.047 (−1.44)
ln OPEN	—	−0.006 (−1.69)	—	—	-0.006^{**} (−2.30)	-0.005^{*} (−1.87)
ln PGDP	—	-0.082^{*} (−1.72)	—	—	-0.094^{***} (−3.59)	-0.083^{***} (−2.78)

续 表

变量	(1)	(2)	(3)	(4)	(5)	(6)
	绝对β收敛	条件β收敛	空间绝对β收敛(SDM)		空间条件β收敛(SDM)	
			经济距离权重矩阵	空间邻接权重矩阵	经济距离权重矩阵	空间邻接权重矩阵
ln JAG	—	−0.068** (−2.31)	—	—	−0.061*** (−3.08)	−0.058*** (−2.82)
ln TC	—	−0.028** (−2.35)	—	—	−0.011 (−1.14)	−0.019* (−1.92)
ln SAG	—	0.058* (1.84)	—	—	0.064*** (3.01)	0.063*** (3.11)
空间自回归系数	—	—	−0.280*** (−6.31)	0.344*** (4.48)	0.444*** (5.32)	0.330*** (3.94)
σ^2	—	—	0.001*** (11.42)	0.001*** (11.47)	0.000*** (11.38)	0.000*** (11.17)
样本量	270	270	270	270	270	270
时间固定	—	—	YES	YES	YES	YES
地区固定	—	—	YES	YES	YES	YES
收敛率	0.111	0.265	0.160	0.126	0.329	0.334
半生命周期	6.248	2.613	4.328	5.520	2.110	2.075

注：*、** 和 *** 分别表示 $p<0.1$、$p<0.05$ 和 $p<0.01$，括号上方为估计值，括号内为 t 统计量值。

1) 全国层面β收敛

如表1-4所示，首先，全国数字经济β收敛系数无论是绝对β收敛、条件β收敛还是空间层面收敛，均在5%、1%水平上显著为负，这说明无论是否考虑空间因素，全国数字经济发展水平均存在β收敛，各省(区、市)数字经济发展水平的差距呈缩小态势。其次，绝对β收敛速度明显慢于条件β收敛速度，收敛率的大小代表着收敛速度的快慢。通过对比列(1)、列(3)、列(4)与列(2)、列(5)、列(6)不难发现，经典β收敛下，条件收敛的收敛率为0.265，较绝对收敛的收敛率0.111提高了0.154；加入空间因素后，在两种矩阵下条件收敛的收敛率分别为0.329和0.334，较绝对收敛的收敛率0.160和0.126分别提高了0.169和0.208。此外，对比列(1)与列(3)、列(4)可以发现，考虑空间因素的绝对β

收敛率分别为 0.160 和0.126，与未考虑空间因素的绝对 β 收敛率 0.111 相比，分别相差 0.049 和 0.015。通过对比可知，地理位置相近或者经济发展水平相近的地区其数字经济发展水平会有所差异，但是地区间的辐射带动作用会逐步缩小甚至消除这种差异。空间自回归系数为正，说明数字经济发展水平存在空间溢出效应，而此效应会加速收敛趋势，从而印证了上述结论。最后，考虑在不同空间矩阵下 β 收敛的差异。在空间邻接权重矩阵下，绝对 β 收敛与条件 β 收敛的收敛率分别为 0.126 和 0.334，其半生命周期分别约为 5.5 年和 2.1 年；在经济距离权重矩阵下，绝对 β 收敛与条件 β 收敛的收敛率分别为 0.160和0.329，其半生命周期分别约为 4.3 年和 2.1 年。在经济距离权重矩阵下，数字经济发展水平的收敛率相对更快，半生命周期更短，说明经济距离相近的省（区、市）之间的相互作用比地理邻近的省（区、市）之间的相互作用更强。

基于上述研究，进一步对控制变量加以分析，参照列(5)和列(6)。

① 城镇化(ln CITY)的回归系数为正，并在 1%水平上通过显著性检验，这表明城镇化进程不断加快，会对区域数字化水平的高低产生影响。

② 人力资本(ln HUM)的回归系数为正，但不显著，由此可知数字经济发展水平与人力资本正相关，但当前其能发挥的作用受限。

③ 政府行为(ln GOV)的回归系数为负，且不显著，这与政府的宏观政策差异偏向有关，导致财政资源错配，从而抑制了数字经济发展水平的提升。

④ 市场开放度(ln OPEN)的回归系数为负且不显著，表明当前市场开放度对国家自主创新水平起到了一定的抑制作用，制约了数字经济的发展。

⑤ 经济增长(ln PGDP)的回归系数显著为正，经济水平发达的地区，数字化程度往往更高。

⑥ 金融集聚(ln JAG)可为数字经济发展提供资金支持，但存在资源错配与扭曲现象，在一定程度上制约了数字经济的发展。

⑦ 技术水平(ln TC)的回归系数为负，这可能与区域技术水平的差异有关。

⑧ 生产性服务业集聚(ln SAG)在 5%水平上显著为正，表明生产性服务业可促进区域数字经济发展水平的提升。

2) 区域层面 β 收敛

为更进一步地剖析数字经济发展水平 β 收敛的特征，将中国 30 个省（区、市）划分为东、中、西三大区域。表 1-5 所示为东、中、西部地区数字经济发展水平的经典 β 收敛结果，这里将其视为东、中、西部地区数字经济发展水平 β 收敛的基准回归。通过表 1-5 可以看出，三大区域 β 收敛系数均在 10%水平下显著为负，表明其数字经济发展水平存在 β 收敛，且会随着时间的推移趋于各自的平稳状态。在表 1-5 的基础上考虑空间因素做更深层次的研究，为使分析更有条理，将表 1-5 与表 1-6 相结合，研究三大区域数字经济发展水平的条件 β 收敛。从表 1-5 中列(2)、列(4)、列(6)与表 1-6 中列(1)～列(6)可知，三大区域β收敛系数显著为负，且在5%、1%水平上通过显著性检验，说明三大区域各省（区、市）生产性服务业集聚、城镇化、人力资本、经济发展水平等存在显著差异，在此情况下，东、中、西部地区仍存在显著的条件β收敛趋势。

表 1-5　东、中、西部地区数字经济发展水平的经典β收敛结果

变量	东部		中部		西部	
	(1)	(2)	(3)	(4)	(5)	(6)
	绝对β收敛	条件β收敛	绝对β收敛	条件β收敛	绝对β收敛	条件β收敛
ln DIG	−0.207*** (−5.08)	−0.281** (−2.80)	−0.173*** (−4.76)	−0.390*** (−5.73)	−0.179** (−3.10)	−0.293*** (−6.08)
ln CITY	—	0.343* (1.81)	—	0.428** (2.80)	—	0.219 (0.63)
ln HUM	—	−0.219* (−2.06)	—	0.068** (2.57)	—	0.122* (2.00)
ln GOV	—	−0.080 (−1.26)	—	−0.079 (−1.15)	—	0.022 (0.20)
ln OPEN	—	−0.009 (−1.36)	—	−0.004 (−1.12)	—	−0.006 (−1.29)
ln PGDP	—	−0.151** (−2.50)	—	−0.071 (−1.23)	—	−0.007 (−0.06)
ln JAG	—	−0.087 (−1.53)	—	−0.037 (−1.28)	—	0.021 (0.51)
ln TC	—	0.011 (0.52)	—	−0.002 (−0.16)	—	−0.015 (−0.56)
ln SAG	—	0.049 (1.22)	—	0.103*** (3.60)	—	0.052 (0.92)
常数项	−0.165** (−2.69)	1.934 (1.76)	−0.141* (−2.04)	−1.763 (−1.67)	−0.153 (−1.41)	−2.139*** (−3.18)
时间固定	YES	YES	YES	YES	YES	YES
地区固定	YES	YES	YES	YES	YES	YES

续表

变量	东部		中部		西部	
	(1)	(2)	(3)	(4)	(5)	(6)
	绝对β收敛	条件β收敛	绝对β收敛	条件β收敛	绝对β收敛	条件β收敛
样本量	99	99	72	72	99	99
收敛率	0.232	0.330	0.190	0.494	0.197	0.347
半生命周期	2.989	2.101	3.649	1.402	3.514	1.999

注：*、**和***分别表示 $p<0.1$、$p<0.05$ 和 $p<0.01$，括号上方为估计值，括号内为 t 统计量值。

表 1-6　东、中、西部地区数字经济发展水平空间条件β收敛结果

变量	东部		中部		西部	
	(1)	(2)	(3)	(4)	(5)	(6)
	经济距离权重矩阵	空间邻接权重矩阵	经济距离权重矩阵	空间邻接权重矩阵	经济距离权重矩阵	空间邻接权重矩阵
ln DIG	−0.432*** (−5.31)	−0.626*** (−7.56)	−1.214*** (−10.75)	−1.071*** (−10.46)	−0.423*** (−5.11)	−0.358*** (−3.50)
ln CITY	0.293* (1.82)	0.313** (2.07)	2.522*** (7.75)	0.307 (1.21)	0.935** (2.19)	−0.621 (−1.49)
ln HUM	−0.127 (−1.64)	0.108 (1.55)	−0.009 (−0.13)	0.307*** (3.57)	0.041 (0.53)	0.287*** (3.51)
ln GOV	−0.093** (−2.06)	−0.190*** (−4.92)	−0.304*** (−4.24)	−0.045 (−0.93)	0.126 (1.28)	0.290*** (3.09)
ln OPEN	−0.007 (−1.15)	−0.000 (−0.08)	−0.025*** (−5.09)	−0.003 (−0.73)	−0.009** (−2.25)	−0.000 (−0.01)
ln PGDP	−0.161*** (−4.83)	−0.323*** (−8.55)	−0.211*** (−4.03)	−0.015 (−0.31)	0.011 (0.09)	0.343*** (3.29)
ln JAG	−0.185*** (−3.97)	−0.075** (−2.18)	−0.035 (−0.96)	−0.107*** (−3.12)	0.054 (1.35)	0.058 (1.10)
ln TC	0.008 (0.41)	−0.006 (−0.31)	0.001 (0.10)	−0.001 (−0.14)	−0.022 (−1.02)	−0.036* (−1.78)

续表

变量	东部		中部		西部	
	(1)	(2)	(3)	(4)	(5)	(6)
	经济距离权重矩阵	空间邻接权重矩阵	经济距离权重矩阵	空间邻接权重矩阵	经济距离权重矩阵	空间邻接权重矩阵
ln SAG	0.064 (1.61)	0.104*** (3.72)	0.176*** (4.14)	0.197*** (6.68)	0.097*** (3.25)	0.129*** (4.30)
空间自回归系数	0.346*** (2.99)	0.319*** (2.59)	−0.442** (−2.57)	−0.183** (−2.10)	−0.064 (−0.41)	−0.163 (−1.08)
σ^2	0.000*** (6.53)	0.000*** (6.84)	0.000*** (6.73)	0.000*** (5.95)	0.000*** (6.62)	0.000*** (7.00)
时间固定	YES	YES	YES	YES	YES	YES
地区固定	YES	YES	YES	YES	YES	YES
收敛率	0.566	0.983	—	0.112	0.550	0.443
半生命周期	1.225	0.705	—	6.190	1.260	1.564

注：1. *、** 和 *** 分别表示 $p<0.1$、$p<0.05$ 和 $p<0.01$，括号上方为估计值，括号内为 t 统计量值。

2. 本表中列(3)缺失值的原因是系数大于1，导致通过公式 $-\ln(1-|系数|)$ 无法计算得出，特此说明。

在考虑空间因素的情况下，东部地区收敛速度较快，西部次之，中部地区最慢，并且在空间邻接权重矩阵下收敛率更高。东部地区在经济距离权重矩阵与空间邻接权重矩阵下的收敛率分别为0.566和0.983，比经典的条件β收敛率0.330，分别增加了0.236和0.653。东部地区的空间自回归系数为正，说明该区域内存在空间的正向溢出效应，以上均为东部地区空间条件β收敛的加速提供了有利条件。在两种权重矩阵下，中部地区的空间自回归系数表现为负，且均显著，可能的原因是部分省(区、市)数字经济基础设施不够完善、外部发展环境较差，导致该区域内数字经济发展高水平地区难以对低水平地区发挥带动效应。西部地区的空间自回归系数为负且不显著。西部多数省(区、市)数字经济基础设施薄弱、高端要素资源不够集聚，很难发挥辐射、带动效应，空间溢出效应几乎没有。总体来看，在上述两种权重矩阵下，β收敛效果均显著，无论是从全国层面还是从东、中、西三大区域层面，其结果互为稳健性检验。

1.5 研究结论与政策启示

1.5.1 研究结论

本章的主要结论如下。

1. 中国数字经济的整体发展水平不高,不均衡、不充分的问题依旧突出,提升空间较大

我国数字经济发展水平整体呈现出东部高,中、西部低的分布特点,区域差异明显。各地区的资源禀赋、经济水平不同,其数字经济发展也面临不同的制约短板,既要避免因短板牵制而陷入"低水平平衡陷阱",也要避免因忽视自身客观条件而陷入盲目学习成功的数字经济模式,致使地区数字资源、人力资本资源等错配。

2. 中国数字经济发展水平呈现出显著的正向空间外溢效应和空间格局锁定特征

从空间相关性与跃迁趋势来看,高高集聚集中于东部沿海地区,低低集聚集中于东北、西南、西北、长江中游等地区;其余大部分地区处于低水平区且长期无跃迁、保持稳态,这制约了中国数字经济整体向高水平的跃迁。高高集聚与低低集聚区较为固化,需要加强引导做到因地制宜。

3. 全国和区域层面的数字经济发展水平均存在 α 收敛、绝对 β 收敛和条件 β 收敛,空间因素具有显著的加速收敛作用

东部地区的绝对β收敛与条件β收敛速度均最快,西部地区次之,中部地区的绝对β收敛与条件β收敛速度均较慢。空间收敛率呈现出东部、西部、中部依次下降的分布格局,且空间收敛率均大于经典收敛率。全国层面和东、中、西部地区层面的数字经济发展水平收敛均受到城镇化、生产性服务业集聚的显著正向影响,而其他影响因素则在不同层面表现出一定的差异。

1.5.2 政策启示

基于上述分析,并结合我国数字经济的发展趋势及国家战略导向,本章的研究特提出以下针对性的对策。

1. 重视数字经济演变趋势，实现跨区域空间联动发展

为应对区域发展的不均衡状况，需要不断优化数字经济的空间布局，充分释放东部地区的辐射、带动效应以及东北、西南、西北、长江中游等地区的集聚效应，不断提升资源要素市场配置效率，依托数字资源的跨区域整合优势，实现东、中、西部地区的协调发展、互利共赢。此外，紧紧抓住区域间数字经济联系持续增强的有利契机，掌握数字经济由东部向中、西部演进的规律特征，积极统筹规划布局，形成空间联动发展格局。

2. 发挥数字经济溢出效应，营造区域协同发展新格局

一是充分发挥数字经济龙头省（区、市）的带动作用，将北京、上海、江苏、浙江、广东等作为数字经济辐射效应的核心主体，推动数字经济网络的整体协同发展。二是依托数字经济的反哺机制，利用数字经济发达省（区、市）的数字基础设施、数字人力资本和先进数字技术，推动数字经济与实体经济的深度融合发展。三是打破区域行政壁垒，积极构建数字经济生态圈，搭建起跨区域数字经济“长廊”，给予数字经济“长廊”政策、技术、财税等多方位的扶持，实现数字经济“长廊”内数字人力资本、数字技术等要素资源的充分共享与有序流动。

3. 立足东、中、西部地区数字经济收敛状况，因地制宜地探索提升的新途径

要积极推进数字经济与第一、第二、第三产业融合。东部地区应当立足于原有的数字经济基础，不断提升其工业与服务业的数字化水平，加强在智能制造、电子商务、数字金融等方面的融合运用，稳步推动产业数字化水平与质量的提升。中、西部地区应积极探索数字经济在农业、旅游业以及工业等领域的应用程度，重点提升数字经济与第三产业、农业的融合，大力发展数字农业、数字旅游等，借助适宜的产业数字化政策，最大限度地释放区域数字经济红利，加快推进东、中、西部地区数字经济水平的收敛速度，进而实现区域数字经济高质量发展。

第 2 章
新发展理念下中国区域经济高质量发展水平的测度、空间差异与动态演变

本章基于五大新发展理念，构建中国区域经济高质量发展水平评价指标体系，采用熵权法测算 2007—2020 年 30 个省(区、市)经济高质量发展水平，综合运用 Dagum 基尼系数、Kernel 密度估计和 Markov 链法从时间、空间多角度、多层次分析经济高质量发展水平的区域差异、演变趋势、空间分布特征与不同状态下的转移概率。研究发现：中国经济高质量发展水平整体呈上升趋势且存在较大提升空间，区域呈现出东部、中部、东北、西北降低的阶梯分布特征，存在空间集聚现象；经济发展差异主要来自区域间差异，且差异呈缩小态势；区域经济高质量发展不存在极化现象，同时表现出较强的稳定性。

2.1 引　言

历经 40 余年的市场化改革，中国创造了经济增长的伟大奇迹，极大地提升了人民的生活水平。与此同时，环境与资源的约束、区域与城乡发展的不平衡等已成为中国经济发展急需解决的关键问题。党的十九大报告指出，中国经济已由高速增长阶段转向高质量发展阶段。高质量发展是未来中国经济发展的新方向，中国经济由此迈入经济发展新常态[17]。坚持质量第一、效益优先，推动经济发展的质量变革、效率变革和动力变革成为中国经济未来的发展方向[18]。为实现经济高质量发展，中国陆续提出了“高质量发展就是体现新发展理念的发展”“坚定不移贯彻创新、协调、绿色、开放、共享的新发展理念，推动高质量发展”等一系列重要论断与举措，由此实施新发展理念成为中国经济转向高质量发展的内在要求。那么，中国经济高质量发展水平如何？高质量发展的短板在何处？未来高质量发展的着力点在哪里？上述问题已成为中国经济高质量发展过程中亟待解决的重要难题。

目前，学术界关于高质量发展的研究主要分为定性研究与定量研究两类。定性研究大多从高质量发展的价值[19-20]、内涵特征[21]、内在机理[22]、发展路径[23]等方面进行阐述。随着研究的不断深入，学者们逐步将视角转向定量研究，以探索、测度经济高质量发展的水平以及变化。然而，关于经济高质量发展的内涵与外延，学术界尚未达成共识。学者们依据自身的理解构建评判“质量”的标准，并据此衡量一个国家或者区域经济增长的质量[24]。梳理现有文献不难发现，在狭义视角下，大多集中于从投入产出效率角度研究经济高质量发展，将全要素生产率作为判断经济增长质量的重要依据[25]。在广义视角下，研究的内容则较为丰富，学者们从多角度出发，通过构建指标体系测度经济增长质量。起初部分学者对经济增长质量的研究忽略了经济增长所带来的社会发展、环境效益等[26]，后来学者将经济增长质量的内涵做进一步延伸，将整个社会的福利与环境代价纳入对经济增长质量的研究中。五大发展理念的提出进一步拓展了高质量发展的研究视角，部分学者基于创新、协调、绿色、开放、共享的新发展理念对城市经济发展[27]、地方经济增长质量等[28]进行了针对性研究。

整体来看，目前国内学者对高质量发展的研究尚处于探索阶段，研究大多停留在静态层面，并且所用方法较为固定、单一，如 AHP 方法、因子分析法、熵权法等。尽管有少数文献从空间视角对经济高质量发展水平进行了定量研究[29]，但没有文献就经济高质量发展水平的时空动态演进特征以及区域差异做系统化的深入研究。在深刻地理解经济高质量发展的内涵及要求的基础上，本章基于五大发展理念构建中国区域经济高质量发展评价指标体系，运用熵权法测度 2007—2020 年中国 30 个省(区、市)的经济高质量发展水平，采用 Dagum 基尼系数及其分解方法对经济高质量发展水平的区域差异进行分析。在此基础上，本章借助 Kernel 密度估计和莫兰指数从时间、空间多角度、多层次分析区域经济高质量发展水平的演变趋势，进而运用 Markov 链法对其在不同状态下的转移概率进行计算分析。本章的研究能够丰富现有经济高质量发展的理论成果，并为推动中国区域经济高质量发展提供现实依据与决策参考，具有一定的指导意义。

2.2 中国区域经济高质量发展的内涵及其水平测度

2.2.1 基于新发展理念的区域经济高质量发展的内涵

区域经济高质量发展具有多维属性，准确把握其内涵是科学测度区域经济高质量发展水平的前提。高质量发展要立足于国家宏观经济背景与战略方向，要以新发展理念为引导，不仅要求注重效率质量、生态环境、社会公平和以人为中心的制度安排，也要求崇尚创新、注重协调、倡导绿色、厚植开放、推进共享。

创新发展是区域经济高质量发展的第一动力。高质量发展需依托创新驱动，从根本上夯实经济发展的内生动力，提升区域经济发展的效能和速度。通过科技创新、制度创新等推动创新成为经济可持续、高质量发展的内生动力。协调发展是中国经济高质量发展的内在要求。协调的重心在于解决发展的不均衡问题，不仅需要区域的协调，还需要产业结构、城乡结构、金融结构的协调。绿色发展是区域经济高质量发展的必要条件。经济高质量发展应秉持绿色、生态环保理念，将经济绿色、循环、可持续发展作为衡量区域经济高质量发展的重要标准。开放发展是区域经济高质量发展的必由之路。引领经济新常态，需以高水平的开放推动经济高质量发展[30]。在双循环背景下，区域经济应遵循以开放促合作、以合作促发展、以开放促创新、以开放拓空间的内在发展规律，谋求更高质量、更高层次的开放[2]。发展共享经济是区域经济高质量发展的目标追求。坚持共享理念，可在一定程度上维护社会公平正义，保障经济成果为广大民众所享用，普惠民众，推动经济高质量发展。

2.2.2 指标体系构建和测度方法选取

1. 数据来源与处理

研究选取 2007—2020 年中国 30 个省(区、市)作为样本，测度区域经济高质量发展水平。考虑不同地区的地理位置和资源禀赋的差异，将测度区域划分为东部、中部、西部地区。

研究数据来自《中国统计年鉴》、《中国科技统计年鉴》、《中国环境统计年鉴》、《中国城市统计年鉴》、《中国能源统计年鉴》、各省(区、市)统计年鉴及国泰安等数据库。由于西藏和港澳台地区的部分数据缺失,所以未将其列为研究对象,并对个别指标的缺失值进行了线性插补处理。对于受价格波动影响的变量,用各省(区、市)各年度的 GDP 平减指数(以 2007 年为基期)对 GDP、教育支出、医疗教育支出等价格指标进行了平减处理。

2. 区域经济高质量发展水平的评价体系

本章的研究基于五大发展理念,考虑区域经济的差异以及发展路径的多样性,从发展目的、过程、结果系统地评价区域经济高质量发展水平。区域经济高质量发展是一个动态的周期性过程,其结果易于呈现和衡量,因此,本章的研究既侧重衡量区域经济发展过程与环境支持,又重视经济成果与发展质量。原因如下:一是受到经济周期、宏观政策调控等因素的影响,不同年份各区域经济高质量发展的结果会存在较大差异,而经济过程指标可直接体现当年经济发展情况;二是选取经济过程指标可在一定程度上减少经济周期对经济高质量发展的干扰。

综上,参考华坚、胡金昕[31],马茹、罗晖[32]等学者的研究,从创新驱动、协调均衡、绿色环保、开放融合和共享富民五个维度,遵循系统性、客观性和数据可得性原则,构建中国区域经济高质量发展水平的评价指标体系,如表 2-1 所示。

表 2-1　中国区域经济高质量发展水平的评价指标体系

<table>
<tr><th>目标</th><th>一级指标</th><th>二级指标</th><th>具体衡量指标</th></tr>
<tr><td rowspan="6">创新驱动</td><td rowspan="2">创新投入</td><td>R&D 经费投入强度</td><td>R&D 经费/GDP(+)</td></tr>
<tr><td>R&D 人才投入水平</td><td>万人 R&D 人员拥有量(+)</td></tr>
<tr><td rowspan="2">创新成果</td><td>人均发明专利授权数</td><td>人均发明专利授权增长量(+)</td></tr>
<tr><td>技术合同成交额度占比</td><td>技术市场成交额/GDP(+)</td></tr>
<tr><td>创新潜力</td><td>平均受高等教育程度</td><td>每十万人口中高等教育在校人数(+)</td></tr>
<tr><td>创新支持</td><td>科学技术支持</td><td>科学技术投入/一般财政支出(+)</td></tr>
<tr><td rowspan="5">协调均衡</td><td rowspan="2">产业结构</td><td>产业结构高级化</td><td>产业结构高级化指数(+)</td></tr>
<tr><td>产业结构合理化</td><td>产业结构合理化指数(+)</td></tr>
<tr><td rowspan="2">城乡结构</td><td>城乡人口协调水平</td><td>城乡居民人口比(−)</td></tr>
<tr><td>城乡消费协调水平</td><td>城乡居民人均消费比(−)</td></tr>
<tr><td>金融结构</td><td>存贷款余额占比</td><td>存贷款余额/ GDP(+)</td></tr>
</table>

续 表

目标	一级指标	二级指标	具体衡量指标
绿色环保	资源节约	单位 GDP 耗水量	用水总量/GDP(－)
		单位 GDP 耗电量	用电总量/GDP(－)
		单位 GDP 能源消耗量	万吨标准煤消耗量/GDP(－)
	环境友好	单位 GDP 废气排放量	SO_2排放量/GDP(－)
		单位 GDP 废水排放量	废水排放量/GDP(－)
		单位 GDP 固体废弃物排放量	固体废弃物产生量/GDP(－)
开放融合	经济开放程度	货物进出口贸易	货物进出口总额/GDP(＋)
	市场化程度	市场化指数	樊纲市场化指数[30](＋)
	外资开放	外资利用程度	外商直接投资额/GDP(＋)
共享富民	收入共享	人均 GDP	GDP/总人口(＋)
	社会福利	教育福利重视度	人均教育支出(＋)
		医疗卫生福利重视度	人均医疗卫生支出(＋)
		医疗设施完善度	每万人拥有医疗机构床位数(＋)
	基础设施	网络设施完善度	互联网宽带接入端口增长量(＋)
		建成区绿化水平	建成区绿化覆盖面积比(＋)
	社会保障	城镇基本医疗保险普及率	城镇基本医疗保险/人口总数(＋)
		城镇基本养老保险普及率	城镇基本养老保险/人口总数(＋)

3. 区域经济高质量发展水平的测度方法

运用熵权法测度经济高质量发展水平，借此衡量各省(区、市)经济高质量发展水平。在测度各地区经济高质量发展水平时，指标权重的确定尤为重要，其直接影响实际的测度结果。使用基于原始数据的集多指标、多对象为一体的客观赋权法——熵权法，可有效规避人为因素带来的测量误差，这会使结果更加客观、合理，其计算步骤如下：

① 假设有 n 个被评价对象，每个对象有 m 个评价指标，构建如下矩阵：

$$X=(x_{ij})_{n\times m}(i=1,2,\cdots,n;j=1,2,\cdots,m) \tag{2-1}$$

② 对指标原始数据进行标准化处理。为消除量纲不一致所带来的误差，采用式(2-1)对指标 x_{ij} 进行标准化处理，将二级指标数值转化为 0.1～1。其中，i 表示省(区、市)，j 表示各指标，x_{ij} 和 Y_{ij} 分别代表指标的初始值和标准化值，$\max x_{ij}$ 和 $\min x_{ij}$ 分别为极大值与极小值。

$$Y_{ij}=\begin{cases}\dfrac{x_{ij}-\min x_{ij}}{\max x_{ij}-\min x_{ij}}\times 0.9+0.1, x_{ij}\text{为正向指标}\\\dfrac{\max x_{ij}-x_{ij}}{\max x_{ij}-\min x_{ij}}\times 0.9+0.1, x_{ij}\text{为负向指标}\end{cases} \tag{2-2}$$

③ 计算构建经济高质量发展水平的测度体系中 Y_{ij} 的信息熵 e_j：

$$e_j=-k\sum_{i=1}^{n} p_{ij}\ln p_{ij} \tag{2-3}$$

其中 $k=1/\ln n$，第 j 个指标的评价值数据的分散程度 g_j 可表示为 $g_j=1-e_j$。

④ 计算各省(区、市)经济高质量发展水平的测度体系中 Y_{ij} 的权重 $\boldsymbol{W}_j$：

$$\boldsymbol{W}_j=\frac{g_i}{\sum_{j=1}^{p} g_j} \tag{2-4}$$

⑤ 构建经济高质量测度指标的加权矩阵 $\boldsymbol{R}$：

$$\boldsymbol{R}=(r_{ij})_{n\times m} \tag{2-5}$$

其中，$r_{ij}=W_j\times Y_{ij}$。

⑥ 根据加权矩阵 $\boldsymbol{R}$ 确定最优方案 Q_j^+ 与最劣方案 Q_j^-：

$$\begin{aligned}Q_j^+&=(\max r_{i1},\max r_{i2},\cdots,\max r_{im})\\Q_j^-&=(\min r_{i1},\min r_{i2},\cdots,\min r_{im})\end{aligned} \tag{2-6}$$

⑦ 计算最优方案 $Q_j{}^+$ 与最劣方案 $Q_j{}^-$ 的欧氏距离：

$$\begin{aligned}d_i^+&=\sqrt{\sum_{j=1}^{m}(Q_j^+-r_{ij})^2}\\d_i^-&=\sqrt{\sum_{j=1}^{m}(Q_j^--r_{ij})^2}\end{aligned} \tag{2-7}$$

⑧ 计算各测度方案与理想方案的相对接近度 C_i：

$$C_i=\frac{d_i^-}{d_i^++d_i^-} \tag{2-8}$$

其中，C_i 值越大表明省(区、市)i 的经济高质量发展水平越高。

2.2.3 区域经济高质量发展水平测度结果分析

1. 全样本测度结果

如表 2-2 所示,2007—2020 年中国经济高质量发展的平均水平处于稳步上升的态势,由 2007 年的 0.355 增加至 2020 年的 0.396,年均增幅为 11.5%,增速较快,但总体水平还有较大的提升空间。从区域层面来看,我国东部、中部、西部和东北地区经济高质量发展水平的均值分别从 2007 年的 0.476、0.305、0.284 和 0.319,增加至 2020 年的 0.498、0.421、0.308 和 0.327,四个区域的总体增幅分别为 4.6%、38.0%、8.5%和 2.5%。从全样本与四个区域的比较结果来看,东部地区经济高质量发展水平显著高于其他三个区域以及全国平均水平,始终处于领先状态。这得益于东部地区具有良好的区位与资源优势,其产业结构相对较好,加上先进技术、专业人才和数字信息等高端要素的集聚,使得东部地区经济发展水平高于其他三个区域。从具体省(区、市)来看,北京、上海、广东、江苏和浙江分别位居前五,而河北排在第 19 位,其排名较为靠后。中部六省(区、市)的经济高质量发展水平逐年上升,呈现赶超全国平均水平的趋势。2007—2020 年在中部地区中湖北的经济高质量发展水平最高,山西的经济高质量发展水平最低,这与国家实施"中部崛起"战略和湖北大力发展高科技产业密切相关。西部地区经济高质量发展水平逐年上升,但与全国平均水平仍存在一定差距,陕西、重庆、四川三省(区、市)的经济高质量发展水平的均值分别为 0.369、0.357 和 0.357,分别排在第 9 位、第 14 位和第 14 位,处于西部地区的前列,这与三省(区、市)较好的区位、科技和人才的集聚紧密相关。相比之下,宁夏、内蒙古、青海三省(区、市)的经济高质量发展水平均较低,处于靠后的位置。从东北地区来看,该区域经济高质量发展水平仅高于西部地区,且与东部、中部地区之间的差距在不断加大,但在 2007—2020 年间仍处于缓慢上升的态势,只是增幅较小。受制于独特的地理位置、产业结构和人口外流等不利因素,近年来,我国东北地区的经济增长乏力,其经济高质量发展水平仍有较大的提升空间。

表 2-2 2007—2020 年中国区域经济高质量发展水平及其排名

区域	省(区、市)	2007	2009	2011	2013	2015	2017	2019	2020	均值	排名
东部	北京	0.797	0.808	0.777	0.715	0.691	0.777	0.805	0.679	0.756	1
	天津	0.479	0.459	0.488	0.453	0.422	0.423	0.466	0.406	0.450	6
	河北	0.294	0.304	0.297	0.302	0.298	0.348	0.378	0.431	0.332	19
	上海	0.610	0.597	0.557	0.479	0.552	0.559	0.576	0.486	0.552	2

续表

区域	省(区、市)	2007	2009	2011	2013	2015	2017	2019	2020	均值	排名
东部	江 苏	0.484	0.477	0.482	0.472	0.454	0.502	0.504	0.591	0.496	4
	浙 江	0.471	0.459	0.451	0.456	0.468	0.464	0.471	0.536	0.472	5
	福 建	0.390	0.381	0.382	0.376	0.361	0.407	0.399	0.381	0.385	8
	山 东	0.374	0.376	0.387	0.392	0.420	0.420	0.423	0.516	0.414	7
	广 东	0.510	0.509	0.502	0.504	0.508	0.490	0.521	0.657	0.525	3
	海 南	0.348	0.353	0.371	0.375	0.343	0.353	0.364	0.301	0.351	18
	均值	0.476	0.472	0.469	0.453	0.452	0.474	0.491	0.498	0.473	—
中部	山 西	0.304	0.296	0.310	0.318	0.302	0.323	0.327	0.328	0.314	20
	安 徽	0.306	0.321	0.332	0.339	0.339	0.362	0.412	0.460	0.359	12
	江 西	0.307	0.325	0.340	0.338	0.318	0.371	0.415	0.419	0.354	16
	河 南	0.307	0.312	0.323	0.336	0.345	0.393	0.392	0.465	0.359	12
	湖 北	0.313	0.329	0.330	0.347	0.362	0.404	0.399	0.410	0.362	10
	湖 南	0.293	0.315	0.312	0.326	0.345	0.385	0.406	0.445	0.353	17
	均值	0.305	0.316	0.325	0.334	0.335	0.373	0.392	0.421	0.350	—
西部	内蒙古	0.272	0.291	0.301	0.298	0.309	0.335	0.300	0.273	0.297	29
	广 西	0.269	0.281	0.286	0.285	0.309	0.340	0.345	0.359	0.309	23
	重 庆	0.311	0.334	0.370	0.387	0.393	0.376	0.376	0.307	0.357	14
	四 川	0.296	0.330	0.335	0.359	0.357	0.397	0.411	0.368	0.357	14
	贵 州	0.243	0.249	0.278	0.303	0.329	0.345	0.347	0.297	0.299	27
	云 南	0.294	0.305	0.311	0.307	0.315	0.348	0.324	0.280	0.311	22
	陕 西	0.310	0.331	0.373	0.392	0.387	0.392	0.418	0.348	0.369	9
	甘 肃	0.277	0.294	0.286	0.294	0.319	0.357	0.333	0.289	0.306	25
	青 海	0.276	0.281	0.300	0.292	0.306	0.332	0.327	0.294	0.301	26
	宁 夏	0.277	0.276	0.264	0.299	0.315	0.309	0.296	0.279	0.289	30
	新 疆	0.296	0.321	0.327	0.295	0.305	0.333	0.329	0.293	0.312	21
	均值	0.284	0.299	0.312	0.319	0.331	0.351	0.346	0.308	0.319	—

续表

区域	省(区、市)	2007	2009	2011	2013	2015	2017	2019	2020	均值	排名
东北	辽宁	0.375	0.385	0.379	0.374	0.324	0.341	0.363	0.348	0.361	11
	吉林	0.294	0.317	0.323	0.300	0.300	0.290	0.324	0.319	0.308	24
	黑龙江	0.287	0.309	0.298	0.295	0.286	0.305	0.297	0.313	0.299	27
	均值	0.319	0.337	0.334	0.323	0.303	0.312	0.328	0.327	0.323	—
全样本均值		0.355	0.364	0.369	0.367	0.369	0.393	0.402	0.396	—	—

2. 分维度结果分析

为了进一步分析四大区域经济高质量发展水平的差异及形成差异的原因,下面在各维度上对不同区域进行比较。如表 2-3 所示,全国经济创新高质量发展水平的均值为 0.265,经济创新高质量发展水平高于均值的省(区、市)有 8 个,经济创新高质量发展水平低于均值的省(区、市)有 22 个,其占比超过三分之二,这反映出中国区域经济创新高质量发展水平有待提高。其中,内蒙古经济创新高质量发展水平最低,仅为 0.165,不足北京经济创新高质量发展水平的五分之一,这表明不同地区之间的差距较大。在各维度上东部地区经济高质量发展水平相对较为均衡,且大多数省(区、市)经济高质量发展水平均高于全国平均水平,在四大区域中东部地区处于领先位置,但区域内部也存在绿色维度发展短板,如广东、浙江、福建三省(区、市)经济绿色高质量发展水平分别为 0.830、0.840 和 0.840,均低于东部地区的均值 0.850,这说明上述省(区、市)经济绿色高质量发展水平还有待进一步提升。在各维度上中部地区经济高质量发展水平与全国平均水平相差不大,而西部地区经济高质量发展水平相对较低,在各维度上也低于全国平均水平。此外,中、西部地区在经济高质量发展的协调、绿色、开放、共享维度上存在不均衡问题,并存在产业结构不优、城乡差异较大和开放程度不高等问题,这均在一定程度上制约中、西部地区经济高质量发展。东北地区作为中国曾经的老工业基地,尽管已启动振兴东北老工业基地战略,但受区域产业结构升级缓慢、营商环境较差等因素的影响,在创新、开放和共享维度上东北地区经济高质量发展水平低于全国平均水平,进一步提升的空间较大,且在一段时期内东北地区经济创新高质量发展水平和经济共享高质量发展水平也将受到直接影响。

表2-3　2007—2020年在各维度上四大区域经济高质量发展水平及其排名

地区	省(区、市)	创新	排名	协调	排名	绿色	排名	开放	排名	共享	排名
东部	北京	0.834	1	0.779	1	0.986	1	0.700	3	0.614	1
	天津	0.351	3	0.374	15	0.903	3	0.619	4	0.385	15
	河北	0.188	27	0.320	27	0.675	23	0.272	18	0.405	11
	上海	0.456	2	0.416	7	0.919	2	0.725	2	0.537	4
	江苏	0.335	6	0.376	14	0.859	4	0.551	5	0.586	3
	浙江	0.347	4	0.415	8	0.841	6	0.470	6	0.525	6
	福建	0.249	9	0.326	25	0.840	7	0.421	7	0.417	9
	山东	0.238	12	0.343	24	0.804	13	0.357	12	0.536	5
	广东	0.339	5	0.386	12	0.830	8	0.736	1	0.597	2
	海南	0.201	25	0.489	2	0.845	5	0.378	10	0.289	28
	均值	0.354	—	0.422	—	0.850	—	0.523	—	0.489	—
中部	山西	0.198	26	0.434	5	0.530	27	0.208	24	0.341	22
	安徽	0.233	14	0.325	26	0.796	14	0.371	11	0.369	18
	江西	0.213	20	0.350	22	0.758	18	0.381	9	0.357	20
	河南	0.206	22	0.313	30	0.780	16	0.319	13	0.428	8
	湖北	0.239	11	0.366	18	0.829	9	0.296	16	0.385	14
	湖南	0.212	21	0.315	29	0.810	11	0.319	14	0.396	13
	均值	0.217	—	0.350	—	0.751	—	0.316	—	0.379	—
西部	内蒙古	0.165	30	0.361	19	0.600	25	0.214	23	0.366	19
	广西	0.205	23	0.372	16	0.690	22	0.233	21	0.300	27
	重庆	0.241	10	0.319	28	0.809	12	0.297	15	0.440	7
	四川	0.231	15	0.358	20	0.785	15	0.290	17	0.409	10
	贵州	0.225	19	0.436	4	0.585	26	0.185	26	0.282	29
	云南	0.205	23	0.401	9	0.694	20	0.188	25	0.330	23

续表

地区	省(区、市)	创新	排名	协调	排名	绿色	排名	开放	排名	共享	排名
西部	陕西	0.286	7	0.395	10	0.813	10	0.266	19	0.375	17
	甘肃	0.237	13	0.468	3	0.637	24	0.142	29	0.270	30
	青海	0.278	8	0.426	6	0.412	29	0.123	30	0.307	25
	宁夏	0.231	16	0.383	13	0.324	30	0.175	27	0.346	21
	新疆	0.225	18	0.392	11	0.526	28	0.163	28	0.383	16
	均值	0.230	—	0.392	—	0.625	—	0.207	—	0.346	—
东北	辽宁	0.225	17	0.356	21	0.692	21	0.410	8	0.398	12
	吉林	0.185	28	0.370	17	0.772	17	0.224	22	0.320	24
	黑龙江	0.184	29	0.343	23	0.723	19	0.261	20	0.301	26
	均值	0.198	—	0.356	—	0.729	—	0.298	—	0.340	—
全样本均值		0.265	—	0.390	—	0.736	—	0.343	—	0.400	—

2.3 中国区域经济高质量发展水平的空间差异和分布动态演进

2.3.1 区域经济高质量发展水平的空间差异测度与分析

1. 空间差异测度

1997 年,Dagum 提出基尼系数分解方法来测度区域差异,将总体基尼系数 G 分解为区域内差异G_w、区域间净差异G_{nb}和区域间超变密度G_t三部分。总体基尼系数的计算公式如下:

$$G=\frac{\sum_{i=1}^{k}\sum_{m=1}^{k}\sum_{j=1}^{n_i}\sum_{r=1}^{n_m}\left|y_{ij}-y_{mr}\right|}{2n^2\mu} \tag{2-9}$$

其中,y_{ij} 、y_{mr} 分别表示 i 地区内第 i 个省(区、市)、m 地区内第 r 个省(区、市)的经济高质量发展水平，μ 表示各省（区、市）经济高质量发展水平的均值，n 为省（区、市）的个数，k 为划分的地区数，n_i、n_m 分别表示 i、m 地区内省（区、市）的个数。

G_{ii} 是地区 i 的基尼系数，表示为

$$G_{ii} = \frac{\frac{1}{2\mu}\sum_{j=1}^{n_i}\sum_{r=1}^{n_i}|y_{ij} - y_{ir}|}{n_i^2} \tag{2-10}$$

G_{im} 是 i 和 m 地区之间的基尼系数，表示为

$$G_{im} = \frac{\sum_{j=1}^{n_i}\sum_{r=1}^{n_m}|y_{ij} - y_{mr}|}{n_i n_m(\mu_i + \mu_m)} \tag{2-11}$$

总体基尼系数分解为

$$G = G_w + G_{nb} + G_t \tag{2-12}$$

其中，G_w 为区域内差异，G_{nb} 为区域间净差异，G_t 为区域间超变密度。

$$G_w = \sum_{i=1}^{k} G_{ii}\, p_i\, s_i \tag{2-13}$$

$$G_{nb} = \sum_{i=2}^{k}\sum_{m=1}^{i-1} G_{im}(p_i s_m + p_m s_i) D_{im} \tag{2-14}$$

$$G_t = \sum_{i=2}^{k}\sum_{m=1}^{i-1} G_{im}(p_i s_m + p_m s_i)(1 - D_{im}) \tag{2-15}$$

$$D_{im} = \frac{d_{im} - p_{im}}{d_{im} + p_{im}} \tag{2-16}$$

$$d_{im} = \int_0^{\infty} \mathrm{d}F_i(y)\int_0^{y}(y - x)\,\mathrm{d}F_m(x)\quad p_{im} = \int_0^{\infty}\mathrm{d}F_m(y)\int_0^{y}(y - x)\,\mathrm{d}F_i(y) \tag{2-17}$$

其中，$p_i = \frac{n_i}{n}$，$s_i = \frac{n_i\mu_i}{n\mu}$，$i = 1,2,3,\cdots,k$，$d_{im}$ 为衡量地区 i 和 m 之间经济高质量发展的相对影响的指标。函数 F 为各区域的积累分布函数，d_{im} 为地区 i 和 m 中所有 $y_{ij} - y_{mr} > 0$ 的数学期望，p_{im} 为地区 i 和 m 中所有 $y_{ij} - y_{mr} < 0$ 的数学期望。

$$\mu_m \leqslant \cdots \leqslant \mu_i \cdots \leqslant \mu_k \tag{2-18}$$

式(2-18)可对考察区域内的经济高质量发展水平进行排序。

2. 空间差异分析

在上述实证分析基础上，借助 Dagum 基尼系数分解方法，剖析中国区域经济高质量

发展水平的空间差异来源及其贡献率，结果见表 2-4、表 2-5。

2007—2020 年全样本层面的总体基尼系数的均值为 0.128。具体来看，总体基尼系数在 2007—2017 年间呈波动下降趋势，2018 年后又略有上升。区域经济高质量发展水平的差异有所缩小，但区域间的差距仍然存在，区域间的不平衡状态制约着中国经济高质量发展的总体水平。总体基尼系数的贡献率由小到大依次为区域间超变密度、区域内差异、区域间净差异，这说明区域间净差异是造成总体差异的主要来源，发挥着主导作用。2007—2020 年区域间净差异、区域内差异、区域间超变密度的贡献率均呈小幅波动状态，且稳定在一定范围之内。其中，区域间超变密度的贡献率最小，区域间净差异的贡献率较大，在 2010 年、2012 年、2018 年、2020 年两者呈此消彼长的态势，这表明造成区域间差距大的原因为区域内某些年份经济高质量发展水平较高，而其他区域某些省（区、市）经济高质量发展水平较低，表明存在一定的极化现象，但是考虑区域间净差异占据主导作用，区域间净差异是由区域间的差异造成的，极化趋势相对减弱。

表 2-4　2007—2020 年中国区域经济高质量发展水平的空间差异来源及其贡献率

年份	总体基尼系数	区域内差异		区域间净差异		区域间超变密度	
		来源	贡献率/%	来源	贡献率/%	来源	贡献率/%
2007	0.153	0.028	18.17	0.121	79.45	0.004	2.39
2008	0.142	0.028	19.55	0.109	77.07	0.005	3.37
2009	0.141	0.028	20.17	0.107	76.13	0.005	3.70
2010	0.139	0.028	19.76	0.105	75.47	0.007	4.76
2011	0.134	0.028	20.77	0.096	71.51	0.010	7.72
2012	0.118	0.025	20.98	0.079	67.38	0.014	11.64
2013	0.119	0.024	20.33	0.082	68.59	0.013	11.07
2014	0.112	0.024	21.42	0.074	66.46	0.014	12.12
2015	0.116	0.025	21.57	0.080	68.96	0.011	9.47
2016	0.116	0.025	21.75	0.082	70.44	0.009	7.81
2017	0.110	0.024	21.49	0.080	72.76	0.006	5.75
2018	0.115	0.026	22.73	0.081	70.34	0.008	6.94
2019	0.120	0.026	21.53	0.087	72.25	0.007	6.22
2020	0.151	0.027	17.81	0.114	75.10	0.011	7.08
均值	0.128	0.026	20.57	0.093	72.28	0.009	7.15

1）区域内差异

如表2-5所示，作为中国经济最发达的区域，东部地区的经济高质量发展水平处于领先地位，但该区域内的省（区、市）差异较大，其基尼系数远超0.05。从变化趋势来看，区域内差异波动幅度较大，且在2010、2016等年份出现明显的缩小趋势，这表明在近年来国家出台的一系列宏观调控政策作用下，区域内的差距有缩小的趋势，但该趋势并不明晰。在四大区域中，中部地区的基尼系数最小，呈"S"形波动，这说明该区域内部的不平衡程度最低，但其增长较为平缓且有加快的趋势。西部地区的基尼系数呈波浪式浮动，整体较为平稳，略有上升的趋势。东北地区的基尼系数波动较大，2016年表现得最为明显，之后不平衡的趋势有所减弱。综合来看，四大区域不同年份的基尼系数呈现差异化的发展趋势，在2016年前后东部地区的基尼系数出现显著波动，中部地区的基尼系数有上升的趋势，西部地区的基尼系数较为平缓，而东北地区的基尼系数呈波动下降的趋势，这表明各区域经济发展质量的不平衡状况仍较为明显，且表现特征不一。

2）区域间差异

基尼系数的均值反映了区域间经济高质量发展水平的差异。如表2-5所示，2007—2020年东部-西部的区域间基尼系数的均值最大，为0.195，而中部-西部的区域间基尼系数的均值最小，为0.060，两者存在显著差异，这反映出中国区域经济结构不均衡的数量特征及原因。从区域间基尼系数的变化趋势来看，东部-中部与东部-西部的变化趋势相似，但在2014年后两区域间基尼系数的差距扩大；中部-东北与西部-东北的变化趋势相似且区域间基尼系数的差距不大，但在2016年后中部-东北的区域间基尼系数居上；东部-东北、东部-西部、中部-西部的区域间基尼系数远高于中部-东北、西部-东北、中部-西部的区域间基尼系数，这说明随着经济的快速发展，区域间的差距在不断扩大，区域间的不平衡问题在不断加剧。尽管前文分析区域内的差距略有缩小，但区域间的差距仍是一个不可逾越的鸿沟。

表2-5　2007—2020年四大区域经济高质量区域内、区域间基尼系数

年份	区域内基尼系数				区域间基尼系数					
	东部	中部	西部	东北	东部-中部	东部-西部	中部-西部	东北-东部	中部-东北	西部-东北
2007	0.154	0.010	0.037	0.062	0.221	0.253	0.040	0.207	0.053	0.069
2008	0.150	0.011	0.046	0.055	0.202	0.230	0.043	0.186	0.048	0.071
2009	0.152	0.019	0.049	0.050	0.201	0.227	0.044	0.179	0.046	0.072
2010	0.142	0.023	0.055	0.045	0.198	0.224	0.049	0.169	0.047	0.077
2011	0.139	0.018	0.061	0.054	0.189	0.207	0.052	0.179	0.045	0.065

续 表

年份	区域内基尼系数				区域间基尼系数					
	东部	中部	西部	东北	东部-中部	东部-西部	中部-西部	东北-东部	中部-东北	西部-东北
2012	0.124	0.016	0.057	0.055	0.161	0.176	0.054	0.174	0.053	0.058
2013	0.119	0.016	0.059	0.055	0.159	0.180	0.060	0.174	0.057	0.059
2014	0.121	0.025	0.052	0.048	0.156	0.163	0.048	0.174	0.051	0.055
2015	0.131	0.032	0.048	0.028	0.159	0.166	0.047	0.199	0.055	0.053
2016	0.122	0.045	0.056	0.022	0.150	0.164	0.057	0.200	0.064	0.053
2017	0.127	0.038	0.040	0.036	0.132	0.154	0.050	0.206	0.092	0.064
2018	0.133	0.030	0.057	0.040	0.129	0.161	0.062	0.202	0.094	0.066
2019	0.126	0.036	0.061	0.045	0.126	0.178	0.077	0.198	0.094	0.059
2020	0.132	0.057	0.056	0.024	0.130	0.240	0.159	0.214	0.129	0.057
均值	0.134	0.027	0.052	0.044	0.165	0.195	0.060	0.190	0.066	0.063

2.3.2 区域经济高质量发展水平的分布动态演进

1. 时间和空间分布动态演进测度

1）Kernel 密度函数估计

为更好地分析各区域经济高质量发展水平的分布态势以及演进趋势，采用 Kernel 密度函数估计对各年份经济高质量发展水平的分布情况进行分析。假设随机变量 X 的密度函数为 $f(x)$，随机变量为 $Y=(y_1,y_2,\cdots,y_n)$，$f(x)$的计算公式如下：

$$f(x)=\frac{1}{nh}\sum_{i=1}^{n}K(\frac{y_i-y}{h})$$

其中，n 为区域内省(区、市)的个数，h 为带宽，其大小可决定密度函数的平滑度，$K(\cdot)$ 为核函数，这里选取高斯核密度函数。

2）空间相关性检验

一是构建经济距离权重矩阵、地理距离权重矩阵和空间邻接权重矩阵并进行实证分析。限于本书的研究篇幅，这里仅展示经济距离权重矩阵的定义。

$$\boldsymbol{W}_{ij}=\begin{cases}1/|\overline{Y}_i-\overline{Y}_j|, & i\neq j\\ 0, & i=j\end{cases} \tag{2-19}$$

其中，$\overline{Y}_i=\dfrac{1}{T-T_0}\sum_{T=t_0}^{T}Y_{it}$，$\overline{Y}_i$表示$i$地区的实际人均国内生产总值的均值。

二是进行空间自相关检验。本节采用莫兰指数(Moran's I)对观察值进行空间相关性检验。

莫兰指数可检验空间系统中相邻区域之间是否存在相似、相异或独立关系，其计算公式如下：

$$I=\frac{n\sum_{i=1}^{n}\sum_{j}^{n}\boldsymbol{W}_{ij}(x_i-\overline{x})(x_j-\overline{x})}{\sum_{i=1}^{n}\sum_{j=1}^{n}(x_i-\overline{x})^2}=\frac{n\sum_{i=1}^{n}\sum_{j\neq 1}^{n}\boldsymbol{W}_{ij}(x_i-\overline{x})(x_j-\overline{x})}{S^2\sum_{i=1}^{n}\sum_{j=1}^{n}\boldsymbol{W}_{ij}} \tag{2-20}$$

其中，$\sum_{i=1}^{n}(x_i-\overline{x})^2/n$，$\overline{x}=\sum_{i=1}^{n}x_i/n$。$x_i$与$x_j$分别代表地区$i$与$j$的观测值，$n$代表地区总数，$\boldsymbol{W}_{ij}$代表基于不同标准建立的权重矩阵。

局部莫兰指数的计算公式见式(2-21)，所涉及的符号含义与式(2-20)相同：

$$I_i=\frac{(x_i-\overline{x})}{S^2}\sum_{j=1}^{n}\boldsymbol{W}_{ij}(x_j-\overline{x}) \tag{2-21}$$

3) Markov 链法

Markov 链指概率论中具有马尔可夫性质并存在于离散指数集和空间状态内的随机过程。Markov 链中随机变量的状态随时间变化被称为转移，即从t时刻i状态转移为$t+1$时刻j状态的概率，并定义为

$$p_{ij}=p(x_{t+1}=j)\,|\,x_t=i) \tag{2-22}$$

根据 Cohort 方法，对于给定状态i下的观测值，其t时刻状态转移概率的极大似然估计值的计算公式如下：

$$p_{ijt}=\frac{N_{ijt}}{N_{it}} \tag{2-23}$$

对所有观测值在研究范围内的转移概率进行加权，得到从初始状态i转移为状态j的概率，计算公式如下：

$$p_{ij}=\frac{\sum_{t=0}^{T}N_{it}\,p_{ijt}}{\sum_{t=0}^{T}N_{it}} \tag{2-24}$$

2. 经济高质量发展水平的分布演进趋势

1) 时间演进趋势

全国经济高质量发展水平的分布曲线有向右移动的趋势，整体保持稳定，且只存在一个主峰，无拖尾延展拓宽，这表明各区域发展存在不均衡，且不均衡程度呈逐渐缩小趋势，不存在极化现象。就四大区域而言，东部地区的经济高质量发展水平的主峰存在左移、右移的情况且移动较为频繁，主峰峰值呈"U"形变化，且主峰宽度由宽变窄，这说明东部地区经济高质量发展水平不稳定。此外，只存在一个主峰，分布曲线右拖尾，这说明东部地区不存在极化现象。就中部地区经济高质量发展水平而言，其主峰高度有下降的趋势，主峰宽度不断变大，这表明区域内经济高质量发展水平差异在变大。西部地区与中部地区的变化趋势相似，西部地区经济高质量发展水平的主峰宽度变大趋势减弱，其分布曲线存在右拖尾且延展性拓宽，不存在极化现象。2007—2015 年东北地区经济高质量发展水平的分布曲线在向右移动，主峰总体趋于稳定；而在 2015 年后主峰高度上升，右拖尾延展性拓宽，但始终仅有一个主峰，不存在极化现象。

2) 空间演进趋势

鉴于中国经济高质量发展水平存在区域差异性，借助 Arcgis 10.7 工具对 2007—2020 年中国经济高质量发展水平的空间特征进行可视化分析。按照区域经济高质量发展水平的高低，将其划分为优、良、中、差四个级别。区域颜色的深浅代表其经济高质量发展水平的高低，结果显示颜色较深的区域多集中于东部沿海地区，而颜色稍浅的区域多集中于中部地区以及西部地区。这一结果也可进一步印证上文的分析，同时反映出中国经济高质量发展水平总体呈"东高西低，南高北低"的分布，并存在由东向西的演变趋势。

在分析完中国经济高质量发展水平的空间特征后，为进一步探究其空间特征背后的原因，构建空间权重矩阵并运用莫兰指数检验，剖析中国经济高质量发展水平各阶段的空间依赖性与异质性，判断其是否存在空间集聚现象，并揭示其空间结构分布。结果显示，在全样本下，各年份的经济高质量发展水平在 5%水平上均呈显著空间正相关关系，这表明其集聚程度高，且有不断增强的趋势，具有较强的空间依赖性。在计算出莫兰指数后，绘制莫兰散点图来分析各区域经济高质量发展水平的空间集聚情况。其中，北京、天津、上海、江苏、浙江五省(区、市)在主要年份稳居高高集聚区(HH)，其经济高质量发展水平均排在全国前列。河北、安徽、江西等省(区、市)落在低高集聚区(LH)，其经济高质量发展水平不高，但是其邻近区域的经济高质量发展水平较高。广东位于高低集聚区(HL)，这是因为广西、湖南等省(区、市)经济高质量发展水平较低，广东与邻近地区形成高低集聚现象。落在低低集聚区(LL)内的大多为中、西部地区和东北地区的省(市、区)，其自身与邻近区域的经济高质量发展水平均较低。

3. 状态转移分析

为揭示各区域经济高质量发展水平的转移规律，计算马尔科夫转移矩阵并确认转移状态。考虑经济高质量发展水平存在变动差异，不利于比较，故采取四分位数将其状态划分为相同类型。通过计算确定25%分位数、50%分位数和75%分位数分别为0.308、0.341和0.400，相应地，各地区经济高质量发展水平可划分为如下四类：低水平（Ⅰ），即小于0.308；中低水平（Ⅱ），即0.308～0.341；中高水平（Ⅲ），即0.341～0.400；高水平（Ⅳ），即大于0.400。在确定其状态后进行转移概率计算，结果见表2-6。表2-6中的行代表第t年的状态，列代表第$t+1$年的状态，对角线上的数代表第$t+1$年未发生改变的概率，非对角线则表示第$t+1$年发生变化的概率。以全样本为例进行分析，在第t年有71.0%的省（区、市）其状态为低水平（Ⅰ），下一年其状态保持不变；而27.0%的省（区、市）下一年的状态可能会变为中低水平（Ⅱ）。同时，在第t年处于中低水平（Ⅱ）状态的省（区、市）中，有18.9%、66.3%、14.7%在第$t+1$年分别上升一位、保持不变和下降一位。对于在第t年处于中高水平（Ⅲ）、高水平（Ⅳ）状态的省（区、市）分析如上，兹不赘述。此外，观察发现，对角线上的数均大于非对角线上的数，从而做出推断：经济高质量发展水平的效率大概率保持稳定，且临近类型的转移概率大于向非临近类型转移的概率。东部、中部、西部、东北地区对角线上的数大于非对角线上的数，由上文得出，这四个区域大概率会保持不变。

表2-6　2007—2020年全样本及分区域经济高质量发展水平的马尔科夫转移矩阵

全样本	Ⅰ	Ⅱ	Ⅲ	Ⅳ
Ⅰ	0.710	0.270	0.020	0.000
Ⅱ	0.189	0.663	0.147	0.000
Ⅲ	0.029	0.049	0.816	0.107
Ⅳ	0.000	0.000	0.043	0.957
东部	Ⅰ	Ⅱ	Ⅲ	Ⅳ
Ⅰ	0.750	0.125	0.125	0.000
Ⅱ	1.000	0.000	0.000	0.000
Ⅲ	0.027	0.000	0.892	0.081
Ⅳ	0.000	0.000	0.012	0.988
中部	Ⅰ	Ⅱ	Ⅲ	Ⅳ

续表

全样本	Ⅰ	Ⅱ	Ⅲ	Ⅳ
Ⅰ	0.455	0.545	0.000	0.000
Ⅱ	0.024	0.829	0.146	0.000
Ⅲ	0.000	0.045	0.682	0.273
Ⅳ	0.000	0.000	0.250	0.750
西部	Ⅰ	Ⅱ	Ⅲ	Ⅳ
Ⅰ	0.762	0.222	0.016	0.000
Ⅱ	0.279	0.558	0.163	0.000
Ⅲ	0.061	0.091	0.788	0.061
Ⅳ	0.000	0.000	0.500	0.500
东北	Ⅰ	Ⅱ	Ⅲ	Ⅳ
Ⅰ	0.667	0.333	0.000	0.000
Ⅱ	0.400	0.500	0.100	0.000
Ⅲ	0.000	0.091	0.909	0.000
Ⅳ	0.000	0.000	0.012	0.988

2.4 研究结论与政策启示

2.4.1 研究结论

基于五大发展理念构建的区域经济高质量发展评价指标体系，运用熵权法对2007—2020年中国区域经济高质量发展水平进行测度，采用Dagum基尼系数对全样本以及四个区域的经济高质量发展水平的差异进行分解，揭示其差异及来源，综合运用Kernel密度估计和莫兰指数从时间与空间的角度剖析各区域经济高质量发展水平的分布动态与演变趋势，最后运用Markov链法测算各区域经济高质量发展水平在不同状态下的转移概率。主要结论如下。

其一，2007—2020年四大区域经济高质量发展水平整体呈上升的趋势，不同区域间存在明显的发展差异，经济发展质量呈东部-中部-东北-西部的阶梯分布状。分维度来看，区域经济高质量发展的创新活力不够和开放程度不高问题较为突出，而绿色维度的表现优于其他维度。因此，解决区域经济发展的不均衡问题成为提升经济高质量发展整体水平的关键，并且急需增强区域经济高质量发展的创新动力与活力。基于Dagum基尼系数从全国层面和区域层面进行分解，发现区域间经济高质量发展水平的差距均有缩小的趋势，其中区域间差异的贡献率要远高于区域内差异与区域间超变密度的贡献率，并占据主导地位，由此得出区域经济发展不均衡的主要原因为地区间存在差异。

其二，从时间分布动态与演变趋势来看，2007—2020年中国经济高质量发展水平呈上升的趋势，区域间的不均衡有减弱的趋势。东部、中部、西部和东北地区的经济高质量发展水平均只有一个主峰，这表明四个区域均不存在极化现象。东部地区主峰峰值呈"U"形变化，呈"下降—上升"趋势，且主峰宽度由宽变窄，反映出东部地区的经济高质量发展水平不稳定；中部和西部地区的变化趋势相似，其主峰高度有下降的趋势，主峰宽度不断变大，这表明区域内经济高质量发展水平的差异在变大；而东北地区的经济高质量发展水平存在阶段性差异，2007—2015年主峰总体趋势稳定，在2015年后主峰高度上升，有拖尾延展性拓宽。

其三，从空间分布动态与演变趋势来看，中国区域经济高质量发展整体呈"东高西低、南高北低"的分布格局，全国和各区域均存在显著正相关集聚。基于Markov链法测算发现，在全样本下，经济高质量发展水平的Markov转移矩阵对角线上的元素均大于非对角线上的元素，并且分区域测算这一结论依旧成立，这表明中国区域经济高质量发展水平比较稳定，同时临近类型的转移概率大于向非临近类型的转移概率。

2.4.2　政策启示

基于上述研究结论，为着力提升中国区域经济高质量发展水平，特提出如下政策建议。

一是坚定五大发展理念，推动区域经济高质量协调发展。深入贯彻五大发展理念，打破唯"GDP"论，完善内需主导、内生增长的发展模式，把实施扩大内需战略同深化供给侧结构性改革有机结合起来，积极融入新发展格局，促进供需在更高水平上形成良性循环。推动区域、城乡协调发展，塑造要素有序自由流动、主体功能约束有效、资源环境可承载的区域协调发展新格局，积极探索因地制宜、因时制宜的经济高质量发展路径[33]。坚持在差异化中协同、一体化中分工，健全区域协调发展体制机制，拓展区域发展合作空间。

二是促长板、补短板，积极推进区域经济高质量均衡发展。四个区域在各维度上的经济高质量发展水平的均值由高到低的顺序依次为绿色、共享、协调、开放、创新，其中开放发展与创新发展的短板较为明显。在促长板方面，要以资源优势向产业优势转变，以产业优势向创新优势转变，促进产业链延伸，实现能源、经济、生态一体化高效发展。在补短板方面，要大力实施创新驱动发展战略，围绕产业链部署创新链，围绕创新链布局产业链，推进多链条深度融合，实现区域内涵型增长。健全基本公共服务标准体系，完善社会治理制度，不断提升居民的获得感、幸福感、安全感。

三是抓牢外部发展机遇，寻求更大范围的开放式发展。在“双循环”战略背景下，要充分发挥东部地区的先发优势，推进创新成果的空间外溢效应，以点带面，带动周边，提升区域资源配置效率，推动产业梯度转移，形成东部试点示范效应。同时，中、西部地区要积极承接东部产业的转移，积极响应“一带一路”倡议，寻求与“一带一路”沿线国家及地区的合作，打破区域壁垒，加强与东部地区的联动，以实现东、中、西部地区协同发展，进而提升中国经济高质量发展的整体水平。

第3章
绿色发展视域下中国区域高技术产业升级机制、能力测度与动态演变

高技术产业升级是破解中国经济“三高”发展困境、实现区域绿色高质量发展的战略路径。本章基于绿色发展视域，深入剖析中国区域高技术产业升级的理论机制，进而构建区域高技术产业升级能力三维评价指标体系，测算2009—2020年30个省（区、市）高技术产业升级能力水平，并从多角度、多层次分析高技术产业升级能力的区域差异、演变趋势、空间分布与状态转移概率特征，研究表明：①中国高技术产业升级能力水平整体呈波动上升趋势，且存在较大提升空间，区域呈现出东部、东北、中部、西部降低的阶梯分布特征；②高技术产业升级能力的区域差异逐渐扩大，区域间差异是造成区域不均衡状态的主要原因；③东部、中部和西部均表现为相邻类型跳跃，区域高技术产业升级能力虽有一定转移但整体稳定性较强。

3.1 引 言

改革开放以来，中国经济保持了高速增长，经济实力显著提升，但这也产生了高能耗、高排放、高污染等严重问题[34]；加上“碳达峰、碳中和”战略目标的要求以及外部环境的压力，我国亟待进行经济转型与产业升级，走绿色高质量发展之路。绿色发展是新时代中国的主题，党的十九大报告指出，要“着力推进绿色发展、循环发展、低碳发展，形成节约资源和保护环境的空间格局、产业结构、生产方式、生活方式”。深入来看，绿色发展作为可持续发展的一种表现模式，兼具系统协调性、全球共担性和区域实践性等特征。其中，系统协调性是指绿色发展作为经济、社会和环境之间的调和器，其整个实现过程涉及绿色升级、环境治理与资源的循环再利用等多个领域的协调[35]；全球共担性是指在“双碳”背景下，中国要与全球其他国家（地区）共同肩负起产业结构调整、节能减排等责任，进而逐步转变高能耗、高排放、高污染的传统经济增长模式；区域实践性是指各地区要兼顾生产与消费两端，立足于区域产业特征和资源禀赋，借助数字技术和平台经济等新的驱动力或增长点，加快推动传统产业转型升级，发展高技术产业，实现区域经济内涵式增长。由此可见，产业升级与绿色发展二者间有着紧密的关联性与内在逻辑的一致性，产业升级是实现绿色发展的重要驱动力与关键路径，同时也是摆脱中国经济发展面临的“三高”困境，实现“碳达峰、碳中和”战略目标的必由路径。

在当今全球新一轮技术革命孕育兴起、生产方式不断变革的趋势下，知识和技术密集型的高技术产业是带动区域产业结构优化、实现节能降碳和经济绿色高质量发展的重要力量[36]。然而，当前中国高技术产业面临着发达国家核心技术锁定、系统集成创新能力不足以及自主品牌建设相对滞后等诸多挑战，长期处于全球价值链的中低端位置，产业链的综合竞争力不强。从长远来看，唯有依靠自主创新以及在需求侧和供给侧同步发力，借助实体经济与数字经济的深度融合发展，推动高技术产业朝数字化、高端化和国际化三个方向转型，才能实现产业技术与商业模式突围，最终达到中国高技术产业在全球价值链中的地位不断攀升的目标[2]。基于此，本章在绿色发展视域下，以中国区域高技术产业升级为研究内容，深度剖析高技术产业升级的理论机制，多维测度30个省（区、市）高技术产业升级能力，并从时间、空间多角度、多层次地分析高技术产业升级能力的区域差异、演变趋势、空间分布特征与不同状态下的转移概率，这对于准确把握我国各省（区、市）高技术产业升级的现状及演变趋势，探索出不同地区高技术产业升级的路径及针对性对策，从而加快我国高技术产业提质升级与高质量发展具有重要意义。

3.2 绿色发展视域下区域高技术产业升级的理论基础和实现机制

3.2.1 高技术产业升级的理论基础

作为工业化和经济发展的主要内容,国内外学者曾就产业升级这一话题进行了广泛的学术研究与探讨。Porter[37]基于宏观视角界定产业升级的内涵,指出产业升级是当资本与技术相对劳动力及其他资源禀赋更加充裕时,国家在资本和技术密集型产业中发展比较有优势的一个过程。Gereffi[38]从微观视角出发,认为产业升级是某个企业向具有更强盈利能力的资本与技术密集型产业迈进的过程,是在价值链内部由低附加值向高附加值的转变。在此基础上,Ernst[39]、Humphrey 和 Schmitz[40]等学者的研究提出,产业升级主要包括产业间升级与产业内升级两类。郑涛、杨如雪[41]认为产业升级包括产业技术升级和产业结构升级两类,产业升级过程会伴随劳动生产率的提高,进而正向促进产业韧性水平的提升。通常来说,劳动密集型产业朝资本密集型或技术密集型产业转变可归属于产业间升级;而资本密集型或技术密集型产业通过嵌入全球价值链的高端环节使企业积累的核心竞争优势融入全球产业市场,同时拉动企业自身的发展,这一过程被定义为产业内升级。据此可知,高技术产业升级属于产业内升级。

关于产业升级的影响因素及驱动力。Breschi 等[42]认为技术创新能够提高劳动生产率,进而带动产业优化;Klepper[43]进一步提出技术创新还能够通过提高产品质量、丰富产品种类、创新生产过程等方法推动产业结构升级。邓创和曹子雯[44]则阐明技术创新作为产业升级的核心动力,对产业结构优化具有显著的促进效应。综合其他学者的研究成果,本章的研究认为市场、创新、资源和政策等因素共同影响高技术产业升级。在"双循环"背景下,产业市场为高技术产业升级提供市场导向,以数字技术为引领的技术创新和商业模式创新是高技术产业升级的核心动力,数字、资金、人才等资源是高技术产业升级的物质保障,同时产业政策和制度因素为高技术产业升级提供体制保障[45]。由此,产业市场、技术与商业模式创新、各类资源要素以及政策制度因素在整个高技术产业升级的过程中共同发挥着重要的作用。

关于区域产业升级的路径。谭志雄等[46]在产品空间理论的基础上,基于微观产品数据探讨过去在国际大循环主导模式下中国产业"低端道路"路径依赖程度,发现在传统发展模式下中国区域产业升级处于"低端道路"路径依赖状态,且高技术产业升级的路径依赖程度相比于低技术产业而言,更易受到要素的循环影响。刘逸等[47]提出全球价值链的治理及其驱动机制会对产业升级进程产生深刻的影响。嵌入全球价值链进而展开国际化竞争是国内企业进入全球市场和推动产业整体升级的核心举措。综合来看,当前国内关于产业升级的研究主要集中于对产业升级的内涵、影响因素、路径及政策等的探讨,且多以定性研究为主,涉及高技术产业自身升级的研究很少,对于区域高技术产业升级的能力测度及其动态演化的研究几乎为空白。

本章的主要边际贡献在于:第一,科学界定了高技术产业升级与高技术产业升级能力的内涵及特征,并基于创新视角系统分析了高技术产业升级的动力机制,丰富了高技术产业升级的理论研究;第二,基于产业升级产出、产业升级投入与升级环境支撑三个维度构建了中国区域高技术产业升级能力的评价指标体系,对 30 个省(区、市)的高技术产业升级能力展开了多角度、多层次的定量分析,客观阐述了高技术产业升级能力的区域差异、演变趋势与空间分布特征;第三,基于理论与实证分析结果,结合国家宏观战略与产业发展趋势,从突破核心技术锁定、加快产业技术升级,数字技术驱动产业提质升级,构建协同创新网络、强化产业协同升级三个方面提出了高技术产业升级的针对性路径及政策,为实现我国高技术产业升级与高质量发展提供了决策借鉴与政策启示。

3.2.2　高技术产业升级的实现机制

高技术产业升级是一个动态演进的过程,在产业自组织的作用下,区域高技术企业会与其上下游合作企业、行业中介机构、产业公共平台、政府以及客户建立起高技术产业技术创新生态系统和高技术产业商业模式创新生态系统,两者相互影响、相互促进又将会推动高技术产业的耦合创新过程。在此基础上,高技术产业技术创新生态系统会加快推动高技术产业技术升级[48],而在高技术产业商业模式创新生态系统的驱动下,高技术产业商业模式升级进程也会进一步加快,最终二者共同促进高技术产业升级。

1. 高技术产业技术升级

高技术产业技术创新生态系统包括了行业内的高技术企业、产品加工制造企业、原材料供应商和产品经销商等主体。其中,高技术企业主要承担研发设计环节的工作,对于整个系统内的其他主体有着强大的引导、带动作用,并且在发展过程中存在着较为显著的技术溢出作用,对于整个系统技术创新能力的提升有重要贡献[49];产品加工制造企业主要负责零部件及配件的生产任务,为高技术企业提供重要支撑;原材料供应商和产品经销商分别负责材料的供给和产品的输出,是整个系统物资流通的重要通道。上述不同主体承担着产业生态系统中的不同任务,共同组成高技术产业价值链,并且通过动态学习,提升了整个产业系统的竞争力。在此基础上,高技术企业在其他产业系统主体的支撑作用下,共同实现产品创新、工艺升级和技术改造等目标(图 3-1)。

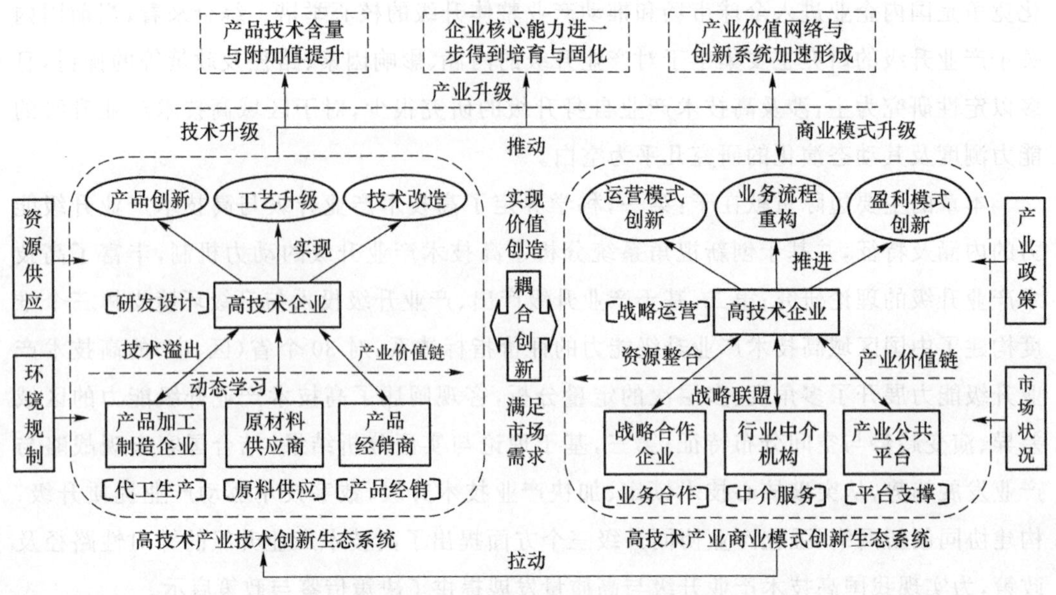

图 3-1　基于创新驱动的高技术产业升级机制示意图

2. 高技术产业商业模式升级

高技术产业商业模式创新生态系统主要围绕塑造良好的商业运营模式而建立，除高技术企业外，还有与其进行战略合作的关联企业、行业中介机构以及搭建的产业公共平台。战略合作企业与高技术企业通过业务合作来实现其发展目标，而行业中介机构通过中介服务来促进高技术产业商业模式升级与快速发展[50]。良好的产业公共平台对整个生态系统发挥平台支撑作用，有助于各类资金、人才以及相关资源的流动。依托产业公共平台或在市场需求的驱动下，高技术企业有效整合资源并与其他主体进行战略联盟，从而实现运营模式创新、业务流程重构以及盈利模式创新。高技术产业技术创新生态系统会对高技术产业商业模式创新生态系统的发展起到推动作用，而高技术产业商业模式创新系统会拉动高技术产业技术创新生态系统，两者在相互作用下会逐步进行耦合创新。

高技术产业技术升级、高技术产业商业模式升级的过程又会受资源供应、环境规制、市场状况以及产业政策等外部因素的影响。高技术产业升级的结果突出体现在三个方面：一是实现产品技术含量和附加值提升；二是企业核心能力进一步得到培育和固化；三是产业价值网络与创新系统加速形成。

3.3 中国区域高技术产业升级能力测度及结果分析

3.3.1 基于绿色发展理念的区域高技术产业升级能力测度

1. 评价体系构建与测度方法选取

1) 中国区域高技术产业升级能力评价体系

本章的研究基于绿色发展理念，考虑中国区域高技术产业发展与升级能力的差异，并结合高技术产业升级的系统协调性和区域实践性，从产业升级产出能力、产业升级投入能力和产业升级环境支撑能力三个维度系统评价中国区域高技术产业升级能力，中国区域高技术产业升级能力评价指标体系如表 3-1 所示。

表 3-1　中国区域高技术产业升级能力评价指标体系

<table>
<tr><th>目标层</th><th>一级指标</th><th>二级指标</th><th>三级指标</th><th>选取依据</th></tr>
<tr><td rowspan="13">高技术产业升级能力</td><td rowspan="9">产业升级产出能力</td><td rowspan="4">产业成长与集聚能力</td><td>产业总产值增加额</td><td rowspan="4">产出能力集聚水平</td></tr>
<tr><td>产业总产值增长率</td></tr>
<tr><td>产业成长程度</td></tr>
<tr><td>产业集中度变化率</td></tr>
<tr><td rowspan="3">科技创新与产出能力</td><td>新产品产值增加额</td><td rowspan="3">自主研发创新驱动</td></tr>
<tr><td>新产品产值增长率</td></tr>
<tr><td>专利授权增加数</td></tr>
<tr><td rowspan="2">资源转化与获利能力</td><td>总资产贡献率</td><td rowspan="2">经济效益</td></tr>
<tr><td>利润增加值</td></tr>
<tr><td rowspan="4">产业升级投入能力</td><td rowspan="4">产业资金与人员投入</td><td>R&D 经费投入强度</td><td rowspan="4">产业资源投入</td></tr>
<tr><td>企业研发资金支出增加额</td></tr>
<tr><td>新产品开发经费占销售收入比重</td></tr>
<tr><td>研发人员占从业人员比重</td></tr>
</table>

续 表

目标层	一级指标	二级指标	三级指标	选取依据
高技术产业升级能力	产业升级投入能力	技术获取与改造投入	技术引进与消化吸收经费支出增加额	技术升级投入
			技术改造经费支出增加额	
		机构建设与设施投入	政府研发资金投入比重	政策扶持
			企业科研机构增加值	
	产业升级环境支撑能力	环境协调与治理能力	废气治理指数	绿色发展
			废水治理指数	
			固体废物治理指数	
			环境治理投入占工业总产值比例	
		资源利用与再生能力	单位能耗产值率	节能降碳
			新型能源投入使用比例	
		人员供给与吸纳能力	具有大专以上学历劳动人员比例	人才支撑与吸纳
			就业增长弹性系数	

由表 3-1 可知,中国区域高技术产业升级能力的评价指标体系由 3 个一级指标、9 个二级指标和 25 个三级指标构成。其中,产业升级产出能力旨在衡量各地区高技术产业各年度内的产业高质量成长与创新产出表现,借鉴袁徽文和高波[51]、黄海清和魏航[52]等的研究,该维度重点考察地区高技术产业的成长与集聚能力、科技创新与产出能力以及资源转化与获利能力三个方面,下设 9 个增长性三级指标。

$$\text{产业成长程度}=\frac{\text{本年度高技术产业总产值}-\text{上年度高技术产业总产值}}{\text{上年度高技术产业总产值}}\Bigg/\frac{\text{本年度地区工业总产值}-\text{上年度地区工业总产值}}{\text{上年度地区工业总产值}} \tag{3-1}$$

$$\text{产业集中度变化率}=\left(\frac{\text{本年度规模以上高技术企业数}}{\text{本年度高技术企业总数}}-\frac{\text{上年度规模以上高技术企业数}}{\text{上年度高技术企业总数}}\right)\Bigg/\frac{\text{上年度规模以上高技术企业数}}{\text{上年度高技术企业总数}} \tag{3-2}$$

高技术产业是典型的资本密集与技术密集型产业,其整个升级过程需要投入大量的相关资源、技术和设备。基于此,产业升级投入能力侧重于衡量各地区高技术产业具备的各类资源投入能力,围绕产业资源投入(资金、人才)[53]、技术升级投入(技术获取、改造)[54]和政策扶持(机构、设施)三个方面,借助8个三级指标进行科学测度。

产业升级环境支撑能力旨在衡量影响某一地区高技术产业升级的环境要素和相关资源的支撑能力,包含环境协调与治理能力、资源利用与再生能力和人员供给与吸纳能力三个方面,重点评价各地区高技术产业的绿色发展环境与节能降碳水平,以及对于人才的吸纳与就业支撑能力,共包含8个三级指标。

$$\text{单位能耗产值率}=\frac{\text{年度高技术产业总产值}}{\text{年度高技术产业能源消费总量}} \tag{3-3}$$

$$\text{高技术产业就业增长弹性系数}=\frac{\text{高技术产业从业人员数增长率}}{\text{高技术产业产值增长率}}\times 100\% \tag{3-4}$$

2)区域高技术产业升级能力的测度方法

本章的研究运用熵权法测算30个省(区、市)的高技术产业升级能力。指标权重的确定对于科学客观地测度各地区高技术产业升级能力至关重要,为此采用基于原始数据的集多指标、多对象为一体的客观赋权法——熵权法,可以有效规避人为因素带来的测量误差,使结果更加客观合理[55]。由于篇幅有限,具体计算步骤此处省略。

2. 数据来源与处理

研究选取2009—2020年中国30个省(区、市)作为样本,测度区域高技术产业升级能力。考虑不同地区的地理位置和资源禀赋的差异,本章将测度区域划分为东部、中部、西部和东北地区。研究数据取自《中国高技术产业统计年鉴(2010—2021)》《中国环境统计年鉴(2010—2021)》《中国能源统计年鉴(2010—2021)》《中国人口和就业统计年鉴(2010—2021)》以及各省统计年鉴等。由于西藏和港澳台地区部分数据缺失,其未列为研究对象,并对个别指标的缺失值进行线性插补处理。对受价格波动影响的变量,用各省(区、市)各年度工业生产者的出厂价格指数(以2009年为基期)对工业产值类指标进行平减处理,实际研发经费支出由名义研发经费支出平减得到,以2009年为基期,平减指数为:固定资产投资价格指数×0.54+消费价格指数×0.46,以此对R&D经费、新产品开发经费、技术引进消化吸收与改造经费进行平减处理。

3.3.2　中国区域高技术产业升级能力测度结果分析

1. 全样本测度结果及分析

如表3-2所示,全国高技术产业升级能力除了在2009—2011年间稍有下降外,近十二年来整体表现为上升的态势。全国高技术产业升级能力平均水平由2009年的0.0703增加至2020年的0.0896,年均增幅为27.45%,增长速度较快,但总体水平仍有很大的提升空间。分区域来看，我国东部、中部、西部和东北地区产业升级能力水平存在显著差异。其中，东部和中部地区整体表现为高技术产业升级能力的大幅提升，东部产业升级能力的均值由 2009 年的 0.091 4 增加至 2020 年的 0.133 2，总体增幅为 45.62%；中部地区产业升级能力的均值由 2009 年的 0.048 0 增加至 2020 年的 0.074 9，总体增幅为 56.04%，高于东部地区。

表 3-2　2009—2020 年主要年份中国四大区域高技术产业升级能力的均值及排名

区域	省(区、市)	2009	2011	2013	2015	2017	2019	2020	均值	排名	集团
东部	北京	0.121 5	0.138 6	0.162 8	0.163 1	0.219 1	0.183 3	0.172 2	0.165 8	2	甲
	天津	0.157 6	0.075 2	0.089 4	0.114 6	0.104 5	0.088 4	0.083 0	0.101 8	7	甲
	河北	0.032 5	0.031 4	0.039 6	0.048 2	0.054 2	0.048 6	0.046 4	0.043 0	26	丙
	上海	0.080 5	0.098 6	0.092 9	0.111 3	0.125 8	0.147 7	0.131 1	0.112 6	5	甲
	江苏	0.071 5	0.097 8	0.116 3	0.127 1	0.143 4	0.143 9	0.156 1	0.122 3	3	甲
	浙江	0.065 8	0.074 2	0.092 3	0.089 9	0.110 3	0.138 6	0.125 9	0.099 6	8	甲
	福建	0.100 4	0.142 9	0.096 0	0.081 8	0.112 0	0.097 8	0.096 7	0.104 0	6	甲
	山东	0.049 6	0.059 1	0.070 6	0.076 2	0.086 1	0.080 3	0.086 3	0.072 6	15	乙
	广东	0.096 8	0.112 9	0.138 7	0.190 2	0.353 7	0.333 7	0.378 0	0.229 2	1	甲
	海南	0.137 5	0.057 5	0.082 9	0.062 6	0.101 1	0.061 0	0.056 7	0.079 9	10	乙
	均值	0.091 4	0.088 8	0.098 2	0.106 5	0.141 0	0.132 3	0.133 2	—	—	—
中部	山西	0.041 3	0.026 4	0.037 9	0.032 2	0.031 6	0.033 9	0.034 8	0.034 0	30	丙
	安徽	0.041 2	0.071 7	0.056 8	0.056 9	0.093 2	0.081 8	0.090 5	0.070 3	16	乙
	江西	0.044 9	0.052 1	0.045 3	0.049 7	0.066 5	0.076 1	0.079 0	0.059 1	22	丙
	河南	0.049 5	0.050 8	0.036 9	0.040 9	0.043 5	0.051 6	0.056 6	0.047 1	24	丙
	湖北	0.050 3	0.053 9	0.069 6	0.072 8	0.094 9	0.090 6	0.111 0	0.077 6	11	乙
	湖南	0.060 9	0.060 7	0.061 3	0.063 4	0.068 8	0.065 7	0.077 5	0.065 5	18	乙
	均值	0.048 0	0.052 6	0.051 3	0.052 6	0.066 4	0.066 6	0.074 9	—	—	—
西部	内蒙古	0.028 5	0.030 7	0.033 1	0.036 3	0.046 2	0.037 1	0.031 3	0.034 7	29	丙
	广西	0.051 6	0.051 0	0.033 4	0.034 6	0.045 3	0.032 1	0.030 7	0.039 8	27	丙

续表

区域	省(区、市)	2009	2011	2013	2015	2017	2019	2020	均值	排名	集团
西部	重庆	0.067 1	0.042 1	0.041 1	0.054 8	0.077 5	0.075 7	0.081 3	0.062 8	19	丙
	四川	0.064 9	0.065 9	0.057 5	0.065 1	0.089 0	0.086 0	0.092 3	0.074 4	14	乙
	贵州	0.069 2	0.065 7	0.080 3	0.065 0	0.075 5	0.078 7	0.101 7	0.076 6	13	乙
	云南	0.032 2	0.046 0	0.049 9	0.130 4	0.062 6	0.058 3	0.056 9	0.062 3	20	丙
	陕西	0.105 4	0.105 7	0.118 8	0.130 7	0.128 9	0.119 8	0.113 9	0.117 6	4	甲
	甘肃	0.054 3	0.041 3	0.035 8	0.033 5	0.062 0	0.046 0	0.042 7	0.045 1	25	丙
	青海	0.048 0	0.027 2	0.028 9	0.032 7	0.044 5	0.034 4	0.041 1	0.036 7	28	丙
	宁夏	0.113 1	0.063 9	0.068 8	0.062 1	0.063 0	0.057 8	0.055 0	0.069 1	17	乙
	新疆	0.067 6	0.041 6	0.057 8	0.056 7	0.091 0	0.057 0	0.052 7	0.060 6	21	丙
	均值	0.063 8	0.052 8	0.055 0	0.063 8	0.071 4	0.062 1	0.063 6	—	—	—
东北	辽宁	0.089 9	0.097 7	0.057 6	0.062 9	0.088 9	0.071 9	0.073 9	0.077 5	12	乙
	吉林	0.038 1	0.033 2	0.039 2	0.041 4	0.087 4	0.062 0	0.045 8	0.049 6	23	丙
	黑龙江	0.076 0	0.089 0	0.091 2	0.081 4	0.097 8	0.071 0	0.088 3	0.085 0	9	乙
	均值	0.068 0	0.073 3	0.062 6	0.061 9	0.091 4	0.068 3	0.069 4	—	—	—
全样本均值		0.070 3	0.066 8	0.069 4	0.075 6	0.095 6	0.087 0	0.089 6	—	—	—

注：甲类集团是高技术产业升级能力的均值≥0.09 的集团；乙类集团是 0.065≤高技术产业升级能力的均值<0.09 的集团；丙类集团是高技术产业升级能力的均值<0.065 的集团。

相比之下，西部和东北地区高技术产业升级能力表现出明显的波动性，西部地区高技术产业升级能力维持在 0.063 8 水平上下波动，东北地区高技术产业升级能力从 2009 年的平均水平 0.068 0 经历缓慢下降过程后，于 2017 年陡然上升至 0.091 4 的峰值水平，而后产业升级能力又回落至 2019 年的 0.068 3。通过全样本分析以及四个区域的比较结果来看，东部地区高技术产业升级能力水平显著高于其他三个区域以及全国平均水平，始终处于领先地位。深入来看，东部地区具有更发达的经济基础，区位优势显著，基础设施较为完善，其丰富的人才、技术、金融和数字信息资源可为高技术产业升级提供坚实的物质保障。完整的高技术产业链加上利好的高技术产业升级政策，易形成虹吸效应，吸引高技术企业、高端人才以及外部投资的集聚，促使东部地区高技术产业升级能力始终保持领先地位。

从各省(区、市)高技术产业升级能力来看,东部地区中广东、北京、江苏和上海四省(区、市)产业升级能力的均值分别排在第1、第2、第3和第5位,福建、天津和浙江三省(区、市)紧随其后,分别排在第6、第7和第8位,以上七省(区、市)高技术产业升级能力的均值都高于0.09,综合竞争力较强,属于甲类集团。海南、山东两省(区、市)高技术产业升级能力的均值分别排在第10位和第15位,处于中上游位置,被划分为乙类集团;河北省传统工业产业占比较高,产业绿色发展与升级进程相对缓慢,其高技术产业升级能力的均值仅为0.043 0,其排在第26位,较为靠后,属于丙类集团。在中部地区六省(区、市)中,湖北省高技术产业升级能力的均值为0.077 6,高于全国平均水平,其排在第11位,高技术产业升级的进程及整体效果表现良好,这与近年来湖北贯彻实施"创新驱动发展"战略,加大各类科技创新资源的投入密不可分。安徽、湖南两省(区、市)高技术产业升级能力的均值分别排在第16位和第18位,处于中游位置,与湖北同属于乙类集团,其高技术产业升级的提升空间较大且前景向好。江西、河南、山西三省(区、市)的高技术产业升级能力的均值分别为0.059 1、0.047 1和0.034 0,对应排在第22位、第24位和第30位,相对靠后,均被划分为丙类集团,高技术产业升级缺乏竞争优势。中部地区承接了我国能源保障与交通枢纽的重要使命,战略意义十分突出,其在产业结构上以重工业和能源产业为主,部分省(区、市)转型升级难度较大,先进生产要素的赋能传导路径受到阻滞,在一定程度上制约了该地区高技术产业升级进程及升级效果。

在西部地区中,近年来陕西的区位优势和经济实力不断增强,在创新驱动战略与利好产业政策的共同推动下,陕西的高端人才、核心技术和数字资源不断集聚,为本土高技术产业升级提供了较强的驱动力。陕西省高技术产业升级能力的均值为0.117 6,排在第4位,属于甲类集团,具有较强的竞争优势。贵州、四川两省(区、市)的高技术产业升级能力的均值分别为0.076 6和0.074 4,对应排在第13位和第14位,高于全国均值水平,属于乙类集团,两省(区、市)近年来加快产业结构调整与转型升级,科技创新投入力度不断加大,为其高技术产业升级拓展了提升空间,注入了动力。宁夏、重庆、云南、新疆四省(区、市)受地理位置、产业结构和资源投入的影响,高技术产业升级能力表现一般,分别排在第17、第19、第20和第21位。广西、青海和内蒙古三省(区、市)高技术产业基础薄弱,资源投入不足加上升级环境较差,导致该三省(区、市)高技术产业升级能力的均值处于全国落后位置,分别排在第27、第28和第29位。从整体来看,西部地区11个省(区、市)中有7省(区、市)属于丙类集团,这些省(区、市)大多以第一产业为主,高技术产业的配套基础设施和专业人才缺乏,高端要素不够集聚,这均阻碍了其产业价值链地位的跃升和延缓了整体升级进程。从东北地区来看,黑龙江、辽宁两省(区、市)的高技术产业升级能力的均值分别为0.085 0和0.077 5,对应排名为第9位和第12位,处于中等偏上位置,属于乙类集团。相比之下,吉林省高技术产业升级能力的均值偏低,仅为0.049 6,属于丙类集团,竞争力较弱。在国家"振兴东北老工业基地"战略驱动下,东北三省(区、市)高技术产业升级也将迎来利好机遇。

2. 分维度测度结果及分析

为了进一步剖析各地区高技术产业升级能力存在差异的深层次原因,本章的研究从产业升级产出能力、产业升级投入能力与产品升级环境支撑能力进行分维度结果分析,具体见表3-3。

从产业升级投入能力维度来看,2009—2020年全国高技术产业升级投入能力的均值为0.015 9,仅有广东、北京、江苏、天津等8个省(区、市)高于全国平均水平,不到三分之一,产业升级投入能力整体表现不佳。这在一定程度上反映出我国部分省(区、市)高技术产业各类资源投入的力度不足成为其产业升级整体能力较低的主要原因之一。具体来看,新疆高技术产业升级投入能力最弱,仅为0.007 2,而广东高技术产业升级投入能力最强,为0.065 2,相比之下,最弱能力仅为最强能力的11%,这表明各省(区、市)间的产业升级投入能力存在显著差距。

从产业升级产出能力维度来看,2009—2020年全国高技术产业升级产出能力的均值为0.040 3,有广东、北京、陕西、福建等13个省(区、市)高于全国平均水平,不足全样本的一半。其中,广东高技术产业升级产出能力最强,均值为0.106 1,而内蒙古高技术产业升级产出能力最弱,均值仅为0.008 3;比较来看,产业升级产出能力的最低水平仅为最高水平的7%,上述测算结果表明,我国高技术产业升级产出能力存在较严重的两极分化现象,不利于高技术产业创新产出能力的提升。

从产业升级环境支撑能力来看,过去十二年间全国高技术产业升级环境支撑能力的均值为0.017 8,广东、江苏、北京、上海等8个省(区、市)高于全国平均水平,其中辽宁产业升级环境支撑能力的均值最低为0.011 1,而广东最高为0.040 0,依然存在显著极化现象。从区域横向比较来看,东部地区除河北外的绝大多数省(区、市)高技术产业升级投入能力、产业升级产出能力与产业升级环境支撑能力三个维度的水平均高于全国均值,且在四大区域中遥遥领先,广东、北京、江苏、上海、天津5个省(区、市)表现得尤为明显。中部、西部和东北地区在各维度上的表现均不及全国平均水平,这反映出我国四大区域高技术产业升级能力与产业升级效果不均衡问题较为突出。深入来看,东部地区依靠自身雄厚的经济基础、良好的区位和产业配套优势,加上高端技术、人才以及外部投资的不断集聚,为其高技术产业转型、提质、升级提供了有力保障,因而高技术产业整体升级能力及各维度能力均大幅领先。在此背景下,其他三个区域应加强高端人才、技术的引进,加大产业政策扶持力度,探索打破区域间行政壁垒,增强四个区域间的产业联动发展,缩小东部地区与其他区域间的产业发展差距,这将是推动全国高技术产业升级进程,提升整体升级能力的关键路径。

表 3-3　2009—2020 年在各维度上中国区域高技术产业升级能力的均值及排名

地区	省(区、市)	产业升级投入能力	排名	产业升级产出能力	排名	产业升级环境支撑能力	排名	产业升级绩效特征
东部	北京	0.0307	2	0.0936	2	0.0319	3	绩效很高(H-H)
	天津	0.0205	4	0.0569	7	0.0245	5	绩效一般(H-H)
	河北	0.0115	21	0.0197	23	0.0145	19	绩效较低(L-L)
	上海	0.0172	7	0.0638	6	0.0316	4	绩效较高(H-H)
	江苏	0.0225	3	0.0648	5	0.0327	2	绩效较高(H-H)
	浙江	0.0190	5	0.0531	8	0.0196	8	绩效一般(H-H)
	福建	0.0170	8	0.0665	4	0.0203	6	绩效很高(H-H)
	山东	0.0176	6	0.0370	15	0.0163	10	绩效较低(H-M)
	广东	0.0652	1	0.1061	1	0.0400	1	绩效很高(H-H)
	海南	0.0152	11	0.0464	12	0.0135	23	绩效一般(M-M)
	均值	0.0236	—	0.0608	—	0.0245	—	—
中部	山西	0.0077	29	0.0089	29	0.0141	22	绩效较低(L-L)
	安徽	0.0153	9	0.0352	17	0.0154	13	绩效较低(H-M)
	江西	0.0103	27	0.0259	18	0.0159	11	绩效较高(L-M)
	河南	0.0115	22	0.0169	25	0.0148	17	绩效较低(L-L)
	湖北	0.0145	13	0.0439	13	0.0148	15	绩效一般(M-M)
	湖南	0.0124	20	0.0369	16	0.0147	18	绩效较高(L-M)
	均值	0.0119	—	0.0280	—	0.0150	—	
西部	内蒙古	0.0104	26	0.0083	30	0.0143	20	绩效很低(L-L)
	广西	0.0107	24	0.0137	26	0.0130	26	绩效较低(L-L)
	重庆	0.0135	14	0.0242	21	0.0198	7	绩效较低(M-L)
	四川	0.0133	15	0.0476	10	0.0150	14	绩效较高(M-M)
	贵州	0.0097	28	0.0511	9	0.0135	24	绩效很高(L-H)
	云南	0.0151	12	0.0249	20	0.0129	27	绩效很低(M-L)

续 表

地区	省(区、市)	产业升级投入能力	排名	产业升级产出能力	排名	升级环境支撑能力	排名	产业升级绩效特征
西部	陕 西	0.010 6	25	0.088 5	3	0.017 7	9	绩效很高(L-H)
	甘 肃	0.012 5	19	0.020 5	22	0.013 3	25	绩效较低(L-L)
	青 海	0.010 8	23	0.012 6	28	0.014 8	16	绩效很低(L-L)
	宁 夏	0.013 2	16	0.039 8	14	0.015 8	12	绩效较高(M-M)
	新 疆	0.007 2	30	0.017 0	24	0.014 2	21	绩效较高(L-L)
	均值	0.011 5	—	0.031 7	—	0.014 9	—	—
东北	辽 宁	0.012 7	18	0.046 9	11	0.011 1	30	绩效很高(L-M)
	吉 林	0.015 3	10	0.013 6	27	0.011 9	28	绩效很低(M-L)
	黑龙江	0.013 1	17	0.025 2	19	0.011 2	29	绩效较低(L-L)
	均值	0.013 7	—	0.028 6	—	0.011 4	—	—
全样本均值		0.015 9	—	0.040 3	—	0.017 8	—	—

注：在产业升级绩效特征一栏中，前后两个字母分别表示产业升级投入能力与产业升级产出能力，H、M、L 分别代表高、中、低三种投入或产出能力水平。

3.4　区域高技术产业升级能力的空间差异和分布动态演进

3.4.1　区域高技术产业升级能力的空间差异测度与分析

1. 空间差异测度

1997 年，Dagum 提出基尼系数分解方法来测度区域差异，将总体基尼系数 G 分解为区域内差异 G_w、区域间净差异 G_{nb} 和区域间超变密度 G_t 三部分。总体基尼系数计算公式如下：

$$G = \frac{\sum_{i=1}^{k}\sum_{m=1}^{k}\sum_{j=1}^{n_i}\sum_{r=1}^{n_m}\left| y_{ij} - y_{mr} \right|}{2\,n^2\mu} \tag{3-5}$$

其中，y_{ij}、y_{mr}分别表示i地区内第j个省（区、市）、m地区内第r个省（区、市）的高技术产业升级能力，μ表示各省（区、市）高技术产业升级能力的均值，n为省（区、市）的个数，k为划分的地区数，n_i、n_m分别表示i、m地区内省（区、市）的个数。

G_{ii}是地区i的基尼系数，表示为

$$G_{ii} = \frac{\frac{1}{2\mu}\sum_{j=1}^{n_i}\sum_{r=1}^{n_i}|y_{ij} - y_{ir}|}{n_i^2} \tag{3-6}$$

G_{im}是i和m地区之间的基尼系数，表示为

$$G_{im} = \frac{\sum_{j=1}^{n_i}\sum_{r=1}^{n_m}|y_{ij} - y_{mr}|}{n_i n_m(\mu_i + \mu_m)} \tag{3-7}$$

总体基尼系数分解为

$$G = G_{\mathrm{w}} + G_{\mathrm{nb}} + G_{\mathrm{t}} \tag{3-8}$$

其中，G_{w}为区域内差异，G_{nb}为区域间净差异，G_{t}为区域间超变密度。

$$G_{\mathrm{w}} = \sum_{i=1}^{k} G_{ii}\, p_i\, s_i \tag{3-9}$$

$$G_{\mathrm{nb}} = \sum_{i=2}^{k}\sum_{m=1}^{i-1} G_{im}(p_i s_m + p_m s_i)D_{im} \tag{3-10}$$

$$G_t = \sum_{i=2}^{k}\sum_{m=1}^{i-1} G_{im}(p_i s_m + p_m s_i)(1 - D_{im}) \tag{3-11}$$

$$D_{im} = \frac{d_{im} - p_{im}}{d_{im} + p_{im}} \tag{3-12}$$

$$d_{im} = \int_0^{\infty} \mathrm{d}F_i(y)\int_0^{y}(y-x)\,\mathrm{d}F_m(x) \quad p_{im} = \int_0^{\infty}\mathrm{d}F_m(y)\int_0^{y}(y-x)\,\mathrm{d}F_i(y) \tag{3-13}$$

其中，$p_i = \frac{n_i}{n}$，$s_i = \frac{n_i\mu_i}{n\mu}$，$i=1,2,3,\cdots,k$，$d_{im}$为衡量地区$i$和$m$之间高技术产业升级能力的相对影响的指标。函数$F$为各区域的积累分布函数，$d_{im}$为地区$i$和$m$中所有$y_{ij} - y_{mr} > 0$的数学期望，$p_{im}$为地区$i$和$m$中所有$y_{ij} - y_{mr} < 0$的数学期望。

$$\mu_m \leqslant \cdots \leqslant \mu_i \cdots \leqslant \mu_k \tag{3-14}$$

运用此式可对考察区域内的高技术产业升级能力水平进行排序。

2. 空间差异分析

在对中国区域高技术产业升级能力实证分析的基础上，利用 Dagum 基尼系数分解

方法，剖析中国区域高技术产业升级能力的空间差异来源及其贡献率，结果见表 3-4。

由表 3-4 可知，2009—2020 年全样本总体基尼系数均值为 0.291，除 2011、2013、2014 年这三年的基尼系数稍有下降外，其余年份整体表现为波动上升趋势，凸显出高技术产业升级的区域差异逐渐扩大，区域间不均衡状态依然持续存在。从差异来源来看，按照高技术产业升级能力的区域差异贡献率由大到小排序，即为区域间净差异＞区域内差异＞区域间超变密度，这在一定程度上说明区域间净差异是造成总体差异的主要来源。从差异的时序变化来看，2009—2020 年高技术产业升级的区域内差异、区域间差异和区域间超变密度均在一定范围内小幅波动。进一步来看，区域间差异和超变密度两者间表现出此消彼长的规律，这是由于子样本之间存在交叉重叠，高技术产业升级能力较弱的区域中存在部分高水平省（区、市）的产业升级能力表现大于高技术产业升级能力较强的区域中部分低水平省（区、市）的产业升级能力，这表明存在一定的区域极化现象。

表 3-4　2009—2020 年区域高技术产业升级能力的空间差异来源及其贡献率

年份	总体基尼系数	区域内差异		区域间净差异		区域间超变密度	
		来源	贡献率/%	来源	贡献率/%	来源	贡献率/%
2009	0.270	0.063	23.367	0.063	51.327	0.063	25.306
2010	0.326	0.072	22.099	0.072	49.433	0.072	28.469
2011	0.254	0.061	23.885	0.061	50.226	0.061	25.889
2012	0.281	0.069	24.473	0.069	55.567	0.069	19.960
2013	0.261	0.063	24.300	0.063	53.728	0.063	21.972
2014	0.260	0.059	22.832	0.059	58.418	0.059	18.750
2015	0.277	0.070	25.326	0.070	54.225	0.070	20.449
2016	0.293	0.069	23.549	0.069	59.610	0.069	16.841
2017	0.296	0.069	23.256	0.069	60.898	0.069	15.846
2018	0.335	0.090	26.778	0.090	50.652	0.090	22.571
2019	0.322	0.083	25.677	0.083	59.163	0.083	15.161
2020	0.322	0.085	26.497	0.085	56.212	0.085	17.292
均值	0.291	0.071	24.336	0.071	54.955	0.071	20.709

1）区域内差异

从四大区域的纵向比较来看，各区域存在阶段性差异特征。2009—2011 年，东北地区高技术产业升级能力的区域内差异最为显著，东部和西部地区的区域内差异程度相当，而中部地区的区域内差异水平最低。值得注意的是，2010 年四大区域的内部差异均出现由大变小的转折。2011—2014 年，西部地区的区域内差异变大，处于领先地位，而东北地区则迅速缩小，与东部地区水平相当，中部地区仍表现为区域内差异最小。到 2014—2017 年，东北地区内部差异继续缩小至与中部地区趋于一致，西部和东部地区分别表现为区域内差异逐渐缩小与逐渐扩大的演进特征，到 2017 年除东部地区外，其他区域差异趋向一致。2017—2019 年，东部地区差异继续稳定扩大，西部则经历先扩大后回落的波动变化，中部和东北地区协同演进，呈现差异缩小化的趋势。

从四大区域的横向比较来看，中部地区的基尼系数最小，且波动最为平缓，说明该区域内部不平衡程度最低，但仍有波动扩大的趋势。东部地区高技术产业升级能力水平处于领先，但该区域内差异经历了先缓慢下降后逐步上升的变化过程。东北地区在观察期初出现区域内不平衡的剧烈波动，自 2011 年区域内差异开始稳定缩小，在观察期末达到四大区域内的最低水平，这表明近年来国家针对东北地区的一系列宏观调控政策，切实有效地促进了区域内部产业协同联动发展。西部地区的区域内基尼系数整体水平较高，呈现波浪式上升。综合来看，各区域内部差异表现为明显的个性化特征，且总体不平衡现象较为突出，高技术产业升级需要因地制宜精准施策。

2）区域间差异

表 3-5 中区域间基尼系数的均值反映出区域间高技术产业升级能力水平的差异。2009—2020 年东部地区与其他区域间的基尼系数均值最大，其中东部-中部区域间差异最为明显，均值为 0.350。以上表明我国高技术产业升级能力出现区域不均衡的主要原因在于其他区域与东部区域间产业升级能力存在较大差距。图 3-2 和图 3-3 报告了四大区域高技术产业升级能力区域内基尼系数的演变趋势和区域间基尼系数的演变趋势。如图所示，区域间基尼系数的差距不大，但波动特征表现明显。其中，2009—2020 年区域间差异表现为扩大的是东部-西部、东部-东北；区域间差异总体表现为缩小的有中部-东北、西部-东北；呈波动变化但水平值保持稳定的是东部-中部、中部-西部。此外，区域间的基尼系数随着时间变化逐渐表现出极化趋势，这在一定程度上反映出区域间高技术产业升级能力“鸿沟”的问题日益严峻，高技术产业发达地区与高技术产业欠发达地区之间的差距更加明显。

表 3-5　2009—2020 年四大区域高技术产业升级能力区域内基尼系数和区域间基尼系数

年份	区域内基尼系数				区域间基尼系数					
	东部	中部	西部	东北	东部-中部	东部-西部	东部-东北	中部-西部	中部-东北	西部-东北
2009	0.232	0.075	0.213	0.302	0.336	0.273	0.295	0.207	0.401	0.351
2010	0.229	0.162	0.259	0.460	0.366	0.297	0.445	0.260	0.513	0.491
2011	0.218	0.136	0.207	0.195	0.295	0.312	0.236	0.188	0.273	0.282
2012	0.195	0.116	0.281	0.210	0.387	0.299	0.303	0.271	0.225	0.273
2013	0.185	0.132	0.265	0.184	0.326	0.315	0.261	0.224	0.189	0.240
2014	0.179	0.158	0.228	0.186	0.350	0.314	0.256	0.212	0.227	0.248
2015	0.221	0.146	0.268	0.144	0.351	0.329	0.294	0.233	0.166	0.232
2016	0.249	0.164	0.219	0.159	0.362	0.382	0.300	0.204	0.202	0.240
2017	0.275	0.196	0.180	0.197	0.385	0.363	0.267	0.197	0.319	0.299
2018	0.275	0.151	0.353	0.129	0.355	0.394	0.437	0.286	0.188	0.297
2019	0.300	0.160	0.268	0.117	0.344	0.412	0.403	0.234	0.176	0.221
2020	0.324	0.180	0.260	0.136	0.343	0.414	0.357	0.242	0.171	0.225
均值	0.240	0.148	0.250	0.202	0.350	0.342	0.321	0.230	0.254	0.283

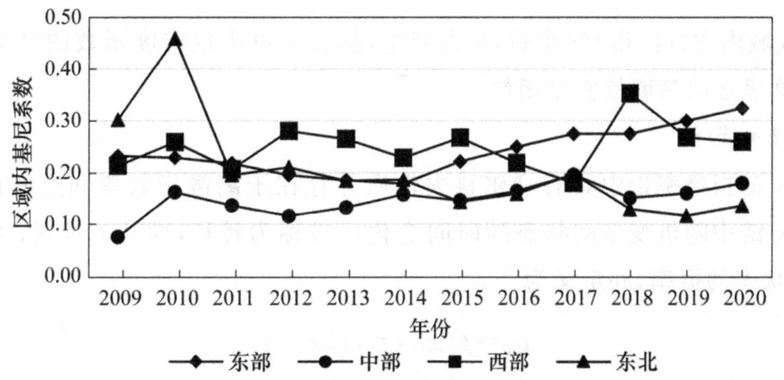

图 3-2　2009—2019 年四大区域高技术产业升级能力区域内基尼系数的演变趋势

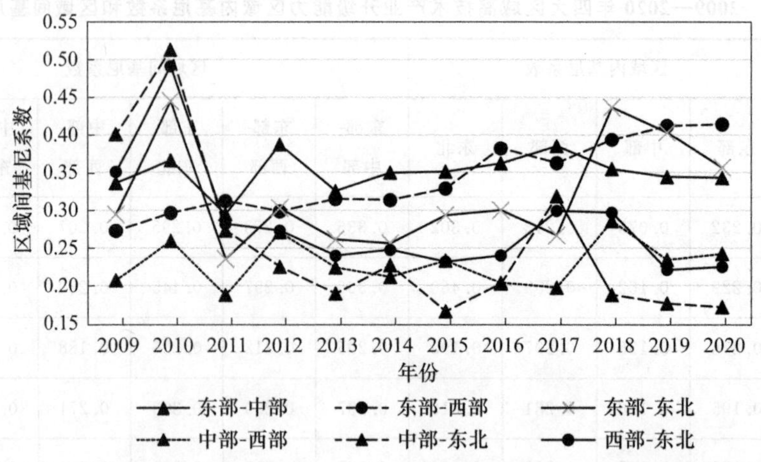

图 3-3　2009—2020 年四大区域高技术产业升级能力区域间基尼系数的演变趋势

3.4.2　区域高技术产业升级能力的分布动态演进

1. 时间和空间分布演进测度

1) Kernel 密度函数估计

为更好地分析各区域高技术产业升级能力水平分布态势以及演进趋势，采用 Kernel 密度函数估计对各年份高技术产业升级能力水平的分布情况进行分析。假设随机变量 X 的密度函数为 $f(x)$，随机变量为 $Y=(y_1,y_2,\cdots,y_n)$，$f(x)$的计算公式如下：

$$f(x)=\frac{1}{nh}\sum_{i=1}^{n}K(\frac{y_i-y}{h}) \tag{3-15}$$

其中，n 为区域内省(区、市)的个数，h 为带宽，其大小可决定密度函数的平滑度，$K(\cdot)$ 为核函数，这里选取高斯核密度函数。

2) Markov 链法

Markov 链指概率论中具有马尔科夫性质并存在于离散指数集和空间内的随机过程。Markov 链中随机变量的状态随时间变化可被称为转移，即从 t 时刻 i 状态转移为 $t+1$时刻 j 状态的概率，并定义为

$$p_{ij}=p(x_{t+1}=j)\mid x_t=i) \tag{3-16}$$

根据 Cohort 方法，对于给定状态 i 下的观测值，其 t 时刻状态转移概率的极大似然估计值计算公式如下：

$$p_{ijt}=\frac{N_{ijt}}{N_{it}} \tag{3-17}$$

对所有观测值在研究范围内的转移概率进行加权，得到从初始状态 i 转移为状态 j 的概率，计算公式如下：

$$p_{ij} = \frac{\sum_{t=0}^{T} N_{it}\, p_{ijt}}{\sum_{t=0}^{T} N_{it}} \tag{3-18}$$

2. 高技术产业升级能力的分布演进趋势

1) 时间演进趋势

图 3-4 展示的是 2009—2020 年全国高技术产业升级能力分布的 Kernel 密度估计。在 2009—2020 年间，密度曲线的主峰高度变化经历了先变矮再变高的过程，这说明中国高技术产业升级能力水平经历了由收敛到两极分化的趋势；密度曲线的主峰宽度也伴随着先变大再变小，同时右侧拖尾现象明显减弱，这表明全国范围内高技术产业升级能力水平不稳定，产业升级能力的区域差距总体上呈缩小趋势。

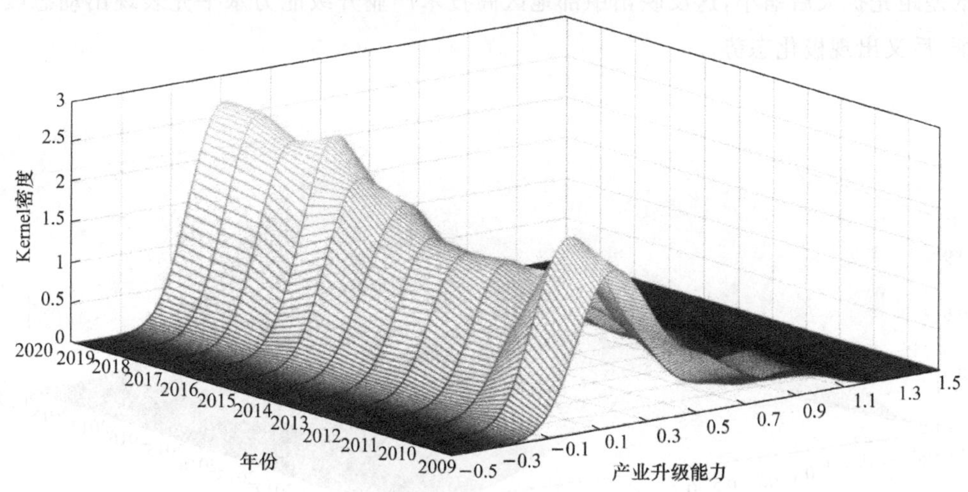

图 3-4　2009—2020 年全国高技术产业升级能力水平分布的 Kernel 密度估计

2009—2020 年东部地区高技术产业升级能力水平分布的 Kernel 密度估计如图 3-5 所示。在 2009—2020 年间，密度曲线经历了由“多峰”到“单峰”的变化过程，且其主峰高度表现为上升态势，这表明东部地区高技术产业升级能力水平的极化现象和内部不均衡状况明显减弱。进一步来看，波形向左移动，主峰宽度逐渐减小，右拖尾减弱，分布延展性略有收缩，这反映出东部地区各省（区、市）间的高技术产业升级能力水平的差距呈缩小态势，且存在动态收敛性特征。

由图 3-6 可知，2009—2020 年间密度曲线仅有一个主峰，这说明中部地区高技术产业升级能力水平不存在极化现象。密度曲线的主峰高度由高变矮，再由矮变高，波峰中

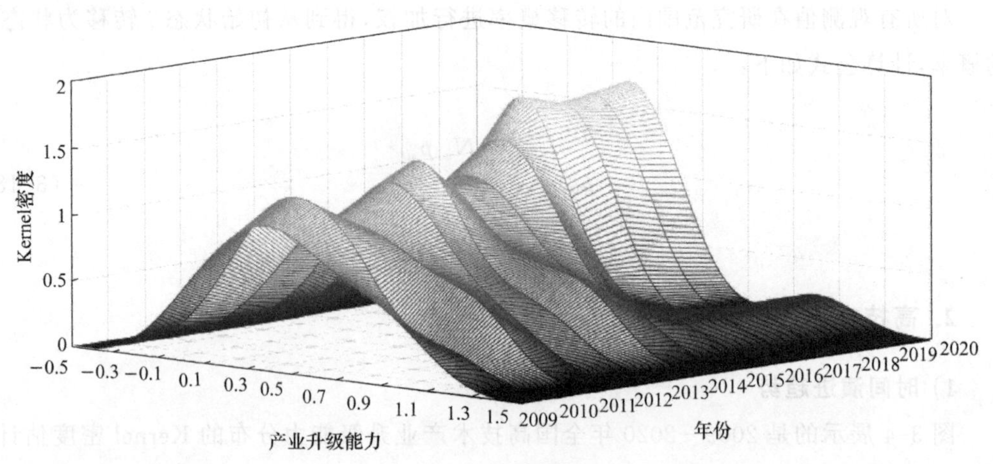

图 3-5　2009—2020 年东部地区高技术产业升级能力水平分布的 Kernel 密度估计

心出现波动，表现为“右移—左移—右移”趋势，波峰水平宽度伴随着“增加—减小”，这表明中部地区高技术产业升级能力水平经历“提高—降低—提高”的不稳定演进状态；地区间的差距先扩大后缩小，这反映出中部地区高技术产业升级能力水平先表现出动态收敛特征，后又出现极化态势。

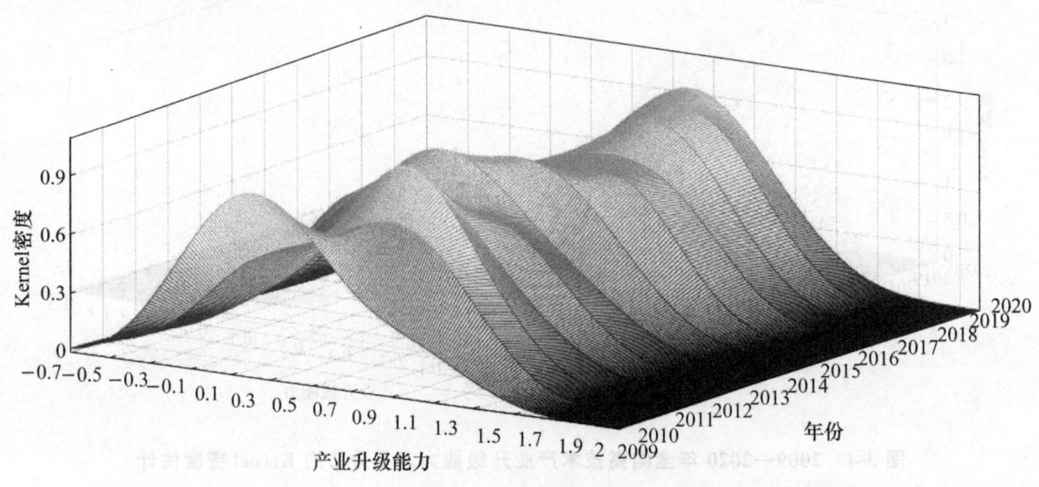

图 3-6　2009—2020 年中部地区高技术产业升级能力水平分布的 Kernel 密度估计

如图 3-7 所示，2009—2020 年西部地区高技术产业升级能力水平分布的 Kernel 密度估计存在右拖尾，且呈减弱的趋势，其分布延展性减小，这表明西部地区各省（区、市）高技术产业升级能力水平的空间差距逐渐变小。主峰高度变化呈现“倒 U”形，峰值在向左移动后稍有右移，主峰宽度先缩小后扩大，经历了由“双峰”到“单峰”的过渡，这说明西部地区各省（区、市）间的高技术产业升级能力的差异先有所收敛，后略有回弹，两极分化趋势有所减弱。

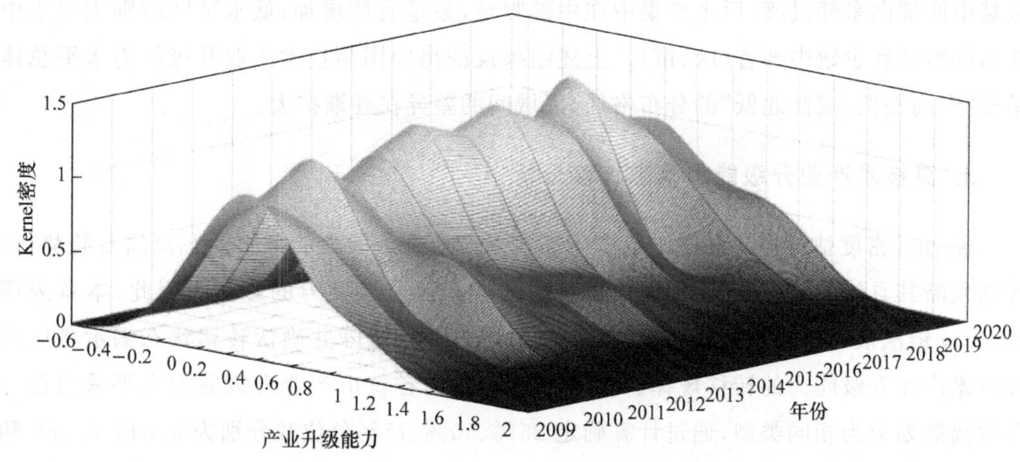

图 3-7　2009—2020 年西部地区高技术产业升级能力水平分布的 Kernel 密度估计

2009—2020 年东北地区高技术产业升级能力水平分布的 Kernel 密度估计如图 3-8 所示，其产业升级能力的分布特征突出表现为波形先向右移而后左移，但始终仅有一个主峰，且主峰高度与宽度没有明显变化，总体呈现出扁而宽的曲线特征，这表明东北地区高技术产业升级能力水平先升高后降低，不存在两极分化现象，但三个省（区、市）间的差异程度在变大。

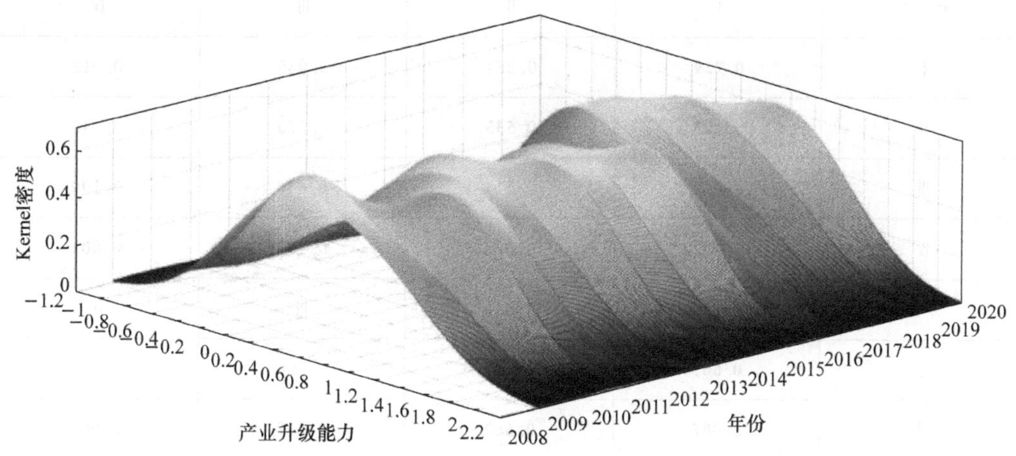

图 3-8　2009—2020 年东北地区高技术产业升级能力水平分布的 Kernel 密度估计

2）空间演进趋势

鉴于中国高技术产业升级能力存在显著的区域差异，本章借助 Arcgis 10.7 工具对 2009—2020 年中国高技术产业升级能力的空间特征进行可视化分析。按照高技术产业升级能力水平的高低，其划分为优、良、中、差四个级别。区域颜色的深浅代表其高技术产业升级能力水平的高低，不难看出，高水平区域出现了由东北—中部—东部的迁移，数量有所减少；中高水平区域始终集中在中、东部地区，省（区、市）数量保持稳定；中低水平区域由西部向东部过渡，后主要集中在中部腹地，数量有所增加；低水平区域则主要集中在西部地区和少数中部省(区、市)。上述结果反映出中国高技术产业升级能力水平总体呈现“东高西低，南高北低”的分布格局，区域间的差异在逐渐扩大。

3. 高技术产业升级能力状态转移分析

Kernel 密度估计能刻画全国范围内高技术产业升级能力的分布动态及演变趋势，却无法判断其具体的转移规律以及邻域对本区域产业升级能力的影响。因此，本章采用 Markov 链法展开进一步分析，通过计算马尔科夫转移矩阵并确认转移状态揭示各区域高技术产业升级能力的转移规律。首先将研究期内各省市产业升级能力水平采取四分位数离散划分为相同类型，通过计算确定 25%、50%、75%分位数分别为 0.045、0.066 和 0.094，相应地各地区高技术产业升级能力可划分为低水平(Ⅰ)，即[0.022，0.045]；中低水平(Ⅱ)，即[0.045，0.066]；中高水平(Ⅲ)，即[0.066，0.094]；以及高水平(Ⅳ)，即[0.094，0.378]。在确定其状态后计算并构建马尔科夫转移矩阵，结果见表 3-6。表中的行代表第 t 年，列代表第 $t+1$ 年的状态；主对角线上的数代表第 $t+1$ 年保持原有状态未发生改变的概率，非对角线代表第 $t+1$ 年发生改变的概率，即向上或向下转移。

表 3-6　2009—2020 年全样本及分区域高技术产业升级能力马尔科夫转移矩阵

全样本	Ⅰ	Ⅱ	Ⅲ	Ⅳ
Ⅰ	**0.729**	0.224	0.035	0.012
Ⅱ	0.193	**0.535**	0.279	0.049
Ⅲ	0.049	0.114	**0.646**	0.190
Ⅳ	0.037	0.075	0.103	**0.801**
东部	Ⅰ	Ⅱ	Ⅲ	Ⅳ
Ⅰ	**0.667**	0.333	0.000	0.000
Ⅱ	0.067	**0.667**	0.267	0.000
Ⅲ	0.000	0.032	**0.710**	0.258
Ⅳ	0.000	0.034	0.086	**0.879**
中部	Ⅰ	Ⅱ	Ⅲ	Ⅳ
Ⅰ	**0.727**	0.273	0.000	0.000
Ⅱ	0.185	**0.556**	0.259	0.000

续表

全样本	Ⅰ	Ⅱ	Ⅲ	Ⅳ
Ⅲ	0.000	0.188	**0.688**	0.125
Ⅳ	0.000	0.000	1.000	**0.000**
西部	Ⅰ	Ⅱ	Ⅲ	Ⅳ
Ⅰ	**0.739**	0.217	0.022	0.022
Ⅱ	0.278	**0.444**	0.222	0.056
Ⅲ	0.143	0.190	**0.524**	0.143
Ⅳ	0.111	0.222	0.000	**0.667**
东北	Ⅰ	Ⅱ	Ⅲ	Ⅳ
Ⅰ	**0.727**	0.091	0.182	0.000
Ⅱ	0.000	**0.200**	0.600	0.200
Ⅲ	0.077	0.231	**0.615**	0.077
Ⅳ	0.250	0.250	0.250	**0.250**

对全样本进行分析后发现。

① 2009—2020 年全国高技术产业升级能力呈现明显的“四类俱乐部趋同”现象。主对角线上的转移概率均大于非对角线上的转移概率，主对角的均值为 0.678，这表明全国高技术产业升级能力较大可能趋向于保持原有状态，具有稳定性。具体来看，低水平、中高水平和高水平的趋同概率较大，分别为 72.9%、64.6%和 80.1%，中低水平的趋同概率较小，仅为 53.5%。据此表明，高水平省（区、市）的产业升级能力大概率不会发生倒退，相反会继续保持；低水平省（区、市）则表现出明显的路径依赖，向上一级状态跳跃的概率较低，但长期来看跨越式跳跃仍可实现。

② 2009—2020 年全国高技术产业升级能力的跳跃主要集中在“低水平—中低水平”与“中低水平—中高水平”，两者的转移概率分别为 22.4%与 27.9%，其逆向转变的概率分别为 19.3%与 11.4%。上述两种转变表明产业升级能力水平低的省（区、市）转移主要存在于相邻类型之间，跨越式转移发生概率很小，且虽存在断崖式跌落的风险，但其向上转移的概率仍高于逆向转变的概率。

对四大区域进行比较分析后发现。

① 2009—2020 年仅有东部地区和西部地区高技术产业升级能力表现出明显的“四

类俱乐部趋同”现象，这表明其高技术产业升级能力具有一定的路径依赖。具体来看，东部地区和西部地区均以较大的概率发生低水平、中高水平和高水平趋同现象；中部地区高技术产业升级能力表现出低水平、中低水平和中高水平三类“俱乐部趋同”，其中区域内的高水平省（区、市）难以保持稳定，这表现出全部向下转移的特征；东北地区仅表现出低水平与中高水平两类“俱乐部趋同”，这表明东北区域产业升级类型的转移较少受到固有类型和累积存量的影响。

② 就其高技术产业升级能力的跳跃类型来看，东部、中部和西部地区均表现为相邻类型跳跃，并以“低水平—中低水平”与“中低水平—中高水平”两类转移为主要特征。进一步分析，中部地区中低水平与中高水平之间逆向转移的风险远大于正向跳跃，西部地区则充分体现在低水平与中低水平之间；东北地区则显著表现出向中高水平跃升的转移特征，低水平、中低水平和高水平各类能力向中高水平跳跃的概率分别为 18.2%、60%与 25%，远高于向其他类型跳跃的可能性。

3.5 研究结论与对策

3.5.1 研究结论

基于以上较为系统的高技术产业升级理论机制剖析、区域高技术产业升级能力评价指标体系的构建与实证研究，以及区域高技术产业升级能力的分布动态演进分析，本章的研究得出的主要结论如下。

其一，2009—2020 年中国及四大区域高技术产业升级能力水平整体呈波动上升趋势，不同区域间存在显著的升级水平差异，高技术产业升级能力呈东部、东北、中部、西部的阶梯分布状。十二年间全国高技术产业升级能力的平均水平年均增幅为 27.45%，增速较快，但仍有很大的提升空间。分区域来看，东部地区和中部地区整体表现为高技术产业升级能力的跃升，两区域增幅均超过 45%；而西部地区和东北地区产业升级能力出现明显的波动，稳定性较差。东部地区具有高技术产业升级的诸多利好优势，因而高技术产业升级能力始终保持领先地位；中部地区产业结构偏重工业和能源产业，先进生产要素的赋能传导路径受到阻滞，制约了该地区高技术产业升级的进程及效果。西部地区多数省（区、市）高技术产业基础薄弱，高端要素不够集聚，产业升级环境不佳，阻碍了其产业价值链地位跃升和整体升级进程。东北地区产业结构较为固化，高技术产业升级所需的核心要素资源以及消费市场相对乏力，因而产业升级能力与效果受到一定影响。分维度来看，中、西部部分省（区、市）产业相关资源投入不足成为制约其整体升级能力的主要原因之一；我国高技术产业升级产出能力存在较严重的两极分化现象，不利于产业整体创新产出能力提升；从产业升级环境支撑能力来看，四大区域间存在明显的区位、资源和政策差异，可探索打破区域间行政壁垒，增强跨区域产业联动发展，推动全国高技术产业升级整体进程。

其二，基于 Dagum 基尼系数从全国层面和区域层面进行分解，发现高技术产业升级的区域差异逐渐扩大，区域间的不均衡状态依然持续存在。从差异来源来看，区域间净差异的贡献率要远高于区域内差异和区域间超变密度的贡献率，并占据主导地位。从时间分布动态与演进趋势来看，2009—2020 年中国高技术产业升级能力水平呈现出由收敛到两极分化的趋势，同时全国范围内高技术产业升级能力的水平不稳定，但区域差距整体呈缩小趋势。分区域来看，2009—2020 年东部地区由"多峰"转变为"单峰"，且主峰高度不断上升，产业升级能力的极化现象和不均衡状况减弱，区域内各省（区、市）间产业升级能力水平的差距缩小，存在动态收敛性特征。中部地区密度曲线仅有一个主峰，产业升级能力不存在极化现象。波峰中心表现为"右移—左移—右移"的波动趋势，波峰宽度伴随着"增加—减小"，其产业升级能力水平经历了"提高—降低—提高"的不稳定演进状态。西部地区各省（区、市）高技术产业升级能力水平的空间差距逐渐变小，其主峰高度变化呈"倒 U"形，并由"双峰"向"单峰"过渡，地区内产业升级能力的差异有所收敛，两极分化的趋势有所减弱。东北地区始终仅有一个主峰，且主峰高度与宽度无明显变化，不存在两极分化现象，但三省（区、市）间的差异程度在变大。

其三，从空间分布动态与演进趋势来看，中国区域高技术产业升级能力的水平总体呈现"东高西低，南高北低"的分布，区域间的差异在逐渐扩大。冷热点空间分布图显示，中高水平区域始终集中在中、东部地区，且出现了由东北—中部—东部的迁移趋势。基于 Markov 链法测算发现，2009—2020 年东部和西部地区高技术产业升级能力呈现"四类俱乐部趋同"现象，其产业升级具有一定的路径依赖；中部地区则表现出低水平、中低水平和中高水平三类"俱乐部趋同"，且高水平省（区、市）出现向下转移特征；东北地区高技术产业升级具有向中高水平跃升的转移特征，受固有类型和累积存量的影响较小。总体来看，东部、中部和西部地区均表现为相邻类型跳跃，区域高技术产业升级能力虽有一定转移但整体稳定性较强。

3.5.2　区域高技术产业升级能力提升对策

基于绿色发展理念，针对区域高技术产业升级过程中存在的突出问题，为着力提升我国高技术产业整体升级能力，促进区域高技术产业协同发展，推动高技术产业朝高端化、数智化和国际化方向转型升级，特提出以下针对性对策。

1. 突破核心技术锁定,实现高技术产业技术升级

突破产业技术锁定陷阱,推动技术水平升级是实现高技术产业升级的关键。在高技术产业升级过程中,应将产业核心技术升级作为关键内容,具体可从以下两个方面着手。一是建立可持续且相对完善的基础研究投入机制。其中,政府财政资金应作为投入主体,以此为引领健全各方投入的激励机制,形成社会资金积极参与的良好局面,从而为优化研发投入结构,突破核心技术锁定夯实资金基础[56]。二是构建动态性多元协同的治理格局。高技术产业技术升级是一个动态演进的过程,其阶段性特征与外部性问题明显,因而在技术追赶、技术升级和技术引领的不同阶段,需探索政府的适度参与以及明确企业、社会机构等不同治理主体的定位。政府部门可在高等教育、基础研究以及原始创新方面进一步加大投入,并制定科学合理的产业或技术发展规划,为高技术产业技术升级创造良好的基础条件及利好氛围;而企业是创新活动和技术攻关的直接主体,需有效配置研发创新资源,加强战略联盟以及新技术、新模式的应用,发挥治理主体作用。作为技术升级的参与者和受益对象,社会机构和社会公众应给予高技术企业技术升级和商业模式升级坚定的支持,在消费端给予必要的支撑,为高技术产业技术升级创造有利氛围。

2. 依托数字技术整合资源,推动高技术产业商业模式升级

在"5G+互联网"的驱动下,各地区应充分运用大数据、物联网、云计算与人工智能等数字化技术,将高技术产业的生产端与消费端有机链接起来,畅通高技术产业绿色发展通道。一方面,高技术企业能够对其产品生产、工艺流程、业务运营和营销服务进行全流程的大数据分析,从而为企业的智能决策以及产品和服务的持续优化提供有力支撑;另一方面,数字技术能够有效整合高技术产业各环节、各主体的信息资源,从而打破信息孤岛,实现资源优化配置、生产运营效率提升以及经营成本下降,从而促进高技术企业经营效益攀升[34]。高技术企业是高技术产业市场发展的主体,区域内高技术企业应探索依托数字技术进行智能决策,持续优化产品与服务,进而固化为企业商业模式升级。在此基础上,以龙头企业为引领的创新生态群快速拓展高技术产业的国内外市场,提升商业化运营与网络化管理能力,打造高附加值产品与知名品牌,获得长期利益与优势,最终会推动区域高技术产业整体提质增效与转型升级。

3. 构建区域协同创新网络,强化区域产业升级协同

高技术产业协同创新网络由高技术企业、政府、高校、科研机构、金融机构以及中介机构等共同构成,各创新主体间通过协作互助,共享知识、技术和资源,推动产业的基础研究、技术攻关和产品创新[57],由此高技术企业产品技术含量和附加值不断提升。在此基础上,进一步巩固强化产业创新网络的协同效应,逐步推动产品升级、功能升级和价值链升级，着力提升产业层次以及在全球价值链中的地位，最终实现高技术产业升级目标。由于中国各地区高技术产业升级进程以及产业升级能力具有显著差异，同时受资源要素流动、产业转移及空间溢出的影响，不同地区高技术产业升级又相互关联、彼此影响，因而不同地区间要加强高技术产业升级的协同效果。一是要结合本区域高技术产业结构、升级进程及资源、技术状况，准确选择产业升级的方向及目标，制定合理的产业升级扶持政策。在构建产业协同创新网络的基础上，均衡开发多种潜在创新要素并提升潜在创新要素质量，以此来加快高技术产业升级产出水平。二是在国家大的区域发展战略指导下，一些重点区域如京津冀地区、长三角经济带、粤港澳大湾区等要树立大局观念，充分考虑高技术产业升级的空间溢出效应对相邻地区产生的间接影响。推动核心技术、高端人才的有序流动，完善、优化高技术产业链，在双循环背景下，促进高技术产业发展质量提升，加快区域高技术产业整体升级进程。

中篇

数字经济赋能区域高质量发展的理论机制与路径研究

第4章 数字经济、环境规制与中国区域生态福利绩效

当前中国正处于绿色高质量发展的战略机遇期，发展壮大数字经济是中国实现环境污染治理，改善区域生态效率，增进社会福利的重要选择。本章运用超效率SBM-DEA模型测算了2011—2019年中国区域生态福利绩效，在此基础上综合运用中介效应模型、空间杜宾模型探究数字经济促进生态福利绩效背后的效应及传导机制，并通过异质性分析研究不同区域数字经济对生态福利绩效作用的机制差异。实证结果表明：数字经济对中国区域生态福利绩效产生显著的促进作用且存在空间溢出，在稳健性检验下结论依旧成立；环境规制是数字经济提升区域生态福利绩效水平的重要传导路径。此外，数字经济与生态福利绩效的作用关系在不同地区具有明显的差异性。

4.1 引　　言

当前,中国经济进入高质量内涵式发展阶段,国家层面明确提出要牢固树立社会主义生态文明观,加快构建人与自然和谐发展的现代化建设新格局。过去依靠高投入、高消耗,甚至以牺牲环境为代价的粗放型发展模式,未考虑资源的有限性、环境污染和生态退化等问题,容易忽视社会与公共事业建设,不利于改善人民生活,严重制约了可持续发展[58]。生态福利绩效是指在一定自然资源消耗水平下社会福利水平的提升程度,能够同时度量某一地区的经济绩效、环境绩效以及健康绩效,契合"经济—环境—福利"耦合协同的需要,也符合中国生态文明建设的总体要求[59]。进入经济新常态以来,中国政府更加注重经济与环境的协调发展,在中国制定的"十四五"规划中,主要约束性指标是涉及生态环境保护、节能减排和居民福祉改善的,这其实是对中国长期以来政绩考核体系对环境保护缺乏内在激励作出的补充。经济增长、环境规制与生态福利改善共融的关键在于技术创新与新的商业经济模式推广,现阶段在发展中国家这更为具体地体现为数字经济、数字技术的蓬勃发展[60]。

数字经济与实体经济各领域融合的广度和深度不断拓展,在刺激消费、拉动投资、创造就业机会等方面发挥着重要作用[61]。从国际层面来看,联合国贸易和发展会议发表的《2021 年数字经济报告》指出,美国和中国正成为这一领域的主要领导者,他们占全球 70 个最大数字平台市值的 90%,中国的腾讯、阿里巴巴跻身其中的 7 个"超级平台"。美国和中国在利用数据方面处于领先地位,两国的 5G 采用率最高,其占全球超大规模数据中心的 50%、占全球顶尖人工智能研究人员的 70%以及人工智能初创公司所有资金的 94%[62]。从中国国家层面来看,2020 年中国数字经济规模达到 5.4 万亿美元,位居全球第二;数字经济占中国 GDP 的比重为 38.6%,并保持 9.7%(全球第一)的高位增长速度,成为稳定经济增长的关键动力。此外,中国在智能语音识别、云计算等数字技术以及部分数据库领域具备全球竞争力;中国企业的 5G 专利族声明量占比达 32.97%,位居全球首位[63]。从区域层面来看,2021 年《中国数字经济发展白皮书》显示,中国有 13 个省(区、市)数字经济规模超 1 万亿元,北京、上海的数字经济占 GDP 的比重全国领先[64]。由此,数字经济成为中国及区域经济高质量发展的新引擎、深化供给侧结构性改革的主要抓手和增强经济发展韧性的主要动力,并成为政府部门、专家学者关注与研究的焦点问题。

那么,数字经济是否提高了中国区域的生态福利绩效?如果是,其背后的作用机制是什么呢?数字经济对生态福利绩效的作用在自身特征以及空间规律上又具有何种差异?尽管互联网在现实生活中取得了巨大成就,数字经济逐渐成为国民经济形态的重要组成部分,但准确评估数字经济对生态福利绩效的作用的实证研究却极为缺乏。

4.2 理论分析与研究假设

4.2.1 理论分析

生态福利绩效的研究源于 Daly[65] 的思想,他提出既要考虑自然生态资源的消耗水平又要考虑人类获得的福利水平。诸大建和张帅[66] 在 Daly 的思想基础上,将生态福利绩效定义为"生态资源消耗转化为社会福利水平的效率",首次提出生态福利绩效的概念。臧漫丹等[67]、冯吉芳等[68] 将人类发展指数与生态足迹结合起来,以反映单位生态资源投入带来的社会福利。国内外学者围绕生态福利绩效展开的系列研究主要集中于三个方面。

一是经济增长与生态福利绩效的关系。Daly[69] 认为,人类已经从"空的世界"进入"满的世界",在"满的世界"中,经济增长不会伴随福利的增加。Dietz 等[70] 基于 58 个国家的实证研究表明,经济增长与生态福利绩效之间存在"U"形关系。Jorgenson[71] 实证分析了 106 个国家的经济增长与生态福利绩效的关系,发现经济增长有利于生态福利绩效的改善。

二是生态福利绩效的测度。一种测度方法是单一指标比例算法,即用人类福利水平与生态消耗的比值来度量生态福利绩效[72-73];另一种测度方法是基于多投入、多产出的评价指标体系的随机前沿分析(SFA)和数据包络分析(DEA),如 Dietz 等[70] 用 SFA 构建了生态福利绩效指数;肖黎明、张仙鹏[74] 通过改进的 SFA 测算了中国 30 个省(区、市)2004—2015 年的生态福利绩效指数;龙亮军[75] 基于超效率 SBM 模型测算研究了中国 35 个主要城市的生态福利绩效,并进一步利用 DEA-Malmquist 指数分析法分析了城市生态福利绩效的动态变化。

三是生态福利绩效的影响因素及空间效应。龙亮军[75] 以全国 35 个大中城市为样本发现其整体生态福利绩效水平不高,旅游城市、经济发达城市排名靠前,影响因素中的城市绿化、紧凑度与生态福利绩效水平显著正相关,产业结构、经济贡献率与生态福利绩效水平呈反比关系。郭炳南和卜亚[76] 以长江流域经济带 110 个城市为样本,运用 Tobit 模型分析经济规模、产业结构、对外开放水平、城市人口密度及绿化水平对生态福利绩效的影响。在生态福利绩效空间效应研究方面,杜慧彬等[77] 和方时姣等[78] 利用变异系数与空间计量等方法对区域生态福利绩效进行分析,对时空分异格局、空间差异性以及空间溢出效应进行探讨。

现有文献大多研究环境规制与生态福利绩效、科技创新或产业升级与生态福利绩效的相互作用，较少关注数字经济、环境规制、生态福利绩效三者之间的关系，且尚未对数字经济是否影响生态福利绩效这一现实问题予以正面解答。本章的边际贡献可能在于：首先，针对上述不足，试图将数字经济、环境规制与生态福利绩效纳入同一研究框架，在充分考虑区域数字经济与生态福利绩效水平的空间特征的基础上，最大限度地丰富数字经济与生态福利绩效的深层次研究内容，以期为深化数字经济与生态福利绩效研究提供一个崭新的视角；其次，探究数字经济对生态福利绩效水平的直接影响、空间效应的区域异质性，并以地理位置为划分依据，细化了生态福利绩效水平的研究；最后，基于中国省域层面以环境规制为中介变量探究数字经济对生态福利绩效的间接影响机理。探究数字经济对生态福利绩效水平提升的影响机制以及环境规制在两者之间的传导机制，对于厘清数字经济、环境规制与生态福利绩效三者间的作用机制，提升区域生态福利绩效水平，推动区域绿色经济增长和高质量发展具有重要的理论和实践指导意义。

4.2.2　研究假设

1. 数字经济对生态福利绩效的直接影响效应分析

由上文可知，生态福利绩效测度的是一定自然资源投入与综合社会福利产出的比值，主要包括经济绩效、环境绩效和健康绩效。因此，资源投入与福利产出的变动均会影响区域生态福利绩效水平。

从福利产出方面来看，数字经济对区域生态福利绩效的影响是多维且复合的。在微观层面上，互联网等新兴技术可以形成兼具规模经济、范围经济及长尾效应的经济环境，在此基础上更好地匹配供需，形成更完善的价格机制，进而提高经济的均衡水平，由此扩大经济福利产出以及提高经济增长质量[79]；在宏观层面上，通过新的投入要素、新的资源配置效率和新的全要素生产率促进经济高质量发展[80]。

从资源投入方面来看，中国政府近年来出台了《数字经济促进共同富裕实施方案》等一系列文件，也在其国家经济发展规划中进一步确立了数字技术的基础资源作用及创新引擎作用，数字技术被广泛地应用于交通、工业、金融等诸多领域，在不断优化资源配置、推动信息共享的同时，也在加速与技术创新的数据要素需求相契合，数字技术的进步有效推动了数字经济相关产业的逆势增长[81]。数字经济已成为引领投资、消费、出口复苏的关键因素，信息消费引领国内消费市场稳步复苏。此外，中国各省(区、市)正积极推动数字化改革和数字化转型，为经济发展提供政策制度保障和环境动力。由此，大数据、数字技术已成为驱动区域经济高质量绿色发展、扩大社会福利产出的重要资源要素。基于上述机理分析，本章的研究认为数字经济能够扩大生态福利绩效的综合产出以及提升资源投入的使用效率,从而直接推动生态福利绩效水平提升。故本章提出研究假设 H1a。

H1a:数字经济可以直接推动生态福利绩效水平的提升。

为深入研究数字经济对于生态福利绩效水平提升的推动作用,本章进一步考察东、中、西部地区数字经济对于生态福利绩效水平提升的推动作用的异质性。东部地区区位优势显著,其数字经济发展起步较早且相对成熟,相关数字技术及数据资源被广泛地应用于经济社会的各个领域。相比之下,中、西部地区数字经济起步略晚,但发展速度较快,上升空间也较大。大数据、物联网、云计算、人工智能等新兴技术被逐步应用到工业产业、现代教育和医疗健康等多个领域,并发挥出巨大的促进作用。由于中国东、中、西部地区数字经济的发展水平及发展阶段存在差异,且生态福利状况及政府扶持政策各不相同,因此数字经济对区域生态福利绩效的影响可能会存在程度性差异。故本章提出研究假设 H1b。

H1b:数字经济对于生态福利绩效水平提升的推动作用具有地理差异性。

2. 环境规制的中介效应分析

提高生态福利绩效水平离不开环境规制对经济发展的倒逼效应,环境规制对中国经济发展质量的改善主要体现在绿色发展、经济效率及社会福利等方面的提升。环境规制已经成为实现经济高质量发展的关键政策,其通过倒逼大量高污染企业关停,推动了地区产业结构升级[82]。

一方面,环境规制通过不同的环境政策手段,对地区环境节能减排、生态修复、公众环保意识培养等具体环境保护条例提出强制性要求,从而通过环境政策实施的环境效应,改善当地生态福利绩效[60]。另一方面,数字经济依托数字技术创新拓宽服务的广度和深度、提高资源配置效率。在实施环境政策或采取环境措施的过程中,可利用区块链、云计算、大数据及人工智能等数字技术,有效化解环境信息不对称问题,拓展服务边界,增加服务供给,为提高生态福利绩效提供内在动力[82]。各地区数字经济从数字技术创新及应用、环境信息监测与披露、产业优化升级的角度,通过数字经济的环境效应,促进地区经济发展、减少污染排放和改善生态环境,从而提高地区生态福利绩效水平。与此同时,一个地方的生态福利水平往往决定着当地环境政策的实施强度以及数字经济的发展进程和方向。数字经济、环境规制与生态福利绩效三者具有相互决定和系统互动的复杂关系[60]。由此本章提出研究假设 H2。

H2:数字经济可以通过推动环境规制间接推动区域生态福利绩效水平的提升。

3. 数字经济对生态福利绩效的空间溢出效应

依托高效的信息传递,数字经济缩短了时空距离,并由此拓展了区域间经济活动关联的广度和深度。Yilmaz 等[83]通过对美国 48 个州的面板数据进行实证检验,较早关注到了信息化带来的空间溢出效应。Keller[84]则从知识和技术传播的角度,补充了对信息化溢出距离的讨论。基于中国背景进行的相关研究[85-86]，同样支持互联网具有空间溢出效应的结论。区域经济活动具有明显的空间相关性特征，互联网对区域经济发展在经济增长[87-88]、资源错配[89]和数字金融[13]等方面均存在空间溢出效应。那么，包含互联网的数字经济对于生态福利绩效的影响理应在空间上也存在空间溢出效应。因此，本章提出研究假设 H3。

H3：数字经济在推动区域生态福利绩效水平提升的同时，可通过空间溢出效应带动周边区域生态福利绩效水平的提升。

4.3 研究设计

4.3.1 模型构建

为检验上述研究假设，本章将数字经济纳入生态福利绩效水平提升的分析框架，针对直接传导机制构建如下基本模型：

$$\ln \mathrm{STF}_{it}=\alpha_0+\alpha_1 \ln \mathrm{DIG}_{it}+\alpha_j \boldsymbol{Control}_{it}+\mu_i+\varepsilon_{it} \tag{4-1}$$

其中，$\ln \mathrm{STF}_{it}$ 为省（区、市）i 在 t 期的生态福利绩效水平，$\ln \mathrm{DIG}_{it}$ 为省（区、市）i 在 t 期的数字经济发展水平，向量 $\boldsymbol{Control}_{it}$ 为一系列控制变量，μ_i 为省（区、市）i 不随时间变化的个体固定效应，ε_{it} 为随机扰动项。

除了模型(4-1)所体现的直接效应，为讨论数字经济对于生态福利绩效可能存在的间接作用机制，根据前文所述，检验环境规制是否为数字经济与生态福利绩效二者之间的中介变量。具体检验步骤如下：遵循线性回归模型(4-1)探究数字经济发展水平 ln DIG 对于生态福利绩效水平 ln STF 的总效应，模型系数记为 α_1；在 α_1 通过显著性检验的基础上，依次检验模型(4-2)ln DIG 对于中介变量环境规制 ln EG 的线性回归方程以及模型(4-3)ln DIG 与中介变量环境规制 ln EG 对生态福利绩效水平 ln STF 的线性回归方程。其中，直接效应用系数 γ_1 表示，间接效应用 β_1 与 γ_2 的乘积表示，逐一确定为完全中介或部分中介效应。其模型公式如下：

$$\ln \mathrm{EG}_{it}=\beta_0+\beta_1 \ln \mathrm{DIG}_{it}+\beta_c \boldsymbol{Control}_{it}+\mu_i+\varepsilon_{it} \tag{4-2}$$

$$\ln \mathrm{STF}_{it}=\gamma_0+\gamma_1 \ln \mathrm{DIG}_{it}+\gamma_2 \ln \mathrm{EG}_{it}+\gamma_c \boldsymbol{Control}_{it}+\mu_i+\varepsilon_{it} \tag{4-3}$$

为进一步探讨数字经济对生态福利绩效的空间溢出效应，将此二者及其他控制变量的空间交互项引入模型(4-1)，其拓展为空间面板计量模型：

$$\ln \mathrm{STF}_{it}=\alpha_0+\rho \boldsymbol{W} \alpha_1 \ln \mathrm{STF}_{it}+\varphi_1 \boldsymbol{W} \ln \mathrm{DIG}_{it}+\varphi_C \boldsymbol{W} \boldsymbol{Control}_{it}+\alpha_1 \ln \mathrm{DIG}_{it}+ \alpha_j \boldsymbol{Control}_{it}+\mu_i+\varepsilon_{it} \tag{4-4}$$

其中,ρ 代表空间自回归系数,$\boldsymbol{W}$ 代表空间权重矩阵,为提高实证结果的稳健性,本章以空间邻接权重矩阵和经济距离权重矩阵为互相印证矩阵进行回归。核心解释变量、控制变量空间交互项的弹性系数分别用 ϕ_1 和 ϕ_c 表示。模型(4-4)包括了被解释变量和解释变量的空间交互项,被称为空间杜宾模型(SDM)。

借鉴以往的研究,本章构建了邻接权重矩阵和经济距离权重矩阵两种矩阵进行实证分析,并采用莫兰指数测量空间相关性。

空间邻接权重矩阵、经济距离权重矩阵的定义如下:

① 空间邻接权重矩阵

$$\boldsymbol{W}_{ij}=\begin{cases}1, & i=j\\ 0, & i\neq j\end{cases} \tag{4-5}$$

此矩阵基于地理矩阵标准的空间邻接权重矩阵。

② 经济距离权重矩阵

$$\boldsymbol{W}_{ij}=\begin{cases}1/|\overline{Y}_i-\overline{Y}_j|, & i\neq j\\ 0, & i=j\end{cases} \tag{4-6}$$

其中,$\overline{Y}_i=\dfrac{1}{T\ T_0}\sum_{T=t_0}^{T} Y_{it}$,$\overline{Y}_i$ 表示 i 地区的实际人均国内生产总值的均值。

在研究过程中,是否需要运用空间计量模型,需要对观测值进行空间相关性检验。空间相关性反映了地区之间观察值的空间关联程度,本章采用莫兰指数和吉尔里指数(Geary's C)对观察值进行空间相关性检验。莫兰指数可检验空间系统中相邻区域之间是相似、相异还是独立的。全局莫兰指数的计算公式如下:

$$I=\frac{n\sum_{i=1}^{n}\sum_{j}^{n}\boldsymbol{W}_{ij}(x_i-\overline{x})(x_j-\overline{x})}{\sum_{i=1}^{n}\sum_{j=1}^{n}(x_i-\overline{x})^2}=\frac{n\sum_{i=1}^{n}\sum_{j\neq 1}^{n}\boldsymbol{W}_{ij}(x_i-\overline{x})(x_j-\overline{x})}{S^2\sum_{i=1}^{n}\sum_{j=1}^{n}\boldsymbol{W}_{ij}} \tag{4-7}$$

其中,$\sum_{i=1}^{n}(x_i-\overline{x})^2/n$,$\overline{x}=\sum_{i=1}^{n}x_i/n$ 。x_i 与 x_j 分别代表区域 i 与 j 的观测值,n 代表区域总数,$\boldsymbol{W}_{ij}$ 代表权重矩阵。莫兰指数的取值为[−1,1],以零为分界点,其中(0,1]代表有相似属性空间单位的观测值空间正相关,[−1,0)代表空间负相关,取值为 0 代表空间不相关。

4.3.2 变量说明

1. 被解释变量

生态福利绩效是本章的被解释变量，本章采用含有非期望产出的超效率 SBM-DEA 模型来计算中国各省(区、市)的生态福利绩效水平。资源投入包括劳动投入、资本投入、土地投入和能源投入四个方面。其中，劳动投入用劳动力存量来衡量，资本投入用物质资本存量来衡量，土地投入用建成区面积来衡量，能源投入用能源消费量、全年供水总量和全年电力消费量三个指标来综合衡量。

以联合国开发计划署通用的人类发展指数(HDI)作为期望产出，分别用人均 GDP、平均受教育年限和平均预期寿命来表示中国各省(区、市)的经济福利和社会福利水平；非期望产出为环境污染排放，主要包括环境污染中的废气排放、废水排放和烟(粉)尘排放，以具有代表性的工业二氧化硫排放量、工业废水排放量、工业烟(粉)尘排放量三项来表示。具体见表 4-1。

$$平均受教育年限=\frac{P_{小学}\times 6+P_{初中}\times 9+P_{高中}\times 12+P_{大专以上}\times 16}{P_{小学}+P_{初中}+P_{高中}+P_{大专以上}} \tag{4-8}$$

其中，P 代表各学历段人口数，数据来自 2011—2019 年《中国教育统计年鉴》。此外，对文中其他缺失值进行线性插补与预测处理。

表 4-1 中国省域生态福利绩效评价指标体系

指标类别	一级指标	二级指标	三级指标	单位
投入变量	资源投入	劳动投入	劳动力存量	百万人
		资本投入	物质资本存量	亿
		土地投入	建成区面积	百万平方公里
		能源投入	能源消费量	万吨标煤
			全年供水总量	万立方米
			全年电力消费量	亿千瓦时
期望产出	福利水平	经济福利	人均 GDP	元
		社会福利	平均受教育年限	年
			平均预期寿命	年

续 表

指标类别	一级指标	二级指标	三级指标	单位
非期望产出	环境污染排放	废气排放	工业二氧化硫排放量	万吨
		废水排放	工业废水排放量	万吨
		烟(粉)尘排放	工业烟(粉)尘排放量	万吨

2. 解释变量

将数字经济作为核心解释变量,借鉴刘军等[9]将互联网发展作为测度的核心,并加入数字交易指标体系的构建思路,结合数据的可获得性,从互联网发展、数字普惠金融两个方面测度数字经济发展水平。互联网是数字经济发展的载体和依托。参考黄群慧[12]的做法,从互联网普及率、移动电话普及率、相关产业从业人员、相关产业产出情况四个方面测度各省(区、市)互联网的发展水平。具体测度指标分别为百人中互联网宽带接入用户数、百人中移动电话用户数、城镇单位就业人员中信息传输、计算机服务和软件业从业人员比重、人均电信业务总量。数字普惠金融水平作为数字经济发展成果的重要应用。对数字普惠金融水平予以测度,采用郭峰等[13]编制的由数字金融覆盖广度、使用深度和数字化程度构成的中国省(区、市)级数字普惠金融指数进行衡量。本章采用主成分分析法测度各地区数字经济发展水平,并对其进行取对数处理,标记为 ln DIG。

3. 中介变量

将环境规制作为本章的中介变量,参考其他学者的研究,选取环境污染治理投资额与 GDP 的比值作为代理变量进行测算,对其进行取对数处理记为 ln EG。

4. 控制变量

用省(区、市)人口数与省(区、市)面积的比值的对数表征人口密度,记作 ln PDE;以人均 GDP 的对数表征经济发展水平,记作 ln PGDP;对进出口总额占 GDP 的比重进行取对数处理表征市场开放度,记为 ln OPEN;对科技支出占 GDP 的比重进行取对数处理表征技术水平,记为 ln TC;以人均公园绿化面积的对数表征绿化程度,记作 ln GREEN;能源消费结构用 ln ENEG 表征。各变量的明细及说明如表 4-2 所示。

表 4-2　各变量的明细及说明

属性	指标	指标解释
被解释变量	生态福利绩效 ln STF	生态福利绩效指数评价 含有非期望产出的超效率 SBM-DEA 模型 计算所得
解释变量	数字经济 ln DIG	数字经济发展指数评价，主成分分析法计算所得
中介变量	环境规制 ln EG	环境污染治理投资额与 GDP 的比值的对数
控制变量	人口密度 ln PDE	人口数与省(区、市)面积的比值的对数
	经济发展水平 ln PGDP	人均 GDP 的对数
	市场开放度 ln OPEN	进出口总额与 GDP 的比值的对数
	技术水平 ln TC	科技支出与 GDP 的比值的对数
	绿化程度 ln GREEN	人均公园绿化面积的对数
	能源消费结构 ln ENEG	能源消费结构的对数

4.3.3　样本选择与数据来源

鉴于港澳台地区和西藏自治区的数据缺失，我们对其做剔除处理，故选取 2011—2019 年中国 30 个省(区、市)的面板数据作为本章的研究样本；为避免异常值对结果造成偏差，在数据处理过程中，我们对相关数据进行了取对数处理，以及缩尾处理。

其中，数字经济指标数据来自《中国科技统计年鉴》、EPS 数据库和省级数字普惠金融指数①；环境规制指标数据源自《中国环境统计年鉴》；生态福利绩效相关指标数据来自《中国能源统计年鉴》及各省(区、市)统计年鉴。少数缺失值采取均值法、插值法、灰色预测模型进行预测，所预测省(区、市)的后验差均在 0.35 以内，这表明预测效果较好，模型预测精度较高。此外，对于本章中所涉及的以货币为计量单位的指标，均以 2011 年作为基准期进行平减处理，以保证回归结果的精准度与可信度。为进一步熟知数据分布的全貌，对本章中所涉及的变量做描述性分析，结果如表 4-3 所示。

① 省级数字普惠金融指数所用数据为“北京大学数字普惠金融指数”(The Peking University Digital Financial Inclusion Index of China，PKU-DFIIC)，对于更详细的指数编制说明和数据概览，可参阅北京大学数字金融研究中心官方网站(http://idf.pku.edu.cn)上的原始报告。

表 4-3　各变量的描述性分析

变量类型	变量符号	样本量	均值	标准差	最小值	最大值
被解释变量	ln STF	270	−1.463	0.886	−2.742	0.609
中介变量	ln EG	270	0.184	0.598	−2.384	1.443
解释变量	ln DIG	270	0.001	0.984	−0.994	3.493
控制变量	ln PDE	270	7.873	0.421	6.858	8.618
	ln PGDP	270	1.426	0.511	0.303	2.607
	ln OPEN	270	1.485	1.304	−0.722	4.673
	ln TC	270	−0.992	0.516	−1.893	0.282
	ln GREEN	270	2.538	0.212	1.960	2.984
	ln ENEG	270	−0.188	0.570	−3.695	0.901

表 4-3 显示，中国生态福利绩效(ln STF)的均值为−1.463，其最大值与最小值分别为 0.609 和−2.742，标准差为 0.886，这表明全国不同地区间生态福利绩效水平的差距较为明显，与邓远建等的发现相近。数字经济(ln DIG)、环境规制(ln EG)呈现“均值小、标准误大”的特点。就控制变量而言，不同省(区、市)在地区经济发展水平(ln PGDP)、市场开放度(ln OPEN)、技术水平(ln TC)以及能源消费结构(ln ENEG)也存在明显的差异。

4.4　实证分析

4.4.1　基准回归与中介效应检验

1. 基准回归结果

表 4-4 报告了数字经济影响区域生态福利绩效的基准回归与中介模型回归结果。在模型(1)和模型(2)中，核心解释变量数字经济发展指数(ln DIG)的估计系数显著为正，数字经济提升了省域层面的生态福利绩效。在模型(2)中引入控制变量后，各省(区、市)人口密度(ln PDE)与其生态福利绩效水平之间存在一定的正相关关系，但结果不显著，

这表明生态福利绩效水平并未随着人口的增多而得到有效提升；地区经济发展水平(ln PGDP)通过了10%水平上的显著性检验，这说明地区经济发展将有助于生态福利绩效水平的提升；市场开放度(ln OPEN)的系数值为负且通过了10%水平上的显著性检验，这意味着扩大市场开放度可能会在一定程度上造成市场竞争的加剧以及污染水平的阶段性提升；技术水平(ln TC)的系数值为负但并不显著，这说明加大技术投入并未明显促进省域层面的生态福利绩效水平的提升，可能的原因是技术投入的转化效率以及绿色创新的产出能力有待进一步提高；绿化程度(ln GREEN)与生态福利绩效水平之间存在不显著的正相关关系，这表明绿化程度提高的同时生态福利绩效并未得到明显提升；各省(区、市)能源消费结构(ln ENEG)与生态福利绩效之间存在负相关关系，且在1%的水平上保持显著，这说明传统化石能源的大量使用会引起污染加剧以及对居民健康、寿命带来不利影响，从而降低区域生态福利绩效水平。以上实证结果支持了假设H1a。

表4-4　数字经济影响区域生态福利绩效的基准回归与中介模型回归结果

变量	模型(1)	模型(2)	模型(3)	模型(4)
	ln STF	ln STF	ln EG	ln STF
ln DIG	0.084** (2.10)	0.083** (2.18)	0.304* (1.67)	0.075* (1.97)
ln EG	—	—	—	0.027* (1.95)
ln PDE	—	0.023 (1.62)	−0.044 (−0.65)	0.024* (1.71)
ln PGDP	—	0.036* (1.75)	−0.021 (−0.21)	0.036* (1.79)
ln OPEN	—	−0.012* (−1.78)	−0.032 (−0.98)	−0.011* (−1.66)
ln TC	—	−0.012 (−0.89)	0.007 (0.11)	−0.012 (−0.91)
ln GREEN	—	0.016 (0.27)	−0.680** (−2.39)	0.034 (0.57)
ln ENEG	—	−0.146*** (−4.83)	0.044 (0.31)	−0.147*** (−4.89)
常数项	−1.463*** (−255.99)	−1.758*** (−9.06)	2.353** (2.55)	−1.820*** (−9.31)

续 表

变量	模型(1) ln STF	模型(2) ln STF	模型(3) ln EG	模型(4) ln STF
样本量	270	270	270	270
R^2	0.018	0.139	0.048	0.153
分组数	30	30	30	30

注：表中括号内报告的是稳健标准误，*** 、** 和 * 分别表示回归结果在 1%、5%和 10%水平上通过了显著性检验。

2. 中介效应结果分析

前文从环境规制的视角，理论分析了数字经济对生态福利绩效影响的传导机制。接下来，本章的研究选用中介效应模型来实证检验该作用机制的假设，回归结果见表 4-4。列(1)和列(2)证实了数字经济对生态福利绩效具有积极的影响，而在列(3)中数字经济发展指数(ln DIG)的估计系数值为 0.304，显著为正，这验证了数字经济能提升省域的环境规制水平；在列(4)中，数字经济发展指数(ln DIG)的估计系数值和环境规制的估计系数值均在 10%的水平上通过了显著性检验，这表明环境规制水平的提升是数字经济推动生态福利绩效水平提升的作用机制，由此验证了假设 H2。

4.4.2 空间溢出效应分析

在做空间计量分析之前，需要对数字经济发展指数和生态福利绩效水平进行空间相关性检验。本章采用 Moran's I 法计算了地理距离矩阵下各年度的空间效应，见表 4-5。由表 4-5 可知，在空间邻接权重矩阵和经济距离权重矩阵两种权重矩阵下，2011—2019 年数字经济发展指数与生态福利绩效水平的 Moran's I 均达到 10%以上的显著性水平，这表明中国各省(区、市)的数字经济和生态福利绩效具有显著的空间相关性，即二者在空间分布上出现集聚现象。

表 4-5 2011—2019 年数字经济与生态福利绩效的莫兰指数

年份	ln DIG		ln STF	
	Moran's I 空间邻接权重矩阵	Moran's I 经济距离权重矩阵	Moran's I 空间邻接权重矩阵	Moran's I 经济距离权重矩阵
2011	0.190**	0.104*	0.276***	0.484***

续 表

年份	ln DIG		ln STF	
	Moran's I 空间邻接权重矩阵	Moran's I 经济距离权重矩阵	Moran's I 空间邻接权重矩阵	Moran's I 经济距离权重矩阵
2012	0.181**	0.105*	0.257***	0.464***
2013	0.180**	0.105*	0.212**	0.406***
2014	0.176**	0.110*	0.194**	0.378***
2015	0.154*	0.107*	0.287***	0.413***
2016	0.150*	0.106*	0.229***	0.369***
2017	0.161*	0.122*	0.204**	0.336***
2018	0.171**	0.157**	0.212**	0.340***
2019	0.142*	0.176**	0.250***	0.365***

注：表中括号内报告的是稳健标准误，***、**和*分别表示回归结果在 1%、5%和 10%水平上通过了显著性检验。

通过 LR 检验，验证空间杜宾模型能否退化为 SAR 和 SEM，表 4-6 中的检验结果均显著，表明拒绝样本退化为空间滞后和空间误差自相关的假设，与 Wald 检验结果一致，均选择空间杜宾模型 SDM，通过 LR 检验。其次，表 4-6 报告了 2 种不同空间权重矩阵下数字经济对生态福利绩效空间回归模型的影响结果。在此之前，依照 Elhorst [16] 的检验思路，采用依次从 LM 检验、SDM 固定效应、Hausman 检验以及 SDM 简化检验的“具体到一般”和“一般到具体”相结合的方法，确定了时空双重固定效应的 SDM 为最优选择。

为了比较估计的稳健性，本章还列出了时空双重固定效应的空间滞后模型(SAR)、空间误差模型(SEM)的估计结果。表 4-6 显示，SDM 中生态福利绩效的空间自回归系数显著为正，而数字经济的空间交互项的回归系数为正，这表明了样本在空间上不仅存在外生的数字经济交互效应，还存在生态福利绩效的内生交互效应。但空间交互项的回归系数并不能够直接用以讨论数字经济对生态福利绩效的边际影响，因为通过简单的点回归结果分析地区之间的空间溢出效应将会产生错误估计。需要使用变量变化的偏微分解释，即使用直接效应和间接效应来解释某地区自变量对本地区以及其他地区因变量的影响，由表 4-6 可知，数字经济对生态福利绩效存在显著的间接效应。上述分析验证了假设 H3。

表 4-6 数字经济对生态福利绩效的空间回归模型的影响结果

变量	SDM		SAR		SEM	
	空间邻接权重矩阵	经济距离权重矩阵	空间邻接权重矩阵	经济距离权重矩阵	空间邻接权重矩阵	经济距离权重矩阵
ln DIG	0.060 (1.64)	0.098** (2.57)	0.091** (2.49)	0.094*** (2.58)	0.085** (2.28)	0.102*** (2.71)
ln PDE	0.015 (1.11)	0.014 (0.96)	0.022 (1.58)	0.024* (1.73)	0.018 (1.31)	0.023* (1.68)
ln PGDP	0.029 (1.44)	0.024 (1.15)	0.037* (1.84)	0.038* (1.88)	0.036* (1.86)	0.038** (1.98)
ln OPEN	−0.010 (−1.53)	−0.007 (−1.11)	−0.012* (−1.86)	−0.013* (−1.93)	−0.012* (−1.82)	−0.013** (−1.97)
ln TC	−0.008 (−0.63)	−0.016 (−1.20)	−0.013 (−0.95)	−0.012 (−0.90)	−0.014 (−1.10)	−0.012 (−0.89)
ln GREEN	0.132** (2.02)	0.153** (2.02)	0.009 (0.16)	0.012 (0.21)	0.059 (0.88)	0.052 (0.79)
ln ENEG	−0.196*** (−6.44)	−0.178*** (−5.69)	−0.150*** (−5.10)	−0.151*** (−5.13)	−0.165*** (−5.34)	−0.162*** (−5.31)
rho	0.207** (2.30)	0.200** (2.52)	0.138 (1.54)	0.155* (1.95)	—	—
W×DIG	0.268*** (2.79)	−0.082 (−1.28)	—	—	—	—
直接效应	0.074** (1.98)	0.097** (2.50)	0.093** (2.46)	0.096** (2.55)	—	—
溢出效应	0.355*** (2.98)	−0.067 (−0.94)	0.016 (1.18)	0.018 (1.37)	—	—
总效应	0.429*** (3.48)	0.030 (0.40)	0.109** (2.40)	0.114** (2.47)	—	—
lambda	—	—	—	—	0.244** (2.33)	0.217** (2.43)
样本量	270	270	270	270	—	—
R^2	0.168	0.234	0.168	0.221	—	—

注：表中括号内报告的是稳健标准误，***、** 和 * 分别表示回归结果在 1%、5%和 10%水平上通过了显著性检验。

4.4.3 区域异质性分析

由于中国不同省(区、市)在资源禀赋、地理区位以及发展阶段上均存在差异,其数字经济发展指数与生态福利绩效水平均会受此影响而在区域分布上呈现显著差异。基于此,为探究数字经济对生态福利绩效的影响是否存在不同省(区、市)层面上的异质性,有必要对此做进一步的深入讨论。根据地理位置与资源禀赋的差异,将 30 个省(区、市)划分为东部、中部、西部三个区域,检验在不同区域下数字经济对生态福利绩效的影响结果是否存在差异。

表 4-7 为数字经济对生态福利绩效影响的异质性检验结果。列(1)的结果显示,东部地区数字经济对生态福利绩效的影响为正向,但作用并不显著;列(2)和列(3)的结果显示,中、西部地区数字经济对生态福利绩效水平的提升具有显著的促进作用,此效果在中部地区更为明显,其可能的原因是中部地区数字经济发展水平较高,其比西部地区更具优势,数字红利得以充分释放,因此提升生态福利绩效水平的效果更显著。考虑东部地区的数字经济发展较早,数字红利已充分释放,其促进生态福利绩效水平提升的效果反而不如中、西部后发地区明显,导致数字经济对生态福利绩效的推动作用呈现出中部地区最大、西部地区次之、东部地区最小的地理差异特征。因此,假设 H1b 得以验证。

表 4-7　数字经济对生态福利绩效影响的异质性检验结果

变量	(1)	(2)	(3)
	东部	中部	西部
ln DIG	0.099 (1.60)	0.686*** (4.22)	0.137** (2.46)
ln PDE	0.036 (1.31)	0.016 (0.18)	−0.023 (−1.09)
ln PGDP	0.034 (0.83)	−0.097 (−0.91)	0.047 (1.57)
ln OPEN	−0.010 (−0.72)	0.024 (0.50)	−0.015* (−1.68)
ln TC	−0.011 (−0.35)	−0.071 (−0.83)	−0.001 (−0.07)
ln GREEN	−0.534*** (−3.31)	1.258*** (4.47)	−0.152** (−2.39)

续 表

变量	(1)	(2)	(3)
	东部	中部	西部
ln ENEG	−0.251*** (−5.73)	0.244* (1.89)	−0.065 (−0.88)
常数项	−0.435 (−0.89)	−4.715*** (−4.93)	−0.762* (−1.91)
样本量	99	72	99
分组数	11	8	11

注：表中括号内报告的是稳健标准误，***、**和*分别表示回归结果在1%、5%和10%水平上通过了显著性检验。

4.4.4 稳健性与内生性检验

考虑政府政策具有外生性特点，且其对东部与中、西部的影响程度可能具有显著差异，本章将东部地区作为对照组，将中、西部地区作为实验组，研究数字经济对生态福利绩效影响的稳健性检验，结果见表4-8。将2016年在中国杭州举办的二十国集团(G20)峰会上提出的《二十国集团数字经济发展与合作倡议》作为外部政策冲击，通过双重差分法研究数字经济发展的政策效应。具体模型如下：

$$\ln \mathrm{STF}_{it} = \alpha_0 + \alpha_1 \mathrm{Treat}_{it} \times \mathrm{Post}_{it} + \alpha_j \boldsymbol{Control}_{it} + \mu_i + \varepsilon_{it}$$

其中，i代表省(区、市)，t代表时间，ln STF代表被解释变量生态福利绩效，Treat和Post分别代表地区虚拟变量和时间虚拟变量(东部记为0，中、西部记为1；2016年《二十国集团数字经济发展与合作倡议》发布之前记为0，其发布之后记为1)。其结果如列(2)所示，DID系数显著为正，这表明数字经济对生态福利绩效的提升效果显著，从侧面验证了研究假设与结论的一致性。

考虑数字经济与生态福利绩效之间可能存在双向因果关系，本章采用选取工具变量法来解决内生性问题。借鉴黄群慧等[12]的方法，选取人均邮电业务和固定电话普及率作为数字经济发展水平的工具变量来进行实证回归，既满足工具变量与解释变量的"相关性"要求，又满足工具变量与其他变量的"排他性"要求。F统计量明显大于10，根据经验准则判断，工具变量与内生解释变量之间存在强相关关系；在工具变量的弱识别检验中，Kleibergen-Paap rk的Wald F统计量大于Stock-Yogo弱识别检验在10%水平上的临界值，这表明检验拒绝原假设，可认为其不存在弱工具变量问题。因此，在考虑内生性后，数字经济提升生态福利绩效的效应依旧成立，结果如列(3)所示，此结论进一步佐证了研究假设的稳健性。

表 4-8 数字经济对生态福利绩效影响的稳健性检验

变量	(1)	(2)	(3)
	增控制量	DID	2SLS
ln DIG	0.108*** (2.85)	—	0.124* (1.74)
DID	—	0.070*** (3.27)	—
ln PDE	0.022 (1.51)	0.016 (0.92)	0.028 (0.23)
ln PGDP	0.036* (1.73)	0.023 (0.84)	−0.229 (−1.63)
ln OPEN	−0.011 (−1.61)	−0.006 (−0.82)	0.162*** (3.17)
ln TC	−0.015 (−1.08)	−0.009 (−0.75)	−0.106 (−0.92)
ln GREEN	0.054 (0.81)	0.093 (0.63)	−0.509** (−2.17)
ln ENEG	−0.156*** (−5.09)	−0.206*** (−5.94)	−0.433*** (−3.78)
ln SOC	−0.104 (−1.60)	—	—
常数项	−1.618*** (−6.49)	−1.886*** (−3.89)	−0.490 (−0.42)
样本量	270	270	270
R^2	—	0.246	0.211

注：表中括号内报告的是稳健标准误，***、**和*分别表示回归结果在1%、5%和10%水平上通过了显著性检验。

4.5 研究结论与政策启示

4.5.1 研究结论

本章从直接影响机制、间接影响机制、空间溢出效应、异质性传导机制等维度阐述了数字经济对生态福利绩效影响的内在机理。以 2011—2019 年中国 30 个省(区、市)的面板数据作为研究样本,在构建数字经济、生态福利绩效等测度指标的基础上,采用多种计量方法结合中介模型、空间模型等从全国层面、区域层面等多层次、多维度实证分析了数字经济对生态福利绩效的直接促进作用、空间溢出效应、异质性效应以及以环境规制为主要传导路径的间接影响效应。本章的主要结论如下。其一,数字经济可显著促进区域生态福利绩效水平的提升。在稳健性检验与内生性检验下,结果依旧稳健,这说明数字经济已成为当下中国推动环境污染治理,改善区域生态效率,提升社会福利水平的重要引擎。其二,数字经济不仅能够直接作用于生态福利绩效,还可通过环境规制间接提升区域生态福利绩效水平,且其直接效应大于间接效应。其三,数字经济对生态福利绩效存在空间溢出性,数字经济自身存在空间溢出效应,在促进本地区生态福利绩效水平提升的同时,也能带动周边地区数字经济以及生态福利绩效水平的提升,且在 SDM 下,结果依旧稳健,但在不同的空间权重矩阵下直接效应与间接效应存在差异。其四,数字经济对生态福利绩效存在区域异质性。

从区域异质性视角分析,中国东、中、西部地区数字经济均能促进生态福利绩效水平的提升,其推动作用的大小依次为中部、西部、东部,其潜在原因为东、中、西部地区数字经济处于不同的发展阶段,东部地区数字经济发展较早,数字红利的爆发期已过,其对生态福利绩效的促进作用有所减小,与东部地区不同的是,中、西部地区数字经济起步晚,发展后劲较大,呈追赶状态,其数字经济红利尚未完全释放,其促进作用较为明显,而中部地区的数字基础设施优于西部地区,在提升绿色技术创新水平上其优势更加明显,这也导致其对生态福利绩效水平提升的促进作用更大。综上,本章的研究证实了数字经济已成为生态福利绩效提升的重要驱动力,发现提升数字经济发展水平、布局数字经济,对发挥数字经济对生态福利绩效水平提升的促进作用、缩小区域间生态福利绩效水平的差距具有重要的现实意义。

4.5.2 政策启示

1. 发展壮大数字经济，构建良好生态福利绩效环境

由上述分析结论可知，数字经济可显著提升生态福利绩效水平。现阶段，由于中国各地区数字经济发展水平存在较大的差异，其对生态福利绩效的提升作用不一。因此，需要更好地发挥政府的引导和综合支持作用，优化数字经济相关的资源配置，加快发展壮大中、西部地区数字经济，实现区域协调发展。具体来说要做到以下几点：一是积极优化完善地区数字经济发展政策，成立专项数字经济发展扶持基金，打造数字经济发展综合试验区、数字技术孵化中心与数字产业园，引导资本流向数字经济更为关键的核心环节与领域，提高对有限资源的配置效率。二是实施动态化、差异化的数字战略，促进东、中、西部地区数字经济协调发展。东部地区数字经济起步较早，基础设施较为完善，发展数字经济优势明显，而中、西部地区受制于地理、资源禀赋等客观条件，其数字经济发展水平与东部地区存在较大差距。为缩小区域数字鸿沟，需要实施动态化、差异化的数字战略，适度将资源、政策等向中、西部地区倾斜，引导数字要素流向中、西部数字基础薄弱的地区，促进东、中、西部地区数字经济协调发展。三是东部地区要充分发挥示范引领作用，充分发挥数字经济的网络效应与规模效应，突破空间限制，打破区域间与区域内的不平衡约束，为提升整体生态福利绩效水平打下坚实的基础。

2. 打造数字技术协同创新平台，构建环境治理区域协作机制

进一步巩固数字技术为高效、合理的环境规制带来的技术优势，加大互联网建设规模与投资强度，将5G、区块链、人工智能等技术尽快拓展应用到环境保护领域，尤其是环境信息搜集、检测和预警领域。构建起以数字技术为纽带，以政、产（企）、学、研、中介等五位一体的协同创新平台，突破传统平台在创新资源、信息和知识方面的限制，打造新型开放式、共享性多主体参与的数字技术协同创新平台。引导鼓励更多创新主体通过诸如众创、众智等方式加强数字技术、环境技术的创新研发及成果转化，从而持续推动区域生态福利绩效水平的提升。此外，数字经济对生态福利绩效存在间接溢出效应，要进一步畅通数字经济通过促进环境规制发展为区域生态福利绩效提升带来的内生动力机制。要充分利用环境规制的“波特效应”，引导企业增加创新投入，促进企业清洁生产，提升企业绿色发展能力。同时，建立污染防治的协作执法机制，降低环境规制的负向空间溢出，有效地阻断污染产业向区域外转移，减少污染的外溢，从而实现生态福利绩效水平的提升。

3. 构建完善的环境规制政策，促进区域生态福利绩效水平的提升

从区域、产业层面看，环境规制直接影响区域生态福利绩效水平的提升，不同区域对环境规制的重视程度有所差异，因此各区域环境规制的效果也将有所不同。诸如东部地区数字经济发展水平较高，政府部门可采取宽松的、具有激励效应的环境规制政策，利用数字技术平台对产业实施实时监管，充分发挥群众、政府、企业的监管作用，这将有助于区域绿色低碳与高技术产业的同步发展，并有助于环境质量与生态福利绩效的双重提升。而中、西部地区数字经济发展水平与东部存在不小的差异，其环境规制与监管存在一定的难度，为最大限度地发挥环境规制的倒逼作用，可制定严格的、带有惩罚性的环境规制政策，推动区域产业结构优化升级，加速产业绿色创新绩效产出，并减少污染物排放。从企业层面看，环境规制倒逼企业加大绿色技术创新的研发投入，提升产品的科技含量，引导外商投资的“绿色性”，完成从“末端治理”到“源头治理”的转变，同时利用企业的逐利性质可提高企业绿色技术创新的主动性，进而推动企业提升绿色技术创新水平。

第5章
数字经济对区域创新效率收敛的加速器效应研究

数字经济作为新时期提升中国区域创新效率的新动能，其能否驱动区域创新效率收敛成为区域经济创新高质量发展的重要议题。基于2011—2020年中国省际面板数据，运用中介、门槛、空间模型等计量方法，多维度系统考察了数字经济对区域创新效率收敛的影响效果及其内在作用机制。研究发现：①数字经济使区域创新效率β收敛速度提升30.80%，半衰期缩短5.94年，其“加速器”效应得以证实，此结论经稳健性检验依旧成立，且该效应呈中部、东部、西部递减趋势；②改善金融环境、提升劳动技能和刺激市场需求是数字经济加速区域创新效率收敛的重要机制；③数字经济对创新效率收敛存在显著的异质性动态约束机制，在教育投入、金融环境等门槛约束下，均呈现正向且边际效应递增的动态特征，而在市场需求门槛约束下，则呈现“边际效应”递减态势。本章从数字经济视角为如何缩小中国区域创新效率差距难题提供了一个新的思路与路径，研究结论可为国家深入推动数字经济与创新驱动战略的深度融合，更好地发挥二者的“合力效应”、打好“战略组合拳”提供重要的研究依据与政策启示。

5.1 引　言

为摆脱资源与环境双重约束、劳动力成本优势丧失、传统发展动力乏力、粗放型经济增长模式难以为继的“桎梏”，寻求中国经济可持续发展的新增长动能。国家审时度势地提出大力发展数字经济，把加快创新型国家建设作为重要国家战略，倡导不断提升区域创新效率，坚持走以集约、创新为主导的发展道路。此后，更是在国家层面的经济发展规划中，频频提及与数字经济和创新相关的战略及政策部署。当前中国区域创新仍存在创新资源浪费、产出不高的问题，使创新陷入微观层面的策略性和宏观层面“数量长足、质量跛脚”的“低质量陷阱”中[90]。尤其是在核心技术领域仍存在诸多“卡脖子”的问题，要实现突破，创新效率提升显得尤为重要[91]。尤其是在中国目前研发资源相对匮乏的背景下，效率问题应该更加重视[92]。然而，各地区创新效率存在严重的发展不充分[93]以及空间不均衡问题[94]，创新效率的区域差距更是加剧区域发展不均衡的深层原因[95]，严重制约着区域创新效率的提升和协调发展。然而，鲜有研究关注数字经济这一新动能对区域创新效率差距所产生的影响，因此，探究数字经济如何切实提高创新效率，缩小区域创新效率的差距，将成为贯彻落实区域创新驱动战略的关键切入点，这对推动中国经济持续健康发展有着重要的意义。

数字经济为创新效率的提升注入强大动能[91]。相较于传统经济，数字经济不仅对区域之间的时空距离与经济成本再次压缩，也能重塑区域创新格局。此外，它还具备辐射范围广、影响程度深等特点，更在满足要素流动需求上具有优势，这对提高要素流动的速度与规模、推动区域创新效率的提高、重塑区域创新格局起着至关重要的作用。一方面，数字经济给创新要素提供了更加便捷的流动渠道和方式[96]，并在“用脚投票”机制作用下，快速流向数字经济发展水平高的地区，加剧“极化效应”，这可能会扩大与周边地区创新效率的差距，导致区域创新效率的发散演化；另一方面，数字经济将通过“知识溢出”和圈际扩散效应，助推周边地区创新效率快速提升，并产生“扩散效应”，从而填平与发达地区创新效率的“沟壑”，使区域创新效率趋向收敛。由此，数字经济发展可能会使中国区域创新效率呈现收敛和发散交替演化的状态。那么，目前在数字经济驱动下的区域创新效率究竟是倾向于收敛还是发散呢？其驱动效果如何，内在驱动机制又是什么？其驱动效应在地区、时间和空间特征上又存在何种差异？对上述问题的思考和回答，不仅能够客观评估数字经济能否成为新时期中国区域创新效率收敛的“加速器”，同时也深化了数字经济与创新效率关系的认识和理解，更为推动数字经济发展、促进区域创新活动的统筹协调发展以及未来建设创新型国家提供了全新视角与建设性路径。

当前,区域创新效率收敛作为学界和政府密切关注的一个热点问题,学者们就此问题进行了诸多有益探索,大致可归为如下两类。其一,区域创新效率收敛特征识别与检验。针对区域创新效率是否存在收敛事实,学术界展开了相关研究。部分学者从空间视角验证了区域创新效率存在收敛这一特征事实[97-100]。但也有学者对此提出疑问,认为区域创新效率存在明显的分散特征[101-103]。那么,当前区域创新效率究竟倾向于收敛还是发散呢?学术界尚无统一定论。其二,影响区域创新效率收敛的因素分析。已有研究主要从技术来源、经济发展、金融发展、人力资本等维度对区域创新效率收敛的成因展开剖析[104]。这里重点关注技术来源对区域创新收敛的原因,尤其关注数字经济。近年来,随着数字经济发展,学者们就数字经济与创新能力或效率的影响开展了广泛而深入的讨论。蒋仁爱等[105]认为互联网发展能够显著促进城市的创新效率。韩先锋[106]研究发现互联网发展既能驱动区域创新效率的提升,也可缩小区域创新效率的差距。李雷等[107]则从工业层面、企业层面进一步证实"互联网+"有助于缩小区间创新效率的差距。更进一步,韩先锋等[108]的研究表明"互联网+"有助于加速区域创新效率收敛。然而,也有学者对此提出异议,认为数字经济虽然可以提升创新效率,但也可促进区域创新效率的不断扩大。那么,数字经济究竟能否驱动创新效率收敛目前学界尚未得出一致结论。

综上,已有文献在区域创新效率收敛特征的识别与影响因素的检验上进行了多维度探索,为进一步考察区域创新效率收敛提供了有益启示。然而,研究对区域创新效率是否收敛这一问题尚未得出一致结论,且鲜有考虑数字经济这一新兴要素对区域创新效率收敛的影响,此外,也并未就数字经济是否有助于加速区域创新效率收敛这一现实问题予以正面解答,其收敛机制如何等深层次问题的研究也尚处于空白状态。基于此,本章基于后发优势理论和趋同理论视角,考察数字经济与区域创新效率收敛的关系。在详细阐述数字经济驱动区域创新效率收敛的内在机理的基础上,选取2011—2020年中国省际层面数据,并采用多种计量方法,实证检验数字经济对区域创新效率收敛的影响效应。本章可能的边际贡献为:第一,将数字经济纳入区域创新效率收敛的分析框架,试图回答数字经济能否成为中国区域创新效率收敛的"加速器"问题,这不仅拓展和丰富了区域创新效率收敛的影响因素研究,而且为深入理解如何驱动区域创新效率收敛提供一个新视角;第二,本章基于后发优势理论和趋同理论的视角,剖析了数字经济驱动区域创新效率收敛的内在机理,为深化认识区域创新系统运行的数字经济效力提供理论支撑;第三,实证考察了数字经济可通过改善金融环境、提升劳动技能和刺激市场需求间接对区域创新效率收敛产生积极影响,以及基础设施、金融环境、教育投入对数字经济驱动的动态调节效应,揭开了数字经济影响创新效率收敛的"黑箱"之谜,以期为新时期中国实现数字经济发展和创新驱动发展战略的"双赢"、加快建设创新型国家提供重要的政策参考。

5.2　理论分析与研究假设

5.2.1　数字经济对区域创新效率收敛的直接效应

数字经济引致技术创新范式变革。得益于此变革，地域限制不再是制约创新要素流动的“藩篱”，创新资源的跨区域整合成为可能。同时，数字技术打通了社会生产与交换的两端，使社会生产与交换过程中的信息更加透明化，极大地降低了交易成本，这有助于加速知识、信息等资本的传播与流动[109]。由此，本章从创新所需的资本、知识出发，剖析数字经济对区域创新效率收敛的作用。

其一，从创新知识获取方面来看。得益于数字技术对知识与信息传播的“流动空间”和“流动行业”的协同叠加效应，数字技术可有效打破区域间要素流动的空间壁垒，重塑了地区间创新要素分布，提升沟通效率、降低沟通和协调成本[110]、突破组织和地理边界，实现跨区域合作、协调区域创新，为创新效率收敛提供保障。加之“竞争效应”“示范效应”的存在，后发优势理论认为，相对落后的地区更具发展优势。东部地区与中、西部地区存在较大的技术势能差，在此驱动下，发达的东部地区利用自身创新知识溢出与圈际扩散辐射带动周边地区，欠发达的中、西部地区则通过模仿内化实现创新升级，两者综合作用为欠发达地区实现后发超越、弥合发达与欠发达地区创新的鸿沟提供可能，最终将实现区域创新效率趋同。

其二，从创新所需资本方面来看。数字经济驱动创新资源的流动更加便捷[111]，实现资源宽范围、多领域的优化配置。一方面缓解了创新主体在融资过程中因信息不对称而导致融资约束难题[112]。依托数字技术平台金融机构可高效地实现信息搜寻与甄别，评估创新风险，精准引导资本向更具价值的创新项目转移，继而提高资本配置效率和区域创新效率[113]。另一方面，新古典区域均衡发展的理论认为，资本要素流动的逐利特征将使其平均收益均等化，并最终重塑区域资本要素的分布[114]，而这将弱化创新资源集聚导致创新极化的叠加效应，逐步缩小与优势地区之间的创新效率的差距[115]，从而驱动区域创新效率收敛演变。

假设1:数字经济能够促进区域创新效率收敛且存在异质性。

5.2.2　数字经济对区域创新效率收敛的间接效应

在分析数字经济对区域创新效率收敛时，厘清其背后的收敛机制十分必要。为此，本章的研究从改善金融环境、提升劳动技能和刺激市场需求三个方面进行阐述。

① 数字经济为创新活动提供了充足的资金支持,分摊了研发成本,降低了研发风险,缓解了创新主体融资约束,为区域创新效率收敛提供金融环境。此外,通过科技赋能可一定程度重塑传统金融体系,优化资本配置效率与速度,改善了金融资源配置的扭曲程度,从而对创新效率收敛产生了间接"催化剂"的影响。

② 数字经济可提升劳动技能,改善劳动力错配[116],从而促进区域创新效率收敛。"资本-技能"互补假说认为,资本与劳动技能互补性较强。数字经济提供了区域创新所需的持续均衡资本供给和技能劳动力要素。此外,数字经济倒逼人力资本素质提升,有助于为创新提供人力资本积累[117]。

③ 数字经济通过刺激市场需求引致创新,加速从技术创新到市场创新再到产业创新的嬗变过程[107],进而促进区域创新效率收敛。当区域经济发展水平较高时,这意味着该区域市场需求也较为活跃,能够刺激企业为获得市场份额,获取市场优势而竞相开展研发活动。根据"需求引致创新"理论,市场源源不断的需求是刺激创新的根本动力,而创新活动的最终形态就是新产品。随着人们消费水平的不断提升,数字经济引致新需求、新产品,势必会倒逼区域创新产品持续增加研发投入,满足人们对新产品的需求,进一步释放社会消费潜能,从而带动区域创新效率的提升。基于此,本章的研究提出如下假设:

假设 2:数字经济可通过改善金融环境、提升劳动技能和刺激市场需求等,间接促进区域创新效率收敛。

5.2.3 数字经济对区域创新效率收敛的异质性动态效应

数字经济发展水平的不断提升能够进一步加速要素资源的流动,这也意味着扩散效应可能发生。从以往经验看,首先,新技术变革是促进创新发展的重要方式,而新兴数字经济作为新技术变革的代表,它既可改善区域基础设施,降低区域内创新活动的交易成本,也可连接发达地区与落后地区,为二者进行知识、信息、技术的交流,传播更加先进的管理经验提供便利。其次,通过加速区域要素之间的流动,以获得发达地区的创新知识溢出,这种红利通过数字经济产生积极累积循环和持续反馈响应,促进更大的区域范围创新效率的提升,可能引起区域创新效应的动态演变[118],从而缩小区域间创新效率的差距。新古典区域均衡发展理论也认为,要素逐利最终会促使创新效率在长期发展中趋同或者收敛[119]。然而,提升数字经济并非就可以促进区域创新效率收敛,它也受条件约束。通常情况下,高水平的数字经济能够更好地发挥其诸多优势。区域创新效率提高依赖良好的创新环境[105]。事实上,数字经济对区域创新效率收敛的非线性影响还离不开市场需求、金融发展水平、教育投入等创新环境的多重约束,即数字经济创新驱动所需的支撑体系,如完善可靠的技术平台、要素禀赋等均与外部适宜的创新环境紧密相关。同时,数字经济、区域创新效率收敛及两者所处的环境均是不断变化的，这也决定着数字经济对区域创新收敛的加速效应将随不同的外部环境发生变化，继而呈现出一定的异质非线性调节效应。

假设 3：数字经济促进区域创新效率收敛具有"边际效应"递增的非线性特征，且在不同约束条件下存在异质非线性调节效应。

5.3 研究设计

5.3.1 模型构建

将数字经济纳入区域创新效率收敛的分析框架，借鉴韩先锋等[108]和金环等[119]的研究，构建 β 收敛模型如下：

$$\ln\left(\frac{\mathrm{IE}_{it}}{\mathrm{IE}_{i,t-1}}\right)=\alpha_0+\alpha_1\ln\mathrm{IE}_{i,t-1}+\alpha_2 Z_{i,t}+\lambda_t+\delta_i+\varepsilon_{it} \tag{5-1}$$

其中，IE_{it} 表示 t 时期省（区、市）i 的创新效率；$\mathrm{IE}_{i,t-1}$ 为滞后一期省（区、市）i 的创新效率，$\ln(\mathrm{IE}_{it}/\mathrm{IE}_{i,t-1})$ 为省（区、市）i 在 $t-1$ 的区域创新效率增长率；α_0 表示模型截距项；α_1 表示区域创新效率的收敛系数，若 $\alpha_1<0$，则说明区域创新效率存在收敛趋势，反之，则为发散；$Z_{i,t}$ 表示一系列影响区域创新收敛的控制变量；λ_t 和 δ_i 分别表征省（区、市）i 不可观测的个体固定效应和时间效应；ε_{it} 为随机扰动项。

为了检验数字经济能否驱动区域创新效率，本章的研究在模型(5-1)的基础上，引入变量数字经济，模型设定如下：

$$\ln\left(\frac{\mathrm{IE}_{it}}{\mathrm{IE}_{i,t-1}}\right)=\alpha_0+\alpha_1\ln\mathrm{IE}_{i,t-1}+\alpha_2\mathrm{SDIG}_{i,t}+\alpha_3 Z_{i,t}+\delta_i+\lambda_t+\varepsilon_{it} \tag{5-2}$$

其中，$\mathrm{SDIG}_{i,t}$ 表示 t 时期省（区、市）i 的数字经济发展水平其余变量含义同模型(5-1)保持一致，下同。

模型(5-2)反映了数字经济对区域创新效率收敛的直接影响。为进一步探究数字经济对区域创新效率收敛机制，引入中介效应模型揭示数字经济对区域创新效率收敛的间接影响机制，具体模型设定如下：

$$\mathrm{med}_{it}=\alpha_0+\alpha_1\mathrm{SDIG}_{i,t}+\alpha_2 Z_{it}+\delta_i+\lambda_t+\varepsilon_{it} \tag{5-3}$$

$$\ln\left(\frac{\mathrm{IE}_{it}}{\mathrm{IE}_{i,t-1}}\right)=\beta_0+\beta_1\ln\mathrm{IE}_{i,t-1}+\beta_2\mathrm{SDIG}_{i,t}+\beta_3\mathrm{med}_{i,t}+\beta_4 Z_{i,t}+\delta_i+\lambda_t+\varepsilon_{it} \tag{5-4}$$

其中，$\mathrm{med}_{i,t}$ 为中介变量，代表金融发展水平(ln FEV)、劳动技能(ln WAGE)、市场需求(ln MARN)。考虑数字经济在溢出效应与极化效应的竞合下，可能会对区域创新效率收敛产生非线性影响，这里采用 Hansen 面板门槛模型做非线性机制考察，模型设定如下：

$$\ln\left(\frac{\mathrm{IE}_{it}}{\mathrm{IE}_{i,t-1}}\right)=\alpha_0+\alpha_1\ln \mathrm{IE}_{i,t-1}+\alpha_2\mathrm{SDIG}_{i,t}\cdot I(X_{i,t}\leqslant\theta_i)+$$

$$\alpha_3\mathrm{SDIG}_{i,t}\cdot I(X_{i,t}>\theta_i)\alpha_4 Z_{i,t-1}+\delta_i+\lambda_t+\varepsilon_{it} \tag{5-5}$$

其中，$X_{i,t}$ 既是核心解释变量也是门槛变量，这里将数字经济(SDIG)、金融发展水平(ln FEV)、教育投入(ln EDI)等作为门槛变量，θ_i 为待估门槛，其他变量设定同模型(5-2)；$I(\cdot)$ 为指示函数，在满足条件的情形下，取值为 1，反之则取 0。

5.3.2 数据来源与变量说明

本章的研究选取 2011—2020 年中国 30 个省(区、市)作为研究对象，考虑西藏、香港、澳门、台湾等地区的数据严重缺失，故对其做剔除处理。其中，R&D 人员全时当量、R&D 经费内部支出、专利申请授权量的数据来源于历年《中国科技统计年鉴》。剩余数据来源于国家统计局、《中国统计年鉴》、ESP 全球数据库。为消除异方差问题，对人均 GDP、基础设施建设、市场开放度、教育投入、金融发展水平、劳动技能、市场需求等变量进行取对数处理，同时为了减少价格因素的影响，对所有涉及价格的变量均以 2011 年为基期进行了平减。

1. 被解释变量

本章的研究采用 DEA 方法测算区域创新效率。借鉴韩先锋等[106]的做法选取研发人员全时当量和 R&D 经费内部支出作为创新投入指标。在创新产出指标的选择上，专利因其可靠性被广泛应用于区域创新效率的测度中，本章的研究选取专利申请量作为衡量创新产出的指标。最终，借助 DEA 方法测算得到区域创新效率。

2. 核心解释变量

本章的核心解释变量是数字经济(SDIG)：借鉴赵涛等[61]的做法，从互联网发展和数字金融普惠两个方面对数字经济发展水平进行测度。互联网水平的测度参照刘军等[9]、黄群慧等[12]的方法，采用分别选取百人中互联网宽带接入用户数表征互联网普及率、计算机服务和软件业从业人员占城镇单位从业人员比重表示相关从业人员情况、人均电信业务总量代表相关产出情况以及百人中移动电话用户数来衡量移动电话普及率和互联网发展水平。同时，数字普惠金融是数字经济发展的一个重要体现。采用郭峰等[13]编制的包含数字金融覆盖广度、使用深度以及数字化程度三个方面的中国省级数字普惠金融指数进行衡量数字普惠金融。最后，采用熵权法得到区域数字经济发展水平，记为 SDIG。

3. 机制变量

结合前文理论分析，这里借鉴韩先锋等[106]和郑万腾、赵红岩[120]的研究将金融发展水平、劳动技能、市场需求作为中介变量，检验数字经济对区域创新效率收敛的间接影响机制。其中，金融发展水平运用金融机构年末存贷款余额与GDP的比值来刻画，对其进行取对数处理，记为ln FEV；考虑工资与劳动技能正相关，由此，这里用在岗职工的平均工资表征劳动技能，对其进行取对数后，记为ln WAGE；市场需求的刺激越强，社会消费品的供给越多，故采用社会消费品总额占GDP的比重代表市场需求，对其进行取对数后，记为ln MARN。

4. 门槛变量

在前文理论的基础上，本研究选取数字经济(SDIG)、金融发展水平(ln FEV)、教育投入(ln EDI)、市场需求(ln MARN)作为门槛变量，检验数字经济对区域创新效率收敛的非线性特征。

5. 控制变量

本章的研究借鉴蒋仁爱等[105]和韩先锋等[108]学者的研究，选取经济发展水平、研发强度、知识产权保护、基础设施建设、市场开放度、教育投入等指标控制对区域创新收敛存在影响的变量。其中，经济发展水平采用人均GDP表示[120]，并对其进行取对数处理，记为ln PGDP；研发强度(RD)用研发经费投入占GDP的比重表示；知识产权保护(KP)用技术市场交易额占GDP的比重表示；基础设施建设用邮电业务总量占GDP比重表示[121]，对其进行取对数处理后，记为ln INFR；市场开放度用进出口总额占GDP的比重表示，对其进行取对数处理后，记为ln OPEN。考虑当年进出口额是以万美元计价，这里采用《中国统计年鉴》公布的年均中美汇率将其换算为万元人民币，并计算其在GDP中的占比。教育投入用教育支出占GDP的比重表示，对其进行取对数处理后，记为ln EDI。

此外，由变量定义及描述性统计分析(表5-1)可知，创新效率的均值、最大值与最小值存在较大差异，这表明中国的区域创新效率的差距较为明显。进一步分析数字经济与创新效率收敛的关系，如图5-1，不难发现，数字经济与创新效率同比增长率呈正向线性关系，初步印证研究假设1。

表5-1 变量定义及描述性统计分析

变量名称	符号	观测值	均值	标准差	最小值	最大值
创新效率	IE	300	0.476	0.239	0.068	1.000

续 表

变量名称	符号	观测值	均值	标准差	最小值	最大值
数字经济	SDIG	300	0.327	0.142	0.125	0.937
人均 GDP/万元	ln PGDP	300	1.631	0.436	0.495	2.803
研发强度/%	RD	300	1.673	1.135	0.411	6.444
知识产权保护/%	KP	300	5.395	24.454	0.003	78.114
基础设施建设	ln INFR	300	0.161	2.142	−4.63	6.398
市场开放度	ln OPEN	300	1.722	2.277	−3.679	7.541
教育投入	ln EDI	300	1.324	1.143	−1.607	4.540
金融发展水平	ln FEV	300	0.285	1.288	−2.778	4.176
劳动技能	ln WAGE	300	1.841	0.335	1.186	2.918
市场需求	ln MARN	300	3.672	0.160	3.100	4.111

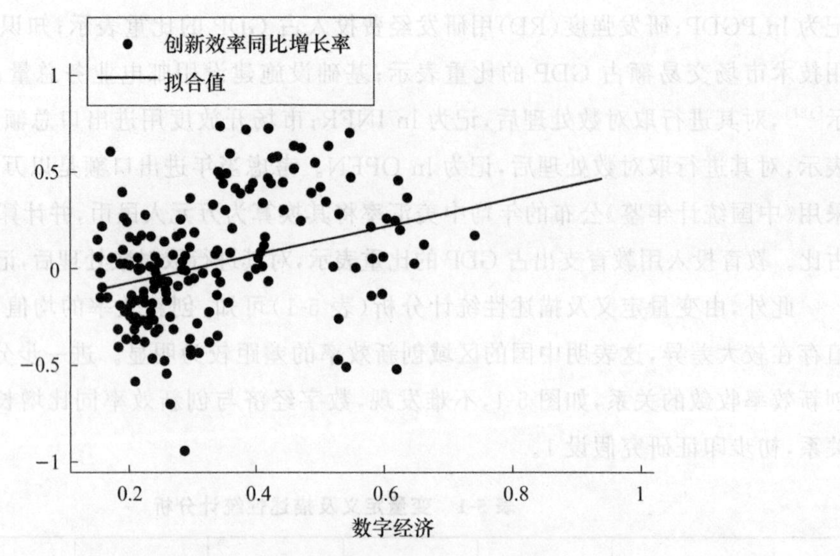

图 5-1 数字经济与创新效率同比增长率的散点图

5.4 实证分析

5.4.1 基准回归结果分析

为考察数字经济对区域创新效率收敛是否存在“加速”作用，本章的研究首先检验创新效率收敛是否存在 β 收敛，如表 5-2 所示。列(1)和列(4)创新效率(L. ln IE)系数显著为负，这表明中国区域创新效率存在显著的绝对 β 收敛趋势。为确保研究结果的稳健性，在通过 Hausman 检验的基础上，列(5)结果再次验证了区域创新效率存在 β 收敛的特征事实。在揭示中国区域创新效率存在收敛特征的基础上，进一步引入数字经济，探究数字经济对区域创新效率收敛是否有加速作用。

表 5-2 数字经济影响区域创新效率收敛的基准结果

变量	(1) OLS	(2) OLS	(3) OLS	(4) FE	(5) FE	(6) FE	(7) FE
L. ln IE	−0.175*** (−4.83)	−0.212*** (−6.18)	−0.163*** (−5.13)	−0.250*** (−7.01)	−0.241*** (−5.96)	−0.303*** (−12.23)	−0.192*** (−4.03)
SDIG	—	0.868*** (6.35)	2.031*** (7.91)	—	—	1.197*** (6.61)	2.872*** (5.89)
ln PGDP	—	—	−0.093 (−1.47)	—	−0.295*** (−5.17)	—	−0.117 (−1.67)
RD	—	—	0.028 (0.83)	—	0.108*** (2.98)	—	0.029 (0.76)
KP	—	—	−0.005*** (−6.57)	—	−0.003*** (−6.92)	—	−0.005*** (−7.42)
ln INFR	—	—	−0.166*** (−5.68)	—	−0.018 (−0.67)	—	−0.259*** (−5.91)
ln OPEN	—	—	0.015 (1.01)	—	0.091** (2.51)	—	0.044 (1.42)
ln EDI	—	—	0.237*** (5.57)	—	0.067 (0.96)	—	0.284*** (3.52)
常数项	−0.136*** (−3.46)	−0.468*** (−7.33)	−0.989*** (−5.59)	−0.206*** (−6.19)	−0.129 (−0.77)	−0.667*** (−13.03)	−1.361*** (−5.01)

续表

变量	(1) OLS	(2) OLS	(3) OLS	(4) FE	(5) FE	(6) FE	(7) FE
样本量	270	270	270	270	270	270	270
R^2	0.08	0.201	0.384	0.092	0.372	0.272	0.473

注：1. ***、** 和 * 分别表示回归结果在 1%、5%和 10%水平上通过显著性检验。

2. ()内为 t 值，L. 表示滞后一期。

3. OLS 为普通最小二乘法回归分析模型，FE 为固定效应模型。

在未考虑数字经济时，列(5)区域创新效率收敛系数为－0.241 且在 1%水平上显著，这说明在考察期内区域创新效率具有显著的条件 β 收敛特征，其收敛速度为 2.76%，半衰期为 25.14 年。在加入数字经济后的估算结果如列(6)所示，区域创新效率 β 系数为－0.303且在 1%水平上显著，这表明在考虑数字经济驱动后，区域创新效率的条件 β 收敛特征仍显著。其收敛速度由原来的 2.76%提升至 3.61%，较未考虑数字经济时的收敛速度提升 30.80%，半衰期从 25.14 年缩短至 19.20 年，与未考虑数字经济相比其半衰期缩短了 5.94 年。由此可知，数字经济能够加速区域创新效率的收敛速度。此外，在考虑数字经济驱动后，低创新效率区追赶高创新效率区的时间相较于未考虑数字经济时将被缩短将近 6 年。另外，在考虑加入控制变量后，估算结果如列(5)、列(7)所示，β 系数依旧在 1%水平上显著为负，且数字经济(SDIG)系数显著为正且在 1%水平上通过了显著性检验。综上可知，数字经济已成为区域创新效率收敛的"加速器"，由此研究假设 1 得以验证。

5.4.2 多维异质性分析

1. 分位数异质性分析

考虑分位数回归可更为全面地展示数字经济对不同区域范围创新效率收敛的影响，使回归结果更加全面客观。因此，本章的研究选取 0.10、0.25、0.50、0.75 和 0.90 五个经典分位数，依次考察不同创新效率水平下数字经济对区域创新效率收敛的影响，其结果如表 5-3 所示。其中，0.10～0.90 分位点上数字经济对区域创新效率收敛的影响系数均显著为正，这与基准回归所得结论保持一致。此外，数字经济估计系数呈"N"形演变趋势。其中，在 0.90 分位时数字经济驱动区域创新效率收敛效果最为显著，且 β 系数绝对值最大，收敛速度最快；而在 0.70 分位数时数字经济驱动区域创新效率收敛效果最弱，且 β 系数绝对值最小，收敛速度最慢。以上表明数字经济驱动区域创新效率收敛具有分位数异质性，进一步验证了研究假设 1。

表 5-3 数字经济驱动区域创新效率收敛的分位数异质性统计

变量	(1)	(2)	(3)	(4)	(5)
	0.10	0.25	0.50	0.75	0.90
L. ln IE	−0.316***	−0.147***	−0.147***	−0.248***	−0.269***
	(−11.21)	(−135.34)	(−6.85)	(−8.68)	(−2.67)
SDIG	1.158***	2.158***	1.949***	0.977***	2.181***
	(9.42)	(846.06)	(7.68)	(4.24)	(9.74)
ln PGDP	−0.032**	−0.135***	−0.126***	−0.040*	−0.171***
	(−1.96)	(−96.66)	(−6.00)	(−1.70)	(−3.19)
RD	0.073***	0.042***	0.037	0.008	0.114***
	(4.09)	(56.56)	(1.54)	(0.52)	(2.85)
KP	−0.003***	−0.005***	−0.005***	−0.002***	−0.004***
	(−9.18)	(−656.01)	(−12.57)	(−3.24)	(−2.81)
ln INFR	−0.071***	−0.142***	−0.179***	−0.066***	−0.196***
	(−8.01)	(−250.82)	(−11.35)	(−2.85)	(−8.70)
ln OPEN	0.001	0.008***	0.052***	−0.004	0.037**
	(0.28)	(33.84)	(8.14)	(−0.43)	(2.38)
ln EDI	0.149***	0.203***	0.190***	0.083***	0.206***
	(9.21)	(266.39)	(4.66)	(2.68)	(4.33)
样本量	270	270	270	270	270
分组数	30	30	30	30	30

注：1. ***、** 和 * 分别表示回归结果在 1%、5% 和 10% 水平上通过显著性检验。

2. ()内为 t 值，L. 表示滞后一期。

2. 时空异质性分析

考虑地理位置及数字经济提出时间可能会影响数字经济驱动区域创新效率收敛的效果，本章的研究从地理维度与时间维度进一步探讨数字经济驱动区域创新效率收敛的异质性特征，其结果如表 5-4 所示。

表 5-4　数字经济驱动区域创新效率收敛的时空异质性统计结果

变量	地理维度			时间维度	
	东部	中部	西部	2016 年之后	2016 年之前
L. ln IE	−0.219***	−0.277***	−0.121	−0.459***	−0.381***
	(−4.82)	(−4.38)	(−1.49)	(−3.85)	(−7.41)
SDIG	2.496**	6.254***	2.358***	3.620***	−4.165***
	(2.95)	(4.48)	(4.35)	(5.46)	(−3.20)
ln PGDP	−0.158	0.053	−0.001	−0.444***	−0.04
	(−1.17)	−0.29	(−0.02)	(−2.87)	(−0.82)
RD	0.007	−0.017	−0.019	0.140*	0.02
	(0.13)	(−0.12)	(−0.33)	(1.79)	(0.68)
KP	−0.005***	−0.022**	0.001	−0.005***	−0.003
	(−6.40)	(−2.67)	−0.04	(−6.75)	(−0.60)
ln INFR	−0.209**	−0.580***	−0.227***	−0.197***	−0.270*
	(−2.95)	(−4.14)	(−4.68)	(−2.78)	(−2.04)
ln OPEN	0.046	0.062	0.017	0.042	−0.067*
	(0.91)	(1.07)	(0.25)	(1.25)	(−1.71)
ln EDI	0.268**	0.666**	0.276**	0.212**	0.422**
	(2.63)	(2.94)	(2.51)	(2.29)	(2.64)
常数项	−1.238**	−2.962***	−1.238***	−1.566***	0.045
	(−2.93)	(−3.97)	(−4.49)	(−4.37)	(0.08)
样本量	99	72	99	150	120
R^2	0.606	0.651	0.375	0.562	0.634

注：1. ***、**和*分别表示回归结果在 1%、5%和 10%水平上通过显著性检验。

2. ()内为 t 值，L. 表示滞后一期。

在地理维度上考察了数字经济驱动区域创新效率收敛的分区域估计结果，即三大区域均存在显著的条件 β 收敛，且在考察期内存在追赶效应。其中，东部、中部、西部地区的收敛速度分别为 2.47%、3.24%和 1.29%，半衰期分别为 28.04 年、21.37 年和 53.74 年。从收敛速度看，呈现“中部＞东部＞西部”的阶梯递减趋势；从半衰期看，中部地区创新效率较低的省（区、市）赶上创新效率较高的省（区、市）所需的时间较东、西部地区短。

此外，数字经济显著正向影响我国三大区域创新效率的增长速度，且对东、中部地区的影响力度显著高于西部地区。数字经济驱动西部地区创新效率收敛作用较小的原因可能为西部地区数字经济提出时间较短、发展起步较晚，加上区域创新要素不够活跃，导致数字经济发展水平与创新效率均低于中、东部地区，现阶段数字经济的红利尚未完全释放。

在时间维度上，考察了数字经济驱动下区域创新效率收敛的时间维度估计结果。研究将数字经济的提出时间2016年作为划分节点，其中2016年之前与2016年之后的收敛速度分别为4.80%和6.14%，半衰期分别为14.45年和11.28年，收敛速度表现为2016年之后快于2016年之前；从半衰期看，数字经济提出后创新效率较低的省(区、市)可更快地赶上创新效率较高的省(区、市)。此外，2016年之后数字经济对区域创新效率的增长率具有显著促进作用，且明显强于2016年之前。究其原因可能为2016年之前数字经济“创新”溢出红利尚未得以释放，随着数字经济的发展，数字经济“创新”溢出红利逐渐释放，带动创新活跃度不断增强，这表明数字经济驱动区域创新效率收敛存在时间趋势。整体来看，数字经济驱动区域创新效率收敛存在时空异质性特征，进一步验证了研究假设1。

5.4.3　数字经济对区域创新效率收敛的机制检验

上述研究结果充分证实了数字经济能够显著促进区域创新效率收敛。那么，数字经济驱动区域创新效率收敛的机制是什么？为回答上述问题，本章的研究借助中介模型从金融发展水平、劳动技能水平及市场需求方面对其做进一步深入探索，结果如表5-5所示。

首先，从金融发展水平层面看，数字经济能够促进金融发展，进而驱动区域创新效率收敛。在列(1)中，数字经济系数在1%水平上显著为正，这表明数字经济可推动金融发展水平的提高，在列(2)中，数字经济与金融发展水平的系数均显著为正，且区域创新效率(L. ln IE)系数为－0.243并在1%水平上通过显著性检验，这表明金融发展水平的中介效应和区域创新效率的β收敛趋势均存在。而金融发展水平的中介效应之所以存在，很大程度上可归结为，数字经济可通过促进金融发展，从而缓解企业融资约束，分摊企业创新风险，提高融资信息透明化，继而改善不同地区间资本供给错配，有助于为区域创新效率收敛提供持续而均衡的金融资本供给。

其次，从劳动技能层面看，数字经济可通过提升劳动技能从而促进区域创新效率收敛。在列(3)中，数字经济估计系数显著为正，这表明数字经济能够有效提供劳动技能水平，在列(4)中，数字经济、劳动技能水平、区域创新效率(L. ln IE)的系数均显著为正，这表明劳动技能水平的中介效应和区域创新效率的β收敛趋势均存在。数字经济可以为高技能人才培养提供技术与信贷支持，有助于创新人才资本积累。得益于此，落后地区创新活动的要素配置才得以保障，从而也为区域创新效率收敛提供助力。

最后，从市场需求层面看，数字经济可通过刺激市场需求，最终促进区域创新效率收敛。在列(5)中，数字经济对市场需求的影响系数显著为正，这表明数字经济能够有效刺激市场需求；在列(6)中，数字经济、市场需求、区域创新效率(L. ln IE)系数均显著为正，这说明市场需求的中介效应与区域创新效率存在条件β收敛。数字经济借助科技之力，建构起消费新业态、新模式，新的消费领域与渠道得到拓展，为消费结构优化升级拓宽新途径，通过推动商品使用价值得到充分发掘，由此调动消费者的积极性。综上，数字经济可通过促进金融发展水平、提高劳动技能水平、刺激市场需求，从而促进区域创新效率收敛，因此研究假设2得以验证。

表5-5　数字经济驱动区域创新效率收敛的机制检验

变量	(1) ln FEV	(2) ln IE	(3) ln WAGE	(4) ln IE	(5) ln MARN	(6) ln IE
L. ln IE	—	−0.243*** (−4.95)	—	−0.263*** (−4.60)	—	−0.215*** (−4.47)
SDIG	1.025*** (3.97)	3.246*** (6.27)	2.660*** (13.25)	3.900*** (5.45)	0.505*** (3.98)	3.076*** (6.80)
ln FEV	—	0.512*** (3.40)	—	—	—	—
ln WAGE	—	—	—	0.524* (1.88)	—	—
ln MARN	—	—	—	—	—	0.622*** (4.85)
常数项	−1.319*** (−10.74)	−2.023*** (−5.93)	1.067*** (8.91)	−0.747 (−1.59)	3.485*** (41.50)	0.835 (1.41)
样本量	300	270	300	270	300	270
控制变量	YES	YES	YES	YES	YES	YES
R^2	0.690	0.492	0.892	0.484	0.077	0.511

注：1. ***、**和*分别表示回归结果在1%、5%和10%水平上通过显著性检验。

2. ()内为t值，L.表示滞后一期。

5.4.4　数字经济对区域创新效率收敛的非线性特征分析

数字经济对区域创新效率收敛的线性特征已被证实。然而，在数字经济的溢出效应和极化效应的竞合下，数字经济对区域创新效率收敛存在异质性调节效应。为了更客观地揭示此效应，以期尽可能释放数字经济红利，这里拟从数字经济、金融发展水平、教育投入、市场需求等维度进一步阐释。在异质调节下的面板门槛自抽样检验结果如表 5-6 所示。上述变量均在 1%或 10%水平上显著通过了单门槛检验，其门槛值依次为 0.340、−0.538、0.954、3.403。这表明在上述情形约束下均应基于单门槛模型考察数字经济驱动创新效率收敛的异质性调节效应，结果如表 5-7 所示。

表 5-6　面板门槛自抽样检验结果

门槛变量	门槛数	门槛值	F 值	95%置信区间
SDIG	单门槛	0.340	45.84***	(0.338,0.341)
ln FEV	单门槛	−0.538	12.04*	(−0.653,−0.533)
ln EDI	单门槛	0.954	15.63*	(0.811,0.964)
ln MARN	单门槛	3.403	16.42*	(3.402,3.439)

注：***、**和*分别表示回归结果在 1%、5%和 10%水平上通过显著性检验。

表 5-7　面板门槛回归的估计结果

变量	(1) SDIG	(2) ln FEV	(3) ln EDI	(4) ln GOV	(5) ln MARN
L. ln IE	−0.212*** (−5.07)	−0.289*** (−6.27)	−0.197*** (−4.44)	−0.206*** (−4.62)	−0.225*** (−4.81)
SDIG≤0.340	0.637 (1.20)	—	—	—	—
SDIG>0.340	1.806*** (4.19)	—	—	—	—
ln FEV≤−0.538	—	1.779*** (3.87)	—	—	—
ln FEV>−0.538	—	2.681*** (6.54)	—	—	—
ln EDI≤0.954	—	—	—	2.399*** (5.35)	—
ln EDI>0.954	—	—	—	2.959*** (6.99)	—

续 表

变量	(1) SDIG	(2) ln FEV	(3) ln EDI	(4) ln GOV	(5) ln MARN
ln MARN≤3.4033	—	—	—	—	3.620*** (6.83)
ln MARN>3.4033	—	—	—	—	2.798*** (5.99)
常数项	−0.835*** (−3.60)	−1.216*** (−5.42)	−1.311*** (−5.68)	−1.335*** (−5.79)	−1.429*** (−5.30)
控制变量	YES	YES	YES	YES	YES
样本量	270	270	270	270	270
R^2	0.552	0.528	0.495	0.495	0.504

注：1. ***、**和*分别表示回归结果在1%、5%和10%水平上通过显著性检验。

2. ()内为 t 值，L.表示滞后一期。

数字经济对创新效率收敛的异质性调节效应显著存在。首先，数字经济对区域创新效率收敛的非线性特征显著。数字经济跨越门槛值在0.340前后，其系数由不显著变为显著，且系数由小变大，这说明数字经济促进区域创新效率的收敛效应存在边际效应递增的特征。其次，随着金融发展水平、教育投入的提高，数字经济对区域创新效率收敛具有显著的正向，且边际效率递增的非线性调节特征。而随着市场需求的提高，数字经济对区域创新效率收敛具有显著的正向，且边际效率递减的非线性调节特征。综上可知，数字经济驱动创新效率收敛存在异质性调节效应，研究假设3得以验证。

5.4.5 稳健性与内生性检验

1. 稳健性检验

为确保研究结论的稳健性，本章的研究主要采取多种方式进行稳健性检验：一是替换自变量；二是增加控制变量；三是剔除直辖市，如北京、上海、天津、重庆；四是变更计量模型。其结果如表5-8所示。首先，在替换自变量方面，本章的研究采取主成分分析法测算数字经济发展水平并进行重新估计，结果如列(1)所示，L. ln IE 系数显著为负，且数字经济的系数显著为正，由此可佐证本章的研究核心结论的稳健性。其次，采取增加控制变量政府干预(ln GOV)和金融发展水平(ln FEV)如列(2)所示，结果依旧稳健。另外，为消除个别异常值对结果的影响，本章的研究对北京、上海、天津、重庆四个直辖市作剔除处理，其估计结果如列(3)所示，L. ln IE 系数依旧显著为负，且数字经济的系数仍显著为正，再次印证了本章的研究核心结论的稳健性。最后，考虑区域创新效率存在空间依赖性，本章的研究分别采用三种模型进行重新估计，结果表列(4)、列(5)、列(6)所示。其中，L. ln IE 系数仍显著为负，数字经济(SDIG)系数仍显著为正，本章的研究核心结论的稳健性再次得到印证。

表 5-8　稳健性检验估计结果

变量	(1)	(2)	(3)	(4)	(5)	(6)
	替换自变量	增加控制	剔除直辖市	SDM	SAR	SEM
L. ln IE	−0.162*** (−3.24)	−0.267*** (−4.75)	−0.197*** (−3.74)	−0.304*** (−6.37)	−0.157*** (−4.09)	−0.290*** (−5.76)
SDIG	—	3.190*** (6.02)	3.385*** (6.85)	1.020* (1.68)	1.387*** (3.27)	1.129** (2.19)
PDIG	0.280*** (4.20)	—	—	—	—	—
ln GOV	—	0.005 (1.00)	—	—	—	—
ln FEV	—	−0.526*** (−3.57)	—	—	—	—
控制变量	YES	YES	YES	YES	YES	YES
样本量	270	270	234	270	270	270
R^2	0.433	0.495	0.482	0.198	0.349	0.294
省(区、市)数量	30	30	26	30	30	30

注：1. ***、** 和 * 分别表示回归结果在 1%、5% 和 10% 水平上通过显著性检验。

2. ()内为 t 值，L. 表示滞后一期。

2. 内生性检验

考虑反向因果和遗漏变量等问题可能会造成结果存在偏差，本章的研究在前文基础上对内生性问题做进一步处理，检验结果如表 5-9 所示。借鉴郭家堂、骆品亮[122]和韩先锋等[106]处理内生性问题办法，首先对 SDIG 做滞后一期处理进行回归，其次选择 SDIG 的滞后一期作为 SDIG 的工具变量，并采用固定效应的 2SLS 模型进行回归，列(1)、列(2)的两种估计结果与前文相比并无差异。另外，考虑到面板可能存在异方差和自相关等问题会使2SLS估计结果存在偏差，采用GMM估计比2SLS更有效，故本研究选取SDIG的滞后一期做工具变量，结果如列(3)所示，采用GMM估计方法进行纠偏后，估计结果再次印证数字经济对区域创新效率收敛存在显著的促进作用。

表5-9　内生性检验估计结果

变量	(1)	(2)	(3)
	滞后一期	2SLS	GMM
L. ln IE	−0.184*** (−4.09)	−0.201*** (−4.57)	−0.218*** (−6.71)
SDIG	—	2.343*** (5.08)	2.430*** (8.98)
L. SDIG	2.290*** (5.11)	—	—
ln PGDP	−0.138* (−1.92)	−0.149** (−2.28)	−0.205*** (−3.07)
RD	0.032 (0.79)	0.044 (1.21)	0.116*** (3.19)
KP	−0.004*** (−6.43)	−0.005*** (−7.32)	−0.006*** (−7.40)
ln INFR	−0.151*** (−4.65)	−0.215*** (−5.18)	−0.159*** (−5.49)
ln OPEN	0.061* (1.79)	0.053* (1.69)	0.007 (0.51)
ln EDI	0.186** (2.43)	0.244*** (3.14)	0.244*** (5.81)
常数项	−0.952*** (−4.09)	−1.249*** (−5.16)	−1.164*** (−6.42)
样本量	270	270	240
R^2	0.427	0.484	0.476

注：1. ***、**和*分别表示回归结果在1%、5%和10%水平上通过显著性检验。

2. ()内为t值，L.表示滞后一期。

5.5 研究结论与政策启示

5.5.1 研究结论

本章的研究从直接效应、异质性效应、间接效应和非线性效应等多个维度阐述了数字经济驱动区域创新效率收敛的客观影响，系统深入地讨论了其内在机制。基于 2011—2020 年 30 个省(区、市)的面板数据，采用固定效应模型、分位数回归工具变量法、中介效应模型、面板门槛模型等计量方法，实证检验了数字经济驱动区域创新效率收敛的效果与影响机制。主要结论如下。

第一，数字经济能够显著驱动区域创新效率 β 收敛，在替换自变量、增加控制变量、剔除个别值、变更计量模型、缓解内生性等稳健性与内生性检验基础上，此结论依旧成立。

第二，数字经济已成为驱动创新效率收敛的"加速器"，且驱动效应存在显著的异质性特征。在考虑数字经济驱动后，创新效率较低的地区赶上创新效率较高的地区所需的时间比未考虑数字经济时缩短近 6 年，收敛速度提升 30.80%。在异质性方面，数字经济驱动创新效率收敛存在时间趋势；收敛效果呈"中部＞东部＞西部"的阶梯递减趋势，且在 0.9 分位数时收敛效果最好。

第三，数字经济可通过促进金融发展水平、提高劳动技能水平、刺激市场需求，从而促进区域创新效率收敛。

第四，在数字经济发展水平、金融发展水平、教育投入的门槛约束下，数字经济驱动区域创新效率收敛的效果存在边际效应递增的非线性特征，且"加速器"效应得到进一步强化，而在市场需求的门槛约束下，数字经济的驱动效果呈边际效应递减的趋势。

5.5.2 政策启示

结合上述结论，本研究可得出如下政策启示。

第一，在统筹区域创新协调发展的过程中，要积极推动数字经济快速发展。本章的研究发现，数字经济是驱动创新效率收敛的重要驱动力，然而当前中国数字经济发展水平仍存在较大的发展空间。为此，需借助新基建的契机，加大对 5G、人工智能、大数据、区块链等数字基础设施的投资规模和建设力度。同时，需发挥政府的引导和支持作用，制定相应的数字经济发展扶持政策，以构建数字经济创新创业引导基金的形式，打造数字经济创新创业基地、数字经济技术孵化中心及数字经济创新产业等，引导社会资本进入数字经济的核心领域与关键环节，促进中国数字经济总体实现跨越式和内涵式发展。

第二，考虑数字经济驱动创新效率收敛的区域异质性。现阶段中国创新活动仍面临如何摆脱“低水平俱乐部”的困扰，而先“富”带后“富”加政府支持和引导的方式仍不失为摆脱此种困境的一种可行性策略。对此，需要重点建设区域数字经济协同机制，辅以因地制宜的数字经济创新政策引导、扶持。针对中、西部地区可通过数字经济创新扶持或补贴策略引导发展，这有利于中、西部地区“互联网＋”创新的溢出红利和“后发优势”加速释放，破解中、西部地区创新活动“低水平陷阱”的困境。同时，借助数字经济的优势，高创新水平俱乐部的东部地区与落后地区破除阻碍创新扩散的时空约束壁垒，加快创新信息的整合和循环增值，进而实现更广泛的技术交流、共享、联合和创新成果扩散溢出，最终通过数字经济的溢出红利来持续缩小区域创新的差距，进一步加快全国层面创新活动的收敛。

第三，在发挥数字经济对区域创新效率收敛加速器效应的过程中，应密切关注其背后的传导路径与异质性调节机制。夯实数字经济发展的金融环境，促进资本要素自由流动，提供数字经济发展的资本供给。同时，要积极加大数字经济人才培训，不断提升劳动力数字素质，改善区域创新高素质人才的配置效率，另外，劳动力人才素质的提升，反过来又会推动数字经济发展。此外，要促进内循环，加大释放国内大市场的消费潜力，催生新产品、新模式和新业态，市场需求助力区域创新效率收敛演化。需要发挥教育投入和金融规模的倍增作用，注重数字经济和政府支持的边际改善，也要预防市场需求引致的“速度陷阱”，助力区域创新效率向更高水平收敛。

第6章
数字经济驱动中国高技术产业高质量发展的机制与路径研究

在较为系统地阐述中国高技术产业高质量发展现状的基础上，本章剖析了高技术产业高质量发展的理论机制与支撑体系。中国高技术产业高质量发展的战略方向包括产业数字化、产业高端化和产业国际化，为此应构建起数字经济驱动中国高技术产业高质量发展的“三维”支撑体系，即打造关键数据技术体系、建立产业支撑平台与设施、健全产业政策保障与措施。最后，提出了中国高技术产业高质量创新发展的五条路径，分别是能力提升路径、技术升级路径、融合发展路径、政策促进路径和市场变革路径。

6.1 引　言

随着经济全球化和工业技术的迅猛发展，作为技术和知识密集型的高技术产业，是带动产业结构优化和经济高质量发展的重要力量[123]。经过三十余年的快速发展，中国高技术产业在产业规模、配套设施和创新产出等方面均取得重大突破。2020 年中国高新技术企业达到 27.5 万家，高技术产业销售收入同比增长 14.7%，其中研发与设计服务销售收入同比增长 17.3%，科技成果转化服务（技术推广服务、科技中介服务、知识产权服务）销售收入同比大幅增长 45.1%，科技成果在加速转化为现实生产力，高技术产业成为推动中国经济高质量发展的新动能。

数字经济的概念源于 20 世纪末[124]，中国数字经济起步相对较晚但发展迅猛。2020 年中国数字经济规模接近 5.4 万亿美元，位居全球第二，对中国 GDP 的贡献超过 35%，同比增长 9.6%，增速为全球第一。关于数字经济领域的研究，裴长洪等[4]将信息经济、网络经济和数字经济概括为新经济，而数字经济是新经济的一部分。伴随信息技术革命的深化，数字经济创新驱动经济高质量发展成为经济学家密切关注的课题。数字技术创新能促进产业结构升级，推动产业向网络化、数字化和协同化方向发展[125]，进而逐渐成为中国实现产业壮大和经济高质量发展的重要战略。数字经济以数据为核心生产要素渗透于各生产环节，能改变要素投入的种类和比例，打破传统要素市场的束缚[126]。与传统生产模式不同，数字化时代注重协同生产及创新网络模式[127]，有助于提高产业效率与协作水平，驱动产业结构向价值链中高端攀升[5]。

随着数字经济时代的到来，数字技术被广泛地应用于高新技术产业领域。在不断优化资源配置、推动信息共享的同时，数字技术有力地推动产业创新。一是商业模式创新，以数字化生产平台为标志的新型生产分工模式提升了分工的灵活性，并衍生出 Uber 司机等新就业模式[128]。二是产品创新，Zhang 等[129]指出，大数据可通过整合信息解决企业新产品创意输入问题，也能借助决策路径可视化协助开发新产品。此外，数字技术在金融领域的应用极为广泛，金融资源、金融要素尤其是绿色金融的资源与要素能够为绿色技术创新提供多元化的金融支持，而数字技术可精准高效地引导资金向高技术产业转移，为高技术产业绿色技术创新研发提供充足的资金支持。综合来看，现有文献对高技术产业的研究较为全面，而对数字经济的研究则以宏观为主，基于数字经济（技术）视角探讨高技术产业高质量发展的较少。本章以数字经济为研究视角，探讨了高技术产业高质量发展的现状、机制与路径，以期丰富相关理论研究成果，为相关部门制定数字经济或高技术产业规划或政策制定提供一定的参考。

6.2 中国高技术产业高质量发展的现状分析

6.2.1 高技术产业的基本经营情况

为了更好地反映中国高技术产业的企业主体经营情况以及产业规模化和集聚化发展水平，本章的研究以下统计数据口径为年主营业务收入 2 000 万元及以上的工业企业法人单位。数据选自《中国高技术产业统计年鉴》等。如表 6-1 所示，2000—2020 年间，中国高技术产业企业数持续攀升，由 2000 年的 9 835 个增加至 2020 年的 40 194 个，年均增加约 1 518 家，增速较快。从高技术产业从业人员看，2000—2015 年中国高技术产业的从业人员年平均人数规模快速扩大，由 2000 年的 392 万人增加至 2015 年的 1 354 万人，十五年间增幅超过 245%；在 2019 年高技术产业的从业人员规模略有下降后，到 2020 年又迅速回升至历史最高水平为 1 386.66 万人。中国高技术产业的主营业务收入由 2000 年的 10 050.10 亿元增长至 2020 年的 174 613.10 亿元，年均增长 81.87%。就盈利水平而言，中国高技术产业的利润额从 2000 年的 673 亿元到 2020 年的 12 394 亿元，增加了近17.42 倍；到 2020 年高技术企业的平均利润额为 3 083.54 万元，是 2000 年高技术企业的平均利润额 684.29 万元的 4.51 倍。

表 6-1　2000—2020 年中国高技术产业发展相关经济指标

指　　标	2000	2005	2010	2015	2018	2019	2020
企业数/个	9 835	17 527	28 189	29 631	33 573	35 833	40 194
从业人员平均人数/万人	392.00	663.34	1 092.23	1 354.00	1 317.66	1 288.04	1 386.66
主营业务收入/亿元	10 050.10	33 916.20	74 482.80	139 968.65	157 000.97	158 849.00	174 613.10
利润额/亿元	673.00	1 423.23	4 879.70	8 986.33	10 292.81	10 503.54	12 394.00

6.2.2 高技术产业结构

中国高技术产业主要包括医药制造业、电子及通信设备制造业、计算机及办公设备制造业、航空航天器制造业和医疗仪器设备及仪器仪表制造业五个细分行业，由于信息化学品制造业规模较小且部分数据缺失，所以未将其列为统计研究对象。如图 6-1 所示，从中国高技术产业主营业务收入结构来看，2000—2020 年电子及通信设备制造业占比最高，且增长速度飞快，由 2000 年的 5 874.5 亿元增长至 2020 年的 110 085.9 亿元，二十年间该产业增长了 17.74 倍。电子及通信设备制造业主营业务收入占比也从 2000 年的 58.45%增长至 2020 年的 63.05%，提高了 4.6 个百分点。医药制造业和计算机及办公设备制造业的主营业务收入占比分别排在第二和第三位，其中医药制造业的主营业务收入占比由 2000 年的 16.74%变为 2020 年的 14.35%，计算机及办公设备制造业的主营业务收入占比由 2000 年的 15.99%降至 2020 年的 13.21%，两个产业的主营业务收入占比降幅均不超过 3%，变化不大。

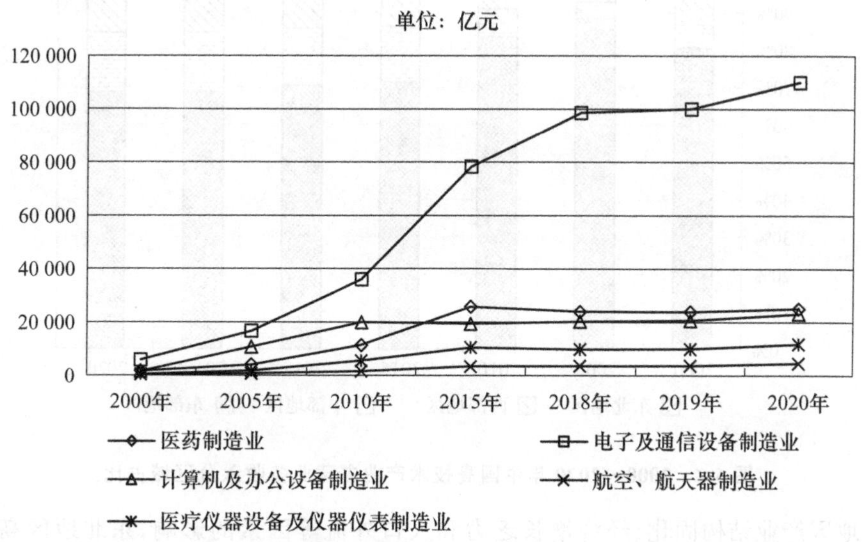

图 6-1　2000—2020 年中国高技术产业细分行业的主营业务收入

航空、航天器制造业和医疗仪器设备及仪器仪表制造业的整体规模较小，2000 年中国航空、航天器制造业的主营业务收入为 377.8 亿元，占比为 3.76%，医疗仪器设备及仪器仪表制造业的主营业务收入为 508.3 亿元，占比为 5.06%，这两类产业的主营业务收入占比之和不超过 9%。到 2020 年，中国航空、航天器制造业和医疗仪器设备及仪器仪表制造业的主营业务收入分别为 4 599.6 亿元和 11 804.2 亿元，两类产业的主营业务收入占比分别为 2.63%和 6.76%。可见航空、航天器制造业的份额略有降低，而医疗仪器设备及仪器仪表制造业的份额提高了 1.7 个百分点。在中国高技术产业高质量发展的背景下，航空、航天器制造业和医疗仪器设备及仪器仪表制造业有待提升产业规模和整体竞争力。

6.2.3　分区域高技术产业的发展情况

如图 6-2 所示，2000—2020 年中国高技术产业发展的区域差异呈现出先扩大后缩小的态势。到2005年，东部地区高技术产业的主营业务收入占全国总量的比重升至最高为88.45%，而中部地区、西部地区和东北地区高技术产业的主营业务收入比重均有所下降，三个地区的业务收入占比之和不超过12%。2005—2020年间，东部地区高技术产业的主营业务收入的全国占比开始逐步下降，由2005年的88.45%降至2020年的68.65%，其降幅接近20%；相比之下，中、西部地区高技术产业的发展速度加快，中部地区高技术产业的主营业务收入占比由2005年的4.29%提升至2020年的15.89%，而西部地区高技术产业的主营业务收入占比由2005年的4.10%提升至2020年的13.85%，这两个区域高技术产业的主营业务收入占比增幅之和超过21%。

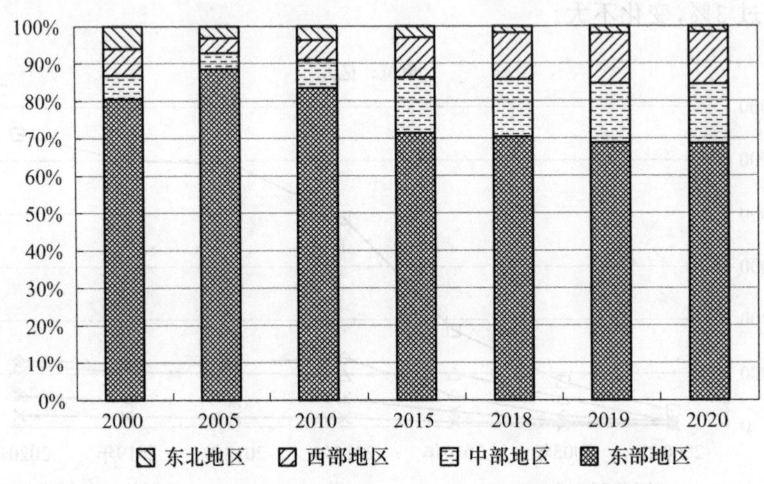

图6-2　2000—2020年中国高技术产业主营业务收入分区域占比

受地区产业结构固化、经济增长乏力和人口外流等因素的影响，东北地区高技术产业的主营业务收入占全国总量的比重持续下降，由2000年的5.98%下降至2020年的1.6%，降幅超过4%，这表明该地区高技术产业发展相对缓慢，缺乏产业集聚优势。总体来说，近二十年间中国东部地区高技术产业发展始终占据主体地位，高技术产业集聚发展的特征明显，而中部和西部地区受国家和本地区良好的产业发展政策支撑、数字经济的驱动以及产业转移等因素的影响，其产业规模和主营业务收入占比在持续攀升，集聚发展优势凸显，使得中国高技术产业发展的区域不平衡问题得到进一步缓解。

6.2.4　高技术产业的科技创新情况

2020年中国高技术产业中有R&D活动的企业数为23 635个，R&D人员为129.15万人，R&D人员折合全时当量为99.03万人年。2020年中国高技术产业的R&D经费内部支出为4 649.09亿元，R&D经费外部支出为563.16亿元。2020年中国高技术产业的新产品开发项目数为184 487项，新产品开发经费支出约6 152.37亿元，新产品销售收入为 68 549.14 亿元。2020 年中国高技术产业的专利申请数为 34.85 万件，有效发明专利数为 57.09 万件。2020 年中国高技术产业引进技术经费支出和消化吸收经费支出分别为 180.73 亿元和 12.08 亿元，技术改造经费支出为 629.87 亿元。

6.2.5　中国高技术产业发展的国际比较

如表 6-2 所示，2020 年全球高技术产业的出口总额超过千亿美元的国家共计有 6 个，按照排名顺序依次是中国、德国、韩国、新加坡、美国和日本。中国高技术产业的出口总额达到 7 577.24 亿美元，位居全球第一，比排名第二的德国多出 5 770.60 亿元，是日本的7.36 倍。

表 6-2　2010—2020 年全球主要国家高技术产业出口额　　单位：百万美元

国家	2010	2015	2016	2017	2018	2019	2020
中　国	474 521.82	652 237.38	594 551.85	654 187.61	731 890.60	715 843.47	757 723.68
美　国	168 939.40	178 349.53	176 668.20	156 937.05	156 365.52	156 074.13	143 489.38
日　本	130 195.14	98 537.26	99 291.27	106 416.05	111 020.44	104 021.03	102 966.23
法　国	106 441.07	110 206.32	109 316.53	109 359.05	117 814.41	120 896.95	87 649.84
德　国	180 522.97	199 797.31	206 133.81	195 752.36	210 082.31	208 677.81	180 663.90
韩　国	132 079.02	147 118.87	135 914.29	166 675.27	192 789.66	153 561.17	163 988.80
新加坡	131 971.30	139 341.72	135 616.25	147 178.84	155 446.55	150 958.79	161 271.29
印　度	10 778.73	14 615.78	14 300.75	15 161.03	20 273.09	23 643.56	21 662.01

就全球主要国家高技术产业出口占制造业出口的比重来看，2000 年中国高技术产业出口占制造业出口的比重为 18.57%，2005 年后一直在 30%左右轻微浮动，到 2019 年变为 30.79%，在全球六大主要高技术产业出口国家中排名第二，仅次于韩国。韩国高技术产业出口占制造业出口的比重始终保持在 30%以上，在六个国家中排名第一。过去 19 年间，美国和日本的高技术产业出口占制造业出口的比重整体处于持续下滑态势，其中美国由 2000 年的 33.40%下降为 2019 年的 18.93%，而日本由 2000 年的 28.31%下降至 2019 年的 17.02%，降幅均超过 10 个百分点。法国和德国高技术产业出口占本国制造业出口的比重变化整体平稳，其中到 2019 年法国该比例为 26.99%，比德国的 16.43%高出 10 个百分点。

6.3 数字经济驱动中国高技术产业高质量发展的理论机制与支撑体系

当前,中国经济发展进入新常态,双循环战略发展格局与经济高质量发展是中国经济的两大重要发展方向与战略部署。在此背景下,数字经济与高技术产业高质量发展一方面迎来重要发展契机;另一方面,两者又都服务于国家宏观经济发展目标。由此形成数字经济驱动中国高技术产业高质量发展的战略基础。面对发达国家对中国高技术产业在全球价值链中的低端锁定以及核心技术封锁,唯有大力发展数字经济和自主创新才能实现产业技术突围,并实现国内高技术产业在全球价值链中地位的不断攀升。与此同时,国内高技术产业结构亟待优化升级与融合创新发展,通过数字经济的持续渗透与广泛驱动,中国高技术产业将走上转型升级,创新高质量发展之路。

6.3.1 数字经济驱动高技术产业高质量发展的理论机制

在双循环战略背景下,基于需求和供给两侧的同步升级驱动中国制造业高质量发展,在新的中国经济发展格局下建立起"供给-需求"双中心的高质量动态运行体系。其理论机制解释如下。

1. 数字经济激活客户需求增量,支撑高技术产业需求侧升级

客户需求除了包括现有需求外,还包括大量的潜在需求,互联网技术、信息技术等数字化技术手段能够激活客户的潜在需求,将其转化为有效需求。在数字化技术驱动下,市场的边界得以大幅拓展,组织(个体)间的各类经济活动能够突破原有时间和空间的限制,实现远程在线平台交易,技术上对于经济活动的支持大幅地拓展了市场需求空间[130]。在数字经济驱动高技术产业高质量发展过程中,高技术企业需要做到以用户为中心,实现由产品导向向用户体验生产理念的转变。可以考虑扩大业务生产流程对客户的开放程度,加强与客户间的交流互动,更加契合客户的有效需求,最终提高客户满意度和忠诚度。依托互联网的连接,客户能够更多地参与高技术企业产品/服务的优化和推广过程中,产品优化改进的进程会随着客户对高技术企业产品/服务的体验和建议而不断加快。较为经典的案例是小米的粉丝经济模式,能够将客户的产品改进建议融入企业后续产品研发与设计中,客户的体验和用户忠诚度也会随之显著提升。在需求的"长尾效应"影响下,高技术产业庞大的市场潜力将得以释放,国内的需求层次和消费质量将不断提升,最终促进消费升级。

2. 技术赋能引领产业数字化转型，增强高技术产业供给能力

数字经济是具有高技术属性的新经济范式，其能够通过创造新供给来催生新需求，从而改革供给体系。中国高技术产业高质量发展就是一个"去除旧产能、培育新产能""弱化旧动力、增强新动力"的过程。仔细分析以往多次"技术—经济范式"的转移，基本能实现产业朝更高层次和水平的跃升。近年来，互联网和数字技术对各行业的渗透力度不断加大，而高技术产业数字化改造与转型的进程也在不断加快，在这个过程中数字化技术发挥了重要的作用，其对高技术产业的渗透与改造是全方位、全链条式的，并通过产业数字化和数字产业化过程催生出新的产业形态与商业模式。

一般来说，某一阶段内经济中的总量资源是基本固定的，在产业新旧动能转换过程中，资源会由旧产能中释放出来并集中至新生产领域，并由此创造出新的需求和产能，产业会实现由原有均衡状态—非均衡状态—新均衡状态的转变。在数字经济与高技术产业融合创新发展过程中，高技术产业会向新的更优均衡状态跃迁，在这个过程中，受数字技术的影响和带动，高技术产业生产的边际成本和交易成本会不断降低，进而高技术产业的要素价值转化效率会显著提升，促进产业在更高效的轨道上"良性"发展，这正是数字经济通过技术创新引领高技术产业"高质量"发展的逻辑所在。

其次，数字技术驱动的智能工厂、智能制造和智能物流的提速落地和完整产业创新生态体系的构建，为中国高技术产业高质量创新发展提供了重要载体。大数据能够与高技术产业进行深度融合，同时借助三个层面（物理到数字、数字到数字、数字到物理）、十二大方面（物联网、传感器和控制器、可穿戴设备、增强现实、数据传输、认知计算、可视化、预测性分析、数字化设计和模拟、增材制造、先进材料、机器人）的先进技术更精准地组织各个生产环节，极大地提高生产效率和客户体验（见图 6-3）。基于生产端和用户端线上远程的高效互动，其实现了向用户服务端的转型，向客户提供定制化、高附加值的产品和服务。基于此，物理距离对于高技术产业生产布局和空间定位的影响趋于弱化，生产性服务业和现代制造业在空间上形成"分离式集聚"，在更大的空间范围内组织和延伸

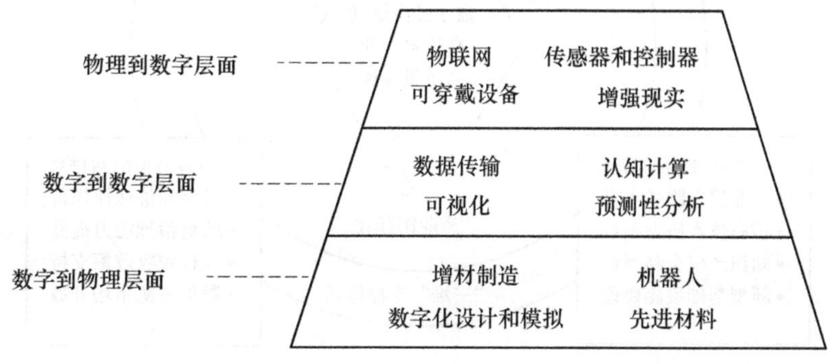

图 6-3　数字化智能制造先进技术

产业链，并通过多元化智能服务体系搭建数字经济驱动中国高技术产业高质量发展的逻辑框架。

6.3.2 数字经济驱动高技术产业高质量发展的支撑体系

党的第十九届五中全会提出“推进数字产业化和产业数字化，推动数字经济和实体经济深度融合”。数字经济驱动中国高技术产业高质量发展的战略方向应与国家宏观战略相一致，主要有三个，即产业数字化、产业高端化和产业国际化。其中，产业数字化是指高技术产业与数字化技术创新融合后形成的新业态，其本质上是产业系统中组织、技术与制度彼此作用过程的宏观涌现。产业高端化是指在数字经济与数字技术的持续驱动下，高技术产业朝智能制造和高端制造转型与升级的发展过程，在此过程中国内高技术产业的整体创新能力，在全球价值链的分工地位实现大幅攀升。产业国际化是指中国高技术产业通过自主创新，突破卡脖子关键技术，培育优势集成创新能力，让更多的制造企业的产品和服务走向全球，形成更多的行业国际标准和国际知名品牌，实现中国高技术产业的做大、做优、做强。

为了更好地推进高技术产业高质量发展，应构建起“三维”支撑体系，即打造关键数据技术体系，建立产业支撑平台与设施，健全产业政策保障与措施（图 6-4）。关键数据技术体系包括大数据、云计算、人工智能、物联网、区块链和工业互联网等，这是数字经济驱

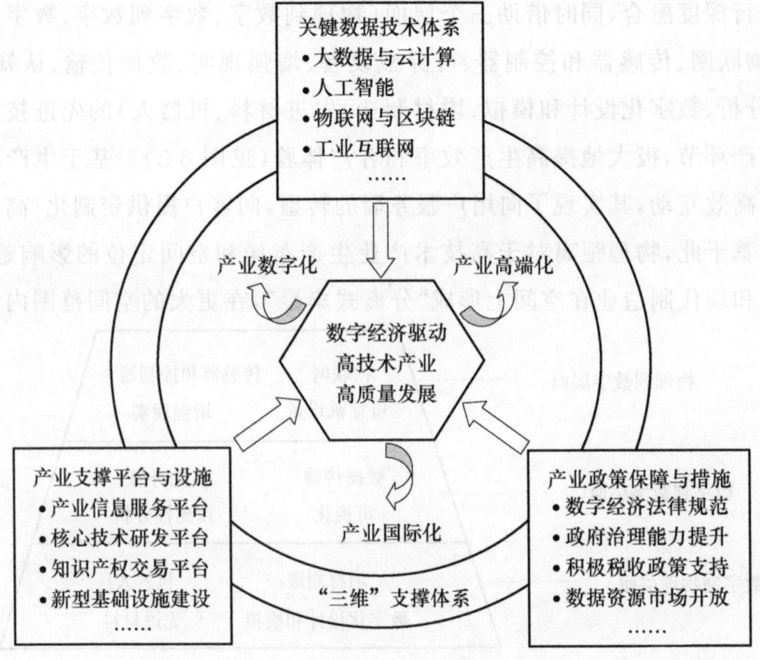

图 6-4 数字经济驱动高技术产业高质量发展的战略架构和支撑体系

动高技术产业高质量发展的技术保障。产业支撑平台与设施包括产业信息服务平台、核心技术研发平台、知识产权交易平台和新型基础设施建设，这是高技术产业高质量发展的平台与设施基础。除了打造关键数据技术体系和建立产业支撑平台与设施外，还应健全产业政策保障与措施，如建立健全数字经济法律规范，提升政府治理能力，出台积极税收支持政策以及进一步开放数据资源市场，提高开放水平。通过建立数字经济驱动高技术产业高质量发展的“三维”支撑体系，推动中国高技术产业产业朝着数字化、产业高端化、产业国际化方向发展。

6.4　数字经济驱动中国高技术产业高质量发展的实现路径

立足于数字经济驱动中国高技术产业高质量发展的战略目标，在中国高技术产业高质量发展的逻辑框架体系下，着力提升产业基础能力和产业链现代化水平，依托数字经济和数字技术全面推进产业链、创新链、资金链和政策链的深度融合，实现国内高技术产业的智能化、高端化、服务化和绿色化发展，以更高水平嵌入全球产业链体系，支撑中国经济“双循环”战略发展格局。为此，要打造出数字经济驱动中国高技术产业高质量发展的多元化路径，主要包括：能力提升路径、技术升级路径、融合发展路径、政策促进路径和市场变革路径。这五大路径互为促进，共同支撑中国高技术产业高质量创新发展。

6.4.1　以打造产业支撑平台和新型基础设施建设为重点的能力提升路径

要全面推进产业支撑平台和新型基础设施建设，强化中国高技术产业高质量发展的平台基础与设施保障能力。通过探索各大经济区（带）数量众多的产业园区共建模式，建立成本分担和利益共享机制，加快产业由“圈层式”分工格局向“网络化”分工格局的转变[131]。就产业支撑平台而言，应着力打造好产业信息服务平台和知识产权交易平台。依托虚拟技术、互联网、大数据等前沿技术手段，搭建高技术产业服务云平台，叠加信息数据存储与数据支持等业务功能，有效提升高技术产业信息服务智能化水平。注重知识产权保护，重视知识产权交易，由此促进高技术产业高端要素的流动、增值。同时，应持续加强产业信息基础与创新基础设施建设，夯实产业高质量发展基础设施条件的底层支撑。

6.4.2　以突破产业关键核心技术为抓手的技术升级路径

由于中国在互联网应用技术、高端装备制造技术等方面的原始创新能力不足，高技术产业创新发展的技术短板仍较为突出。因此，亟需重点突破产业关键核心技术，依靠创新持续驱动，推进与数字经济、科技的融合，打造高技术产业集成创新能力。从长远来看，中国应依托自身的体制和制度优势，集中资源加强基础研究、应用研究和集成创新工作，在高端芯片等核心技术上加大研发投入，着力解决关键技术、零部件和设备的"外部垄断"难题，使得高技术产业高质量发展的技术断点和堵点全面打通，尽快实现核心技术与高端装备的自主掌控，构建集成系统的创新性技术体系，从根本上打通高技术产业技术升级路径。

6.4.3 以深化两业融合为主攻方向的融合发展路径

产品的市场需求是拉动高技术产业创新发展与升级的重要动力，同时也能在一定程度上指明产业升级的发展方向。高技术产业的快速发展在很大程度上要依赖于消费市场的壮大以及新业态、新模式的涌现。要加强高技术产业与现代服务业的深度融合发展，提升高技术产业投入与产出的服务化水平与层次。为实现上述目标，一是要促进生产型制造向服务型制造转变，延伸拓展高技术产业的价值链，增强价值创造能力；二是在高技术产业和服务业深化融合发展过程中，强化高技术产业商业模式创新与新业态、新场景应用，采取多渠道、多手段充分挖掘服务型制造潜在需求市场，加快高技术含量、高附加值产品研发和延伸服务升级，迅速占领中高端市场。

6.4.4 以完善制度建设和政策保障为支撑的政策促进路径

持续优化完善产业资金、人才和税收等政策，提高政府治理能力，加强数字化技术监管与数据资源市场培育，打造数字经济驱动高技术产业高质量发展的良好环境。其一，积极转变政府职能，营造公平有序的融合发展环境。一是健全数字经济相关法律规范，建立起数字经济活动的市场交易规则，完善社会信用信息共享体系，确保用户数据和关键信息安全可控；二是高效利用大数据监管平台，推动实现精准化、智能化的政府监管与政务服务，着力提升治理水平。其二，加强产业科技成果转化的投入水平，促进创新成果产业化。根据实际需要，政府部门主导设立高技术产业创新成果转化专项资金，加强与金融机构合作，扩大产业、金融、财政政策的协同效应，引导金融资源向制造领域成果转化配置。同时，进一步扩大技术交易市场，促进高技术企业间、企业与科研机构间的技术交流与合作。

6.4.5 以加快数据资源市场开放为契机的市场变革路径

进入经济发展新常态和后疫情时代，要想快速推动数字经济发展，以及驱动高技术产业高质量发展，需要健全数据要素市场的交易规则与服务体系，完善相关法律法规，最终形成数据要素市场化机制，充分释放大数据要素生产的潜力，壮大数字经济和高技术产业发展空间。在大数据要素市场培育起来后，要探索国内数据要素市场在区域间、行业间、企业间的扩大开放与共享。在数据要素市场开放过程中，应充分考虑、评估数据安全与交易高效便捷，重视数据流动监管，着重解决数字安全、数字税收等贸易和投资争端。在上述工作基础上，充分发挥数据要素市场的资源流动对于高技术产业国际贸易的带动作用和全球价值链分工的协同、溢出效应。

第7章
数字经济对区域制造业就业的双边影响：替代效应还是创造效应？

如何应对数字经济对制造业就业的替代效应与创造效应是新时期确保中国就业稳定与制造业升级的关键课题。本章在剖析数字经济对制造业就业双边影响机理下，基于中国2011—2020年省际面板数据，运用双边随机前沿模型测度分析数字经济对区域制造业就业存在的替代效应、创造效应及净效应。研究发现：①数字经济对制造业就业的替代效应强于创造效应，替代效应使制造业就业低于前沿水平7.80%，而创造效应使制造业就业高于前沿水平4.15%，两种效应呈反向联动特征，综合作用使制造业就业低于前沿边界3.66%；②现阶段数字经济对制造业就业的替代效应占据主导，从中长期看，这种替代效应会有所减弱，未来将更多地表现为创造效应；③从地理区位看，数字经济的就业替代效应呈中部、西部、东部逐渐减弱趋势；④在不同数字经济发展水平、不同人力资本水平下，数字经济对制造业就业影响的作用方向及程度存在异质性。

7.1 引　言

随着 5G、物联网、大数据、云计算、人工智能等一大批具有颠覆性影响的数字技术的快速发展,制造业数字化、智能化转型升级在全球范围内蓬勃兴起。世界各国纷纷在人工智能等数字领域布局,加快对本国制造业的数字化、智能化改造,以期重塑制造业竞争优势和全球制造分工格局。中国作为制造大国,一方面面临着国际上的激烈竞争以及“卡脖子”技术封锁,另一方面还受日益严峻的人口老龄化和劳动力成本攀升的双重约束。数字技术在制造领域的广泛应用不仅为破解当前中国劳动力成本普遍上升的困境提供了新的解决方案,而且利用数字化技术改造提升传统产业是推动制造业高质量发展、建设制造强国的重要基础与战略举措。新一代信息技术以及智能制造、机器人等新生产制造技术的使用不仅深刻地改变生产方式与组织方式,也提升了企业的生产效率与产品质量[132]。在实现提质增效的同时,数字技术对劳动力的数字素养及技能提出新的要求,引发了就业市场的持续调整,使得劳动力市场更偏向于技术性工作[133],这吸引了学者和政策制定者对就业问题的思考以及对技术失业的担忧。因此,数字经济对就业的影响成为不可回避的重大现实问题。

事实上,技术创新对就业的影响一直存在争议,然而这是否适用于数字经济领域的技术创新,目前尚未达成共识。尤其当涉及数字化、智能化对就业究竟是替代还是创造这一话题时,这一辩论极具争议性[134]。数字化、智能化作为通用技术,与历史上诸多技术革命类似,评估其对就业的总体和长期影响是一项具有相当挑战性的任务。这可归结为数字技术对劳动力市场产生巨大冲击的同时,也对制造业就业形成带有明显数字经济时代特征的就业效应。一方面,传统制造业就业岗位受到自动化与智能化改造升级的冲击,部分就业岗位会在此过程中消失,如机器换人,产生就业替代效应[135];另一方面,数字经济引致制造业生产率的提升,就业载体变化、就业结构调整,会创造大量的新兴就业岗位,产生就业创造效应。由此可见,数字经济对制造业就业的影响在本质上一直具有争议性。因此,决策者应关注这一现象,它对于回答如何正确理解数字经济与就业的辩证关系十分重要。一方面,这是一个非常有利于深入理解技术变革对就业有重大影响的研究领域;另一方面,如何在推进数字技术与制造业融合的同时,应对数字经济对就业的替代效应与创造效应,统筹就业短期结构风险与长期总量扩容,有效协调智能制造与劳动力就业之间的内在冲突,对新常态下中国的就业稳定与制造业升级具有重大的现实意义。

由于数字经济的“双刃剑”效应,其对就业的影响问题成为学术界的研究热点[136],且主要存在三类不同的观点。第一类观点认为数字经济发展会产生就业替代效应。20 世纪30年代,凯恩斯推测未来90年里世界将经历一场快速的技术进步,并由此造成技术性失业[137],里昂惕夫随后也提出了类似的预测[138]。数字经济则恰是以数字技术变革为基础的一种新兴经济形式,信息通信技术对制造业劳动力替代存在短期效应[139]。同时,中国学者也从制造业分行业、地区得出了机器人可降低就业岗位数量的结论[140-141]。此外,数字经济对就业的影响在劳动力技能的分布上也存在差异。其中,中、低技能的劳动力被先进技术替代的风险更大[142]。David等[143]进一步指出,相较低技术水平和高技术水平的工作岗位而言,中等技术水平的工作岗位更容易被工业机器人替代。孙早和侯玉琳[144]的研究结果显示,工业智能化进一步加剧了先进设备对低教育程度劳动力的替代。第二类观点认为数字经济发展可以产生就业创造效应。机器人应用等技术进步在替代就业的同时,也会创造大量的就业机会。Berg等[145]指出,工业机器人的使用大大提高了劳动生产率,产生更多的劳动需求,创造出大量新的劳动岗位。此外,数字经济发展会对高技能工人的需求不断提升,在优化就业结构的同时,也创造了大量的高端就业岗位[146]。第三类观点认为数字化存在就业极化效应。已有研究发现技术变革可导致就业极化,即高技能与低技能劳动力的就业岗位增多,而中等技能劳动力的就业岗位减少[147]。

综上所述,已有文献多从信息通信技术、数字经济、工业机器人等方面探讨其对就业的影响,但究竟是就业的替代效应还是创造效应,尚未得出统一结论。此外,工业机器人、工业智能化等对就业可能同时既存在替代效应又存在创造效应,但现有研究却未在方法上对两种效应同时进行定量的估计,割裂了两种效应对就业的综合影响,使研究往往得出非正即负的结论[148],而仅关注数字经济的单一效应势必会导致估计结果有偏差。最后,对数字经济影响就业的综合效应是否在不同时期、不同区域、不同群体等维度上存在结构性差异及造成差异的原因均未给予完整解答。基于此,本章的研究将数字经济对制造业就业的替代效应与创造效应纳入同一分析框架,运用双边随机前沿模型测算2011—2020年我国数字经济对制造业就业的替代效应、创造效应和净效应,并考察其在不同维度上数字经济对制造业就业影响的结构性差异。

鉴于此,本章的研究的可能边际贡献为:第一,研究以数字经济的双重属性为基础,提出数字经济对制造业就业的双边影响命题,从理论和实证上拓展了制造业就业的研究视角及补充了数字经济和劳动力经济学中关于技术创新对就业影响的研究;第二,在考虑数字经济双边效应的同时,基于双边随机前沿模型定量测度了数字经济对制造业就业的替代效应、创造效应及净效应,考察了数字经济对制造业就业的综合效应,纠正了研究结果的测量偏差,并进一步分析了数字经济对制造业就业的双边效应的时空分布特征和变动规律,弥补了现有文献的不足,为深入理解数字经济对制造业就业的内在联系提供经验参考;第三,现有研究多从国家整体出发,而本章的研究具体到不同数字经济发展水平、不同劳动技能水平,研究的维度更加多元化。探究数字经济对制造业就业净效应的异质性变化特征，有利于廓清数字经济对制造业就业的辩论，客观全面地把握数字经济影响制造业就业的一般规律，对如何在数字经济背景下有效协调智能制造与劳动就业之间的内在冲突提供经验借鉴与政策启示。

7.2　理论模型与效应分析

新技术应用可推动制造业转型升级，而制造业转型升级是世界各国实现经济可持续增长的通用路径。根据奥肯定律，产业升级在带来经济增长的同时一般也会伴随着失业率的降低。近年来，中国数字经济的规模发展速度之快、辐射范围之广、影响程度之深前所未有，那么由数字经济所引致的技术升级究竟会对就业市场产生何种影响？

7.2.1　理论模型：数字经济与制造业就业

基于 Acemoglu 和 Restrepo[149] 的研究，本章提出了一个静态任务模型，用以揭示数字经济发展对制造业就业的潜在影响，为本章的研究提供理论基础。该模型主要内容如下：生产者可以用资本和工人来生产每一项任务，工人类型包括低技能工人与高技能工人。总产出 Y 由在$[N,\ N+1]$范围内的任务 X 组成：

$$Y=\left(\int_{N}^{N+1} y(x)^{\frac{\mu-1}{\mu}}\mathrm{d}x\right)^{\frac{\mu}{\mu-1}} \tag{7-1}$$

其中，μ 为不同任务间的替代弹性。设 M 为简单任务与复杂任务的分界点，$M\in[N,N+1]$；当简单任务和复杂任务可以自动化时，资本分别以劳动生产率$e_k=1$ 和$e_k>1$ 进行任务生产。$e_l(x)$和$e_h(x)$分别为低技能工人和高技能工人的劳动生产率。W_l和W_h分别为低技能工人和高技能工人的工资，W_k为资本的价格；$W_l/e_l(x)$和$W_h/e_h(x)$分别为低技能工人和高技能工人的成本，W_k、W_k/e_k为资本在不同范围内的成本。

如图 7-1 所示，假设高技能工人在执行高指标任务中具有优势，那么就有$e_h(x)/e_l(x)$是关于 x 严格递增的函数。当简单任务和复杂任务被自动化时，有$W_l/e_l(x)>W_k$、$W_h/e_h(x)>W_k/e_k$。在供求平衡的条件下，任务会被分配到成本最低的要素中，B 为低技能工人和高技能工人的成本相等的点，此时$W_l/e_l(B)=W_h/e_h(B)$。

基于成本最小化的目标确定任务的均衡数量为 $y(x)=p(x)^{-\mu}Y$，要素市场清算条件为需求等于供给。将高技能工人、低技能工人和资本的份额定义为：

$$S_l=\int_{R_l}^{\min\{M,B\}} e_l(x)^{\mu-1}\mathrm{d}x$$

$$S_h=\int_{\min\{M,B\}}^{M} e_h(x)^{\mu-1}\mathrm{d}x+\int_{R_h}^{N+1} e_h(x)^{\mu-1}\mathrm{d}x$$

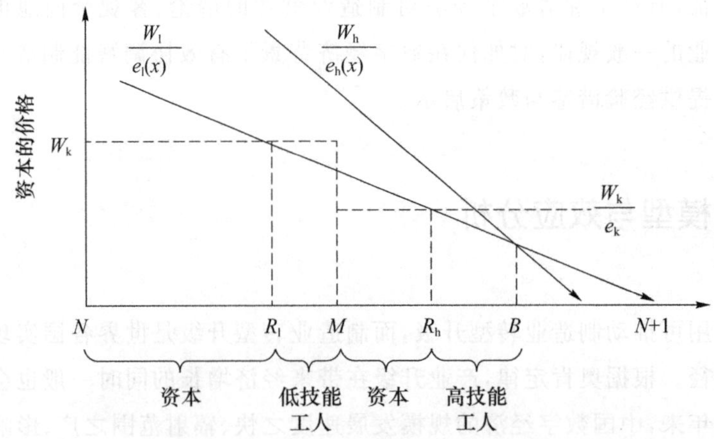

图 7-1　不同阶段数字经济带动制造业自动化的表现形式

$$S_k=\int_N^{R_l}1\mathrm{d}x+\int_M^{R_h}e_k^{\mu-1}\mathrm{d}x=(R_l-N)+e_k^{\mu-1}(R_h-M) \tag{7-2}$$

设定总产出函数为 CES 形式，在均衡的条件下的产出：

$$Y=(S_l^{1/\mu}l^{(\mu-1)/\mu}+S_h^{1/\mu}h^{(\mu-1)/\mu}+S_k^{1/\mu}k^{(\mu-1)/\mu})^{\mu/(\mu-1)} \tag{7-3}$$

令 θ 为比较优势弹性，则有 $\theta=e_h'(B)/e_h(B)-e_l'(B)/e_l(B)\geqslant 0$。

当低技能自动化执行任务的范围扩大时，影响要素的份额为 $\frac{\mathrm{d}S_l}{\mathrm{d}R_l}=1$

$$\frac{\mathrm{d}S_l}{\mathrm{d}R_l}=\begin{cases}-e_l(R_l)^{\mu-1}<0, & \text{当 } B>M\\ -e_l(R_l)^{\mu-1}\dfrac{\mu\theta+e_h(B)^{\mu-1}/S_h}{\mu\theta+e_h(B)^{\mu-1}/S_h+e_l(B)^{\mu-1}/S_l}<0, & \text{当 } B\leqslant M\end{cases}$$

$$\frac{\mathrm{d}S_h}{\mathrm{d}R_l}=\begin{cases}0, & \text{当 } B>M\\ -e_l(R_l)^{\mu-1}\dfrac{e_h(B)^{\mu-1}/S_l}{\mu\theta+e_h(B)^{\mu-1}/S_h+e_l(B)^{\mu-1}/S_l}<0, & \text{当 } B\leqslant M\end{cases} \tag{7-4}$$

当高技能自动化执行任务的范围扩大时，影响要素的份额为 $\frac{\mathrm{d}S_h}{\mathrm{d}R_h}=e_k^{\mu}$。

$$\frac{\mathrm{d}S_h}{\mathrm{d}R_h}=\begin{cases}-e_h(R_h)^{\mu-1}<0, & \text{当 } B>M\\ -e_h(R_h)^{\prime r-1}\dfrac{\mu\theta+e_l(B)^{\mu-1}/S_l}{\mu\theta+e_h(B)^{\mu-1}/S_h+e_l(B)^{\mu-1}/S_l}<0, & \text{当 } B\leqslant M\end{cases}$$

$$\frac{\mathrm{d}S_h}{\mathrm{d}R_l}=\begin{cases}0, & \text{当 } B>M\\ -e_h(R_h)^{\mu-1}\dfrac{e_l(B)^{\mu-1}/S_h}{\mu\theta+e_h(B)^{\mu-1}/S_h+e_l(B)^{\mu-1}/S_l}<0, & \text{当 } B\leqslant M\end{cases} \tag{7-5}$$

由式(7-4)和式(7-5)可得出如下结论，低技能自动化和高技能自动化均取代了一定的劳动力，并减少了工人所执行的任务。

7.2.2　数字经济对制造业就业的替代效应与创造效应

从长期经验来看，不难发现历次技术变革和升级对就业起到“双刃剑”的影响效应[150]。数字化作为一种新的引发技术进步的通用技术，同样存在就业替代与就业创造两种效应，且这两种效应相互对冲的双重影响更加明显，并在不同维度上表现出显著的结构性差异，如图 7-2 所示为数字经济对制造业就业的双边影响理论分析框架。

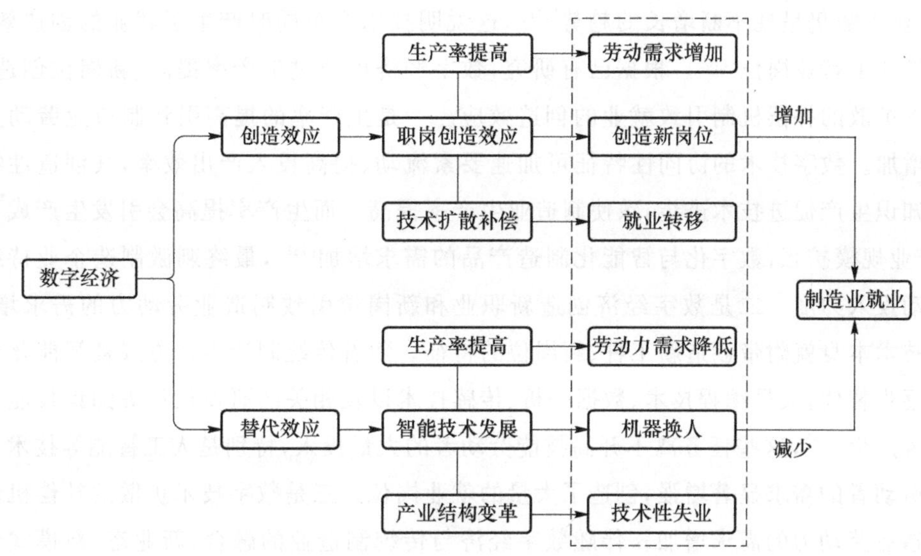

图 7-2　数字经济对制造业就业的双边影响理论分析框架

1. 数字经济对制造业就业的替代效应分析

数字经济通过提高生产率、数字技术创新应用以及产业结构变革等因素引致就业替代效应。一是生产率的提高引致制造业劳动力需求的降低。将数字技术应用于传统制造业能够实现产业的数字化、智能化发展，而信息化、智能化加速传统要素的流通、整合与优化配置，推动传统生产方式变革，进而通过降低交易成本、减少资源错配及促进创新来提高制造业企业的生产率从而替代人力劳动[151]，降低常规任务环节的劳动力需求[152]，最终导致失业的增加。二是数字技术创新应用引致“机器换人”。数字技术在提高生产率的同时，重复性、低技能劳动就业者也会受自动化、智能化技术的冲击[153]，工业机器人与低技能劳动力之间相互替代，两者间存在“零和博弈”的关系，最终将导致“机器”挤出人力的现象，这可能将大幅提升就业替代率[154]。与以往的自动化技术替代人力不同，依托大数据、人工智能等数字技术，诸多非程式化的任务也逐渐被机器实现，传统制造业的蓝领工人也会被智能化逐步替代。三是数字经济促进产业结构变革引致技术性失业。数字技术既能融入传统制造,也可以形成新产业,即数字经济发展的两条路径:数字产业化和产业数字化。其中,数字产业化最终将形成以客户为中心的商业模式,其被迅速复制、推广后会产生新的服务行业,完成由产品制造商向服务商的转变,产业结构得以高级化[155],从而带来部分就业岗位的直接消失,甚至导致技术性失业。

2. 数字经济对制造业就业的创造效应分析

尽管技术革命会引发就业的替代效应,但过去几十年,随着信息通信技术的不断发展,就业人数仍呈现不断增长的趋势[156],这说明技术变革同时产生了就业的创造效应,从而增加了就业岗位[157]。根据已有研究,数字经济可通过生产率提高、新岗位创造、数字技术扩散的补偿机制引致就业的创造效应。一是生产率的提高引致制造业劳动力需求的增加。数字技术的协同性特征可加速要素流动、提高投入产出效率,其创造性特征通过知识生产促进技术进步,致使制造业生产率提高。而生产率提高会引发生产成本降低、产业规模扩张,数字化与智能化制造产品的需求增加[158],最终刺激制造企业持续增强劳动投入力度。二是数字经济创造新职业和新岗位引致制造业劳动力的需求增加。数字技术本身就附带创造新工种、新岗位的特征。随着传统制造生产方式被智能化生产方式逐步替代,大量编程技术、数据分析、传感技术以及相关的研发设计等知识技能密集型任务产生[159],这些任务离不开高技能劳动者的大量投入,特别是人工智能等技术对高技能劳动者的需求显著增强,创造了大量的就业岗位。三是数字技术扩散的补偿机制引致制造业劳动力的需求增加。伴随数字经济与传统制造业的融合,新业态、新模式创造出了大批新的就业岗位[160],促进智慧物流、智慧仓储等领域的新增就业。

综合来看,数字经济对制造业就业既存在就业替代效应,又存在就业创造效应,而最终对制造业就业的影响结果取决于这两种效应力量的对比,即数字经济对制造业就业的综合效应。

7.3 研究设计

7.3.1 模型构建

根据前文的分析,数字经济对制造业就业存在替代效应与创造效应。因此,本章的研究借鉴 Kumbhakar 等[161]的思路,构建如下双边随机前沿模型:

$$LABOR_{it}=i(x_{it})+\omega_{it}-u_{it}+\varepsilon_{it}=i(x_{it})+\xi_{it}=x_{it}\delta+\xi_{it} \tag{7-6}$$

其中，$LABOR_{it}$ 为制造业就业；x_{it} 为影响制造业就业的一系列控制变量，具体为实际利用外资、专利申请授权数、规模以上工业企业 R&D 经费、技术市场成交额、政府财政支出额、进出口额、平均受教育年限和人均 GDP；δ 为待估参数向量；$i(x_{it})$ 为前沿制造业就业，ξ_{it} 为复合残差扰动项，$\xi_{it}=\omega_{it}-u_{it}+\varepsilon_{it}$。其中，$\varepsilon_{it}$ 为随机误差项，反映不可观测因素导致的制造业就业对前沿制造业就业量的偏离程度；由于复合残差项 ε_{it} 的条件期望可能并不为 0，将导致 OLS 估计结果有偏差。当 OLS 估计结果有偏差时，使用 MLE 方法可得到有效的结果。故在极大似然估计法（MLE）估计的基础上，通过式（7-6）分解出 ω_{it}、u_{it}，分别用以反映最优情形下的上偏和下偏效应。在式（7-6）中，当 $\omega_{it}\geqslant 0$，则表示数字经济对制造业就业的创造效应；当 $u_{it}\leqslant 0$，则表示数字经济对制造业就业的替代效应；当 $u_{it}\leqslant 0$，$\omega_{it}=0$ 或 $\omega_{it}\geqslant 0$，$u_{it}=0$ 时，模型为单边随机前沿模型，即数字经济对制造业就业仅存在单边效应。当 $\omega_{it}=u_{it}=0$ 时，模型为 OLS 模型。若二者皆不为 0，则表示数字经济对制造业就业存在双边效应。由于 ξ_{it} 可能不为 0，这将导致 OLS 模型估计有偏差。

根据式（7-6）可知，实际的制造业就业水平是数字经济的创造、替代两种效应双边共同作用的结果。数字经济对制造业就业的创造效应使制造业就业高于前沿制造业的就业量，而数字经济对制造业就业的替代效应使制造业就业低于前沿制造业的就业量，通过计算二者共同影响的净效应来衡量实际制造业就业的偏离程度。使用极大似然估计法（MLE）可得到有效估计结果，为此对残差分布做如下假设：随机误差项 ε_{it} 服从均值为零，方差为 σ_ε^2 的正态分布，即 $\varepsilon_{it}\sim \text{idd } N(0,\sigma_\varepsilon^2)$，$\omega_{it}$、$u_{it}$ 均服从指数分布，即 $\omega_{it}\sim \text{iddEXP}(\sigma_\omega,\sigma_\omega^2)$、$u_{it}\sim \text{iddEXP}(\sigma_u,\sigma_u^2)$，且误差项间满足独立假设条件，不与省际特征变量存在相关性。基于如上假设分布，进一步推导 ξ_{it} 的概率密度函数：

$$
\begin{aligned}
f(\xi_{it}) &= \frac{\exp(\alpha_{it})}{\sigma_u+\sigma_\omega}\Phi(\gamma_{it})+\frac{\exp(\beta_{it})}{\sigma_u+\sigma_\omega}\int_{-\eta_{it}}^{\infty}\varphi(x)\mathrm{d}x \\
&= \frac{\exp(\alpha_{it})}{\sigma_u+\sigma_\omega}\Phi(\gamma_{it})+\frac{\exp(\beta_{it})}{\sigma_u+\sigma_\omega}\varphi(\eta_{it})
\end{aligned}
\tag{7-7}
$$

其中，$\Phi(\cdot)$ 与 $\varphi(\cdot)$ 分别为标准正态累积分布函数（CDF）和标准正态分布概率密度函数（PDF），对其他参数做如下设定：

$$
\begin{aligned}
\alpha_{it} &= \frac{\sigma_v^2}{2\sigma_\omega^2}+\frac{\xi_i}{\sigma_\omega} \quad \beta_{it}=\frac{\sigma_v^2}{2\sigma_u^2}-\frac{\xi_i}{\sigma_u} \\
\gamma_{it} &= -\frac{\xi_{it}}{\sigma_v}-\frac{\sigma_v}{\sigma_u} \quad \eta_{it}=\frac{\xi_{it}}{\sigma_v}-\frac{\sigma_v}{\sigma_\omega}
\end{aligned}
\tag{7-8}
$$

基于式（7-8）参数估计，构建极大似然函数（MLE）表达式如下：

$$
\ln L(X;\pi) = -n\ln(\sigma_\omega+\sigma_u)+\sum_{i=1}^{n}\ln[e^{\alpha_{it}}\Phi(\gamma_{it})+e^{\beta_{it}}\Phi(\eta_{it})] \tag{7-9}
$$

其中，$\pi=[\beta,\sigma_v,\sigma_\omega,\sigma_u]$。进一步最大化似然函数(7-9)，最终得出极大似然估计的所有参数值。此外，还需估计出ω_{it}和u_{it}，因此，进一步推导两者的条件密度函数：

$$f(\omega_{it}\mid\xi_{it})=\frac{\left(\frac{1}{\sigma_u}+\frac{1}{\sigma_\omega}\right)\exp\left[-\left(\frac{1}{\sigma_u}+\frac{1}{\sigma_\omega}\right)\omega_{it}\right]\Phi\left(\frac{\omega_{it}}{\sigma_v}+\eta_{it}\right)}{\exp(\beta_{it}-\alpha_i)\left[\Phi(\eta_{it})+\exp(\alpha_{it}-\beta_{it})\Phi(\gamma_{ii})\right]} \tag{7-10}$$

$$f(u_{it}\mid\xi_{it})=\frac{\left(\frac{1}{\sigma_u}+\frac{1}{\sigma_\omega}\right)\exp\left[-\left(\frac{1}{\sigma_u}+\frac{1}{\sigma_\omega}\right)u_{it}\right]\Phi\left(\frac{u_{it}}{\sigma_v}+\eta_{it}\right)}{\Phi(\eta_{it})+\exp(\alpha_{it}-\beta_{it})\Phi(\gamma_{it})} \tag{7-11}$$

基于式(7-10)和式(7-11)，可估计出ω_{it}和u_{it}的条件期望：

$$E(\omega_{it}\mid\xi_{it})=\frac{1}{\left(\frac{1}{\sigma_u}+\frac{1}{\sigma_\omega}\right)}+\frac{\sigma_v\left[\Phi(\eta_{it})+\eta_{it}\Phi(\eta_{ii})\right]}{\exp(\beta_{it}-\alpha_{it})\left[\Phi(\eta_{it})+\exp(\alpha_{it}-\beta_{it})\Phi(\gamma_{it})\right]} \tag{7-12}$$

$$E(u_{it}\mid\xi_{it})=\frac{1}{\left(\frac{1}{\sigma_u}+\frac{1}{\sigma_\omega}\right)}+\frac{\exp(\alpha_{it}-\beta_{it})\sigma_v\left[\Phi(-\gamma_{it})+\eta_{it}\Phi(\gamma_{ii})\right]}{\Phi(\eta_{it})+\exp(\alpha_{it}-\beta_{it})\Phi(\gamma_{it})} \tag{7-13}$$

利用式(7-12)和式(7-13)估计面临创造效应和替代效应的制造业就业偏离前沿制造业就业的绝对程度。为方便比较，需进一步将数字经济影响制造业就业偏离程度的绝对值转化为高于或者低于前沿水平的百分比，具体公式如下：

$$E(1-e^{-\omega_{it}}\mid\xi_{it})=1-\frac{\left(\frac{1}{\sigma_u}+\frac{1}{\sigma_\omega}\right)\left[\Phi(\gamma_{it})+\exp(\beta_{it}-\alpha_{it})\exp\left(\frac{\sigma_v^2}{2}-\sigma_v\eta_{it}\right)\Phi(\eta_{it}-\sigma_v)\right]}{\left[1+\left(\frac{1}{\sigma_u}+\frac{1}{\sigma_\omega}\right)\right]\exp(\beta_{it}-\alpha_{it})\left[\Phi(\eta_{it})+\exp(\alpha_{it}-\beta_{it})\Phi(\gamma_{it})\right]} \tag{7-14}$$

$$E(1-e^{-u_{it}}\mid\xi_{it})=1-\frac{\left(\frac{1}{\sigma_u}+\frac{1}{\sigma_\omega}\right)\left[\Phi(\eta_{it})+\exp(\alpha_{it}-\beta_{it})\exp\left(\frac{\sigma_v^2}{2}-\sigma_v\gamma_{it}\right)\Phi(\gamma_{it}-\sigma_v)\right]}{\left[1+\left(\frac{1}{\sigma_u}+\frac{1}{\sigma_\omega}\right)\right]\left[\Phi(\eta_{it})+\exp(\alpha_{it}-\beta_{it})\Phi(\gamma_{it})\right]} \tag{7-15}$$

基于式(7-14)和式(7-15)推导出数字经济对制造业就业影响的净效应，计算公式如下：

$$\begin{aligned}\mathrm{NE}&=E(1-e^{-\omega_{it}}\mid\xi_{it})-E(1-e^{-u_{it}}\mid\xi_{it})\\&=E(e^{-u_{it}}-e^{-\omega_{it}}\mid\xi_{it})\end{aligned} \tag{7-16}$$

其中，NE代表创造效应与就业替代效应的差值。若NE＞0，则说明创造效应强于替代效应，即创造效应起主导作用；若NE＜0，则说明替代效应强于创造效应，即替代效应起主导作用。

7.3.2　数据来源与变量说明

基于上述理论分析与实证模型设定，同时兼顾数据的可得性，本章的研究选取中国 2011—2020 年省际层面的面板数据，分析数字经济对各省（区、市）制造业就业的影响，考虑西藏及港澳台地区部分数据缺失，故对其作剔除处理。研究所选变量的数据来自《中国统计年鉴》《中国科技统计年鉴》、ESP 全球数据库以及国家统计局等。相关涉及变量的具体描述如下。

1. 自变量

数字经济（SDIG）。借鉴刘军等[9]将互联网发展作为测度的核心，并加入数字交易指标体系的构建思路，本章的研究从互联网发展、数字金融普惠两个维度对数字经济发展水平进行测度。互联网是数字经济发展的载体和依托。对省域层面的互联网发展水平的测度，借鉴黄群慧等[12]的做法，主要从互联网普及率、相关产业人员从业情况、相关产业产出情况和移动电话普及率四个方面展开，分别用百人中互联网宽带接入用户数、计算机服务和软件业从业人员占城镇单位从业人员比重、人均电信业务总量以及百人中移动电话用户数来表示。数字金融普惠的测度，采用郭峰等[13]编制的我国省级数字普惠金融指数进行衡量，该指数主要从数字金融覆盖广度、使用深度以及数字化程度三个方面进行测度。由此，运用熵权法对数字经济发展水平进行测度。

2. 因变量

制造业就业数量（ln LABOR）。借鉴韩民春等[162]、王晓娟等[141]的做法，研究选取制造业就业数量作为因变量，对其进行取对数后，记为 ln LABOR。

3. 控制变量

参照王晓娟等[141]、Acemoglu 和 Restrepo[159]的做法。其中，经济发展水平参照邝嫦娥等[163]的做法采用人均 GDP 表示；选取实际利用外资用于观察外商投资对就业的影响；城镇化借鉴徐维祥等[164]的研究采用非农人口占比来表示；以专利申请授权数表征制造业的创新水平；选用规上工业企业 R&D 经费投入来表征研发水平；用技术市场成交额来说明技术引进对就业的影响；利用政府财政支出额表示政府对就业的支持力度；选用进出口额用于观察地区的对外贸易对就业的影响；人力资本与就业有着密切联系，这里选用平均受教育年限来表示，最后对上述变量进行取对数处理。此外，涉及价格因素的变量，本章的研究均以 2011 年为基期进行了平减。各变量的描述性统计分析见表 7-1。

表 7-1　各变量的描述性统计分析

变量类别	变量名	符号	样本量	均值	方差	最小值	最大值
因变量	制造业就业数量	ln LABOR	300	4.488	1.080	1.974	6.928
自变量	数字经济	SDIG	300	0.327	0.142	0.125	0.937
控制变量	人均 GDP	ln PGDP	300	1.631	0.436	0.495	2.803
	实际利用外资	ln FDI	300	14.539	1.949	6.702	17.602
	城镇化	ln CITY	300	4.046	0.199	3.555	4.495
	专利申请授权数	ln PAT	300	10.105	1.439	6.219	13.473
	规上工业企业 R&D 经费投入	ln RDD	300	10.618	1.373	7.054	13.459
	技术市场成交额	ln TEM	300	4.730	1.790	−0.562	8.751
	政府财政支出额	ln GOVP	300	4.300	1.044	1.324	7.064
	进出口额	ln ION	300	6.950	1.943	1.128	11.226
	平均受教育年限	ln EDU	300	9.229	0.911	7.514	12.718

如表 7-1 所示，制造业就业数量(ln LABOR)的均值为 4.488，其最大值与最小值分别为6.928和 1.974，标准差为 1.080，这表明全国不同地区间制造业就业数量的差距较为明显，与韩民春等[162]的发现相近。数字经济发展水平(SDIG)的均值与方差均较小。就控制变量而言，不同省(区、市)在地区人均 GDP(ln PGDP)、实际利用外资(ln FDI)、专利申请授权数(ln PAT)、技术市场成交额(ln TEM)、进出口额(ln ION)以及平均受教育年限(ln EDU)也存在明显的差异。

7.4　实证分析

7.4.1　双边随机前沿模型估计

1. 基准回归分析

在极大似然估计法(MLE)估计的基础上，结合计量模型(7-6)，将数字经济影响制造业就业的双边效应进行分解，估计结果见表 7-2。其中，模型(1)为不考虑偏离效应的 OLS 估计结果；模型(2)为不控制时间固定效应与地区固定效应的估计结果；模型(3)和模型(4)分别为仅控制地区和仅控制时间的固定效应；模型(5)既控制地区固定效应又控制时间固定效应的估计结果；模型(6)只考虑数字经济对制造业就业的替代效应的单边估计结果，即模型残差项u_{it}；模型(7)只考虑数字经济对制造业就业的创造效应的单边估计结果，即模型残差项ω_{it}；模型(8)同时考虑数字经济对制造业就业的替代与创造两种效应的估计结果，即模型残差项ω_{it}和u_{it}。根据模型似然比检验(LR)，加入偏离效应后，模型(8)相比 OLS 估计以及其他的剩余模型更为合理，综合比较后最终确定后文分析以模型(8)为基础进行后续数字经济的双边效应分解测度分析。

从模型(8)估计结果可知，数字经济的就业创造效应估计系数显著为正，这表明数字经济的就业创造效应增加了制造业就业量；而数字经济的就业替代效应估计系数显著为负，这表明数字经济的替代效应显著抑制制造业就业量的增加。据此，本章理论假设中数字经济对制造业就业的两种效应同时存在的假设在模型(8)的估计结果中得到了初步验证。

表 7-2　数字经济的双边随机前沿模型基本估计结果

变量	模型(1)	模型(2)	模型(3)	模型(4)	模型(5)	模型(6)	模型(7)	模型(8)
	LABOR	LABOR	LABOR	LABOR	LABOR	LABOR	LABOR	LABOR
ln FDI	0.000	−0.027***	−0.003***	−0.039***	0.001***	0.003***	0.003***	−0.001***
	(0.05)	(−129.01)	(−309.41)	(−781.58)	(76.25)	(170.58)	(57.35)	(−90.09)
ln CITY	0.449*	−0.773***	−0.025***	−0.792***	0.481***	0.623***	0.618***	0.342***
	(1.83)	(−100.36)	(−15.67)	(−533.62)	(563.73)	(399.22)	(462.16)	(624.60)
ln PAT	−0.054	−0.033***	−0.107***	0.066***	0.041***	0.021***	0.040***	0.036***
	(−1.48)	(−25.34)	(−473.96)	(151.42)	(314.60)	(84.48)	(289.53)	(276.44)
ln RDD	0.070*	0.760***	0.162***	0.619***	0.069***	0.087***	0.069***	0.104***
	(1.81)	(408.51)	(1887.76)	(3607.93)	(246.17)	(386.05)	(376.79)	(1278.92)
ln GOVP	0.170***	0.004**	0.040***	−0.022***	0.126***	0.076***	0.082***	0.062***
	(4.45)	(2.54)	(286.93)	(−94.66)	(633.88)	(674.22)	(445.56)	(309.15)
ln ION	0.008	0.076***	−0.043***	0.156***	0.014***	0.009***	0.011***	0.019***
	(0.63)	(131.57)	(−898.30)	(826.52)	(571.91)	(269.53)	(183.77)	(336.70)
ln EDU	−0.029	0.004***	−0.095***	−0.057***	−0.059***	−0.006***	−0.028***	−0.048***
	(−0.94)	(2.71)	(−363.80)	(−268.43)	(−420.20)	(−75.70)	(−131.44)	(−966.50)
ln PGDP	−0.009	0.262***	0.015***	0.069***	−0.003***	−0.026***	−0.004***	0.005***
	(−0.41)	(199.33)	(119.05)	(176.77)	(−24.49)	(−235.51)	(−39.71)	(43.08)
_cons	2.020*	−0.768***	6.523***	0.494***	1.407***	0.509***	0.674***	1.954***
	(1.93)	(−39.04)	(1874.15)	(82.72)	(243.15)	(122.53)	(140.88)	(973.45)

续 表

变量	模型(1) LABOR	模型(2) LABOR	模型(3) LABOR	模型(4) LABOR	模型(5) LABOR	模型(6) LABOR	模型(7) LABOR	模型(8) LABOR
sigma_v								
_cons	—	−16.831 (−0.01)	−18.334 (−0.05)	−16.297 (−0.04)	−21.575 (−0.02)	−18.183 (−0.05)	−30.377 (−0.01)	−18.643 (−0.04)
替代效应								
SDIG	—	—	—	—	—	−1.792*** (−3.81)	—	−2.647*** (−5.08)
_cons	—	—	−1.950*** (−32.45)	−1.728*** (−23.60)	−2.454*** (−37.68)	−2.007*** (−12.31)	−2.517*** (−38.01)	−1.650*** (−9.72)
创造效应								
SDIG	—	—	—	—	—	—	1.467*** (3.04)	2.948*** (5.44)
_cons	—	—	−3.741*** (−32.41)	−1.533*** (−22.35)	−3.062*** (−38.29)	−2.893*** (−38.66)	−3.468*** (−19.09)	−4.186*** (−19.04)
地区固定	NO	NO	YES	NO	YES	YES	YES	YES
时间固定	NO	NO	NO	YES	YES	YES	YES	YES
样本量	300	300	300	300	300	300	300	300

注：*、**和***分别表示 $p<0.1$、$p<0.05$ 和 $p<0.01$，括号上方为估计值，括号内为 t 统计量值。

2. 方差分解：数字经济对制造业就业的双边效应测度

为深入分析数字经济对制造业就业的两种效应究竟哪种效应占据主导地位，需要在表 7-2 中模型(8)的基础上将数字经济对制造业就业的创造效应与替代效应进行分解，分解结果见表 7-3。数字经济对制造业就业的创造、替代程度分别为 0.044 1 和 0.086 1，这使得数字经济对制造业就业的净效应程度为 $E(\omega-u)=\sigma_\omega-\sigma_u=-0.0420$，可知数字经济对制造业就业的净效应表现为抑制了制造业就业量的增加。总体来看，由于数字经济同时存在就业替代与就业创造两种效应，且就业替代效应占据主导地位，最终导致省(区、市)实际的制造业就业量低于最优水平，即数字经济对制造业就业量的增加起到抑制作用。

进一步依据分解模型，对数字经济影响制造业就业的替代效应与创造效应的比重大小进行分解。由表 7-3 可知，数字经济抑制制造业就业的替代效应占比为 68.52%，而促进制造业就业的创造效应占比为 31.48%，这表明数字经济的就业替代效应占据主导，从而再次证明上述估计结果的正确性，即数字经济通过就业替代效应显著抑制了制造业就业量的增加。其可能原因为，当前中国制造业多为劳动密集型产业，其人工构成中，中低技能劳动者占比较高，而可执行重复劳动的数字技术的投入使用将与这部分劳动力产生直接的竞争关系，进而引致制造业就业岗位有所减少。在数字技术日趋成熟，投入量更大和形成规模效应之后，其使用成本将大大降低，届时这种就业替代效应将会更加显著。

表 7-3　方差分解：数字经济对制造业就业的创造效应与替代效应

变量	变量含义	符号	测度系数
数字经济的双重效应	随机误差项	sigma_v	0.000 0
	替代效应	sigma_u	0.086 1
	创造效应	sigma_w	0.044 1
方差分解	随机总误差项	Total sigma_sqs	0.009 4
	替代创造效应共同影响比重	(sigu2＋sigw2)/Total	1.000 0
	替代效应比重	sigu2/(sigu2＋sigw2)	0.792 4
	创造效应比重	sigw2/(sigu2＋sigw2)	0.207 6
	净效应	sig_u－sig_w	0.042 0

3. 数字经济的双重效应对制造业就业的影响程度分析

在分析数字经济对制造业就业的影响效应后，进一步计算地区制造业就业相较于最优制造业就业水平的偏离程度，具体公式依据模型中的式(7-13)～式(7-15)进行估计，这表明数字经济在影响制造业就业后，实际就业偏离就业前沿水平的百分比及最终净效应比重，并对比创造效应与替代效应百分比的净效应大小，从而最终判定数字经济对制造业就业的真实影响。由表 7-4 可知，数字经济的替代效应使得制造业就业低于前沿水平 7.80％，而其创造效应使得制造业就业高于前沿水平 4.15％，最终两种效应的综合作用使得制造业就业低于前沿水平 3.66％。这说明，由于数字经济双边效应的不对称，使得数字经济对制造业就业水平整体呈现替代效应的特征。

在此基础上，进一步分析数字经济影响制造业就业的两种效应分布状况，表 7-4 分别呈现了不同百分位水平上，数字经济影响制造业就业的两种效应差异。具体而言，数字经济对制造业就业的替代效应从 25％分位的 2.62％增至 75％分位的 10.35％，而其创造效应则从 25％分位的 2.27％增至 75％分位的 2.82％。两者对比不难发现，两种效应的差异在不断拉大，且替代效应始终占据主导地位，这表明数字经济降低了制造业的整体就业数量，这与上述结论保持一致。

表 7-4 数字经济对制造业就业的净效应估计 /%

效应类型	均值	方差	Q_1	Q_2	Q_3
替代效应	7.80	8.26	2.62	3.90	10.35
创造效应	4.15	4.37	2.27	2.59	2.82
净效应	−3.66	10.31	−8.04	−1.32	0.37

注：Q_1、Q_2、Q_3 分别表示第一、第二和第三分位。

图 7-3 分别给出了数字经济对区域制造业就业双重效应的分布特征。如图 7-3 所示，数字经济对制造业就业的替代效应呈现出右拖尾特征，在 50%左右替代效应仍然存在，这表明部分省（区、市）的制造业就业对数字经济的变化水平较为敏感，易受其影响；而数字经济促进制造业就业的创造效应在 25%左右即结束了，明显低于替代效应，这表明部分省（区、市）制造业就业受数字经济的创造效应的影响较小。从净效应分布情况可知，大部分省（区、市）受数字经济的就业替代效应的影响，少部分省（区、市）受数字经济的就业创造效应的影响。上述结果表明数字经济会降低制造业的就业，这与前文的理论分析相吻合。

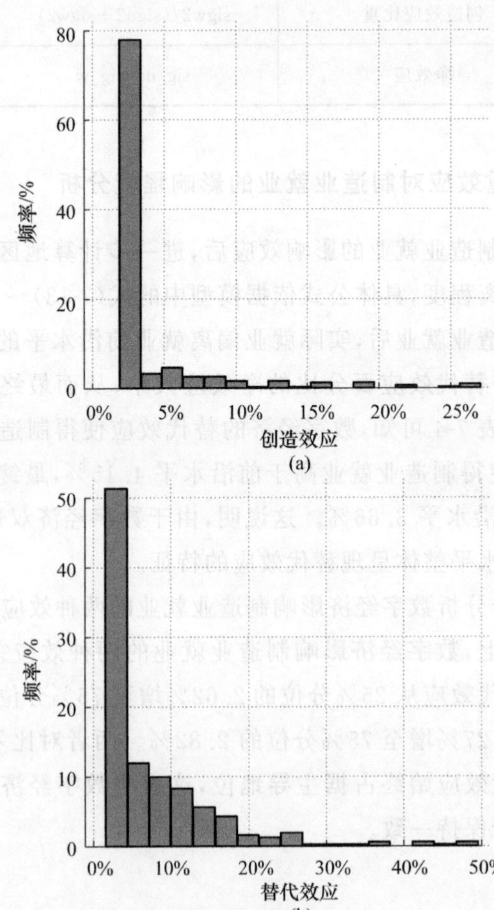

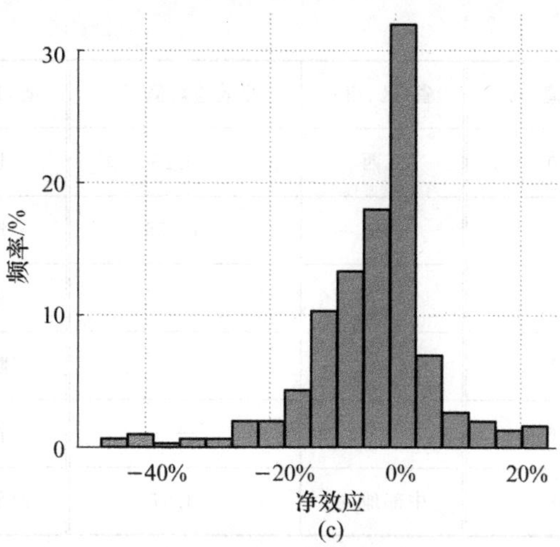

图 7-3　数字经济对区域制造业就业双重效应的分布特征

7.4.2　数字经济影响制造业就业的区域特征分析

进一步考察数字经济影响制造业就业的净效应在不同区域的分布特征,结果见表 7-5。从地区分布看,东、中、西三大地区的数字经济对制造业就业的净效应均值均为负,数值分别为－2.38%、－4.97%和－3.97%,这表明三大地区的数字经济对制造业就业均起到替代作用,且其就业替代效应的大小排序为:中部＞西部＞东部。究其原因可解释为,东部地区数字经济发展水平较高,集聚了大量的数字创新人才和创新资本,因此由数字经济引发的产业变革、技术变革等对该地区制造业就业的冲击不会太大,但短期内替代效应仍较为显著,这与中国现有的产业结构、人力资本水平密切相关。中、西部地区的产业多为劳动密集型产业,数字经济发展势必会冲击现有的劳动力市场,尤其是工业机器人的大量应用将会对制造业就业造成明显的负面冲击。

表 7-5　数字经济对制造业就业影响净效应的区域分布特征

省(区、市)	净效应均值/%	省(区、市)	净效应均值/%	省(区、市)	净效应均值/%
河北	－4.05	黑龙江	－4.89	四川	－3.70
辽宁	－1.77	吉林	－5.63	云南	－6.27
福建	3.05	山西	－2.00	内蒙古	－2.74
山东	－3.16	湖北	－4.17	宁夏	－4.38
江苏	－7.90	湖南	－3.11	广西	－5.01
浙江	－0.46	安徽	－3.14	新疆	－6.51

续表

省(区、市)	净效应均值/%	省(区、市)	净效应均值/%	省(区、市)	净效应均值/%
广东	－5.70	江西	－6.25	甘肃	－0.08
海南	－3.18	河南	－10.56	贵州	－3.18
北京	1.51	—	—	重庆	－2.36
天津	－4.21	—	—	陕西	－4.99
上海	－0.36	—	—	青海	－4.46
东部地区	－2.38	中部地区	－4.97	西部地区	－3.97

7.4.3 数字经济影响制造业就业的时间特征分析

为更进一步识别数字经济影响制造业就业的时间特征，接下来将依据时间变量分析不同年份的数字经济对制造业就业影响效应的差异，结果如图 7-4 所示。在大部分年份样本内，数字经济的替代效应占据主导地位，其作用大小在－12.37%～4.35%之间。整体而言，随着时间趋势变化，数字经济对制造业就业的替代效应逐渐减弱，尤其是从 2019 年以后，数字经济对制造业就业的净效应由负转正，此后就业创造效应逐渐占主导地位，且有不断增强的趋势。产生该结果的主要原因在于，物联网、大数据、云计算等数字技术与实体经济不断深度融合，导致实体经济从生产、分配、流通到消费各环节的产业变革，切实推动制造业(企业)的数字化转型和智能化升级。考虑产业数字化转型和智能化升

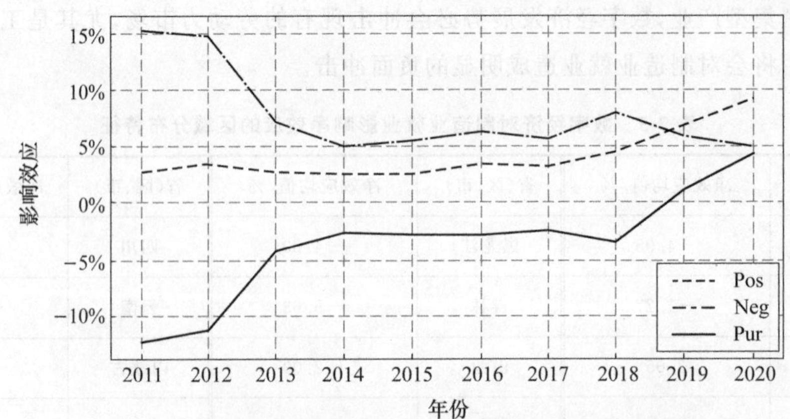

注：Neg代表替代效应，Pos代表创造效应，Pur代表净效应。

图 7-4 数字经济对制造业就业影响净效应的年度分布特征

级势必会淘汰现有低技术、重复性劳动，从短期来看数字经济对制造业就业仍表现为替代效应。但智能制造、工业机器人的应用并不能完全替代人工，反而会催生出可吸纳大量劳动力的新产业生态，创造出大量与新兴技术相关的就业岗位，从长期来看，数字经济对制造业就业的创造效应会不断显现。

7.4.4　不同数字经济发展水平影响区域制造业就业的差异分析

由前文分析可知，数字经济对制造业就业水平整体呈替代作用。接下来，通过对数字经济发展水平按照25%、50%、75%分位数为界进行低、中、高分组，分析不同数字经济发展水平下双边效应的分布情况，见表7-6。其中，数字经济发展水平(SDIG)≤0.223为低水平组，0.223<数字经济发展水平(SDIG)≤0.408为中水平组，数字经济发展水平(SDIG)>0.408为高水平组，结果见表7-6。随着数字经济发展水平的提升，数字经济对制造业就业的替代效应均值从低水平组的11.45%降至高水平组的4.60%；其创造效应均值从低水平组的2.68%增长至高水平组的7.13%，且净效应均值由负转正。以上表明虽然全样本下数字经济对制造业就业的替代效应始终占据主导地位，但在不同数字经济水平下，数字经济对制造业就业的影响存在显著异质性。究其原因可能为，在数字经济水平较低时，制造业与数字经济融合水平较低，这种融合将会冲击中国低端制造业就业市场中类似流水线这种低技术、高重复性的工作，造成此类型员工大面积被替代。而当数字经济发展到较高水平时，制造业与数字经济达到更高水平融合，需要大量的专业人才实现人机协同，进而创造大量的就业岗位。综上，数字经济对制造业就业的影响是一个长期累积的过程，需要动态地考量其对制造业就业的综合影响。

表7-6　不同数字经济发展水平下双边影响的分布情况　　/%

数字经济发展水平	效应分解	均值	标准差	Q_1	Q_2	Q_3
低水平组	替代效应	11.45	10.41	2.60	9.32	15.88
	创造效应	2.68	2.50	2.00	2.13	2.20
	净效应	−8.77	11.25	−13.82	−7.32	−0.40
中水平组	替代效应	7.55	7.86	2.57	4.79	10.06
	创造效应	3.39	3.23	2.37	2.56	2.74
	净效应	−4.16	9.01	−7.55	−2.35	0.00
高水平组	替代效应	4.60	4.29	2.70	2.80	3.56
	创造效应	7.13	6.12	2.79	3.37	9.19
	净效应	2.53	8.55	−0.83	1.01	6.60

注：Q_1、Q_2、Q_3 分别表示第一、第二和第三分位。

7.4.5 不同人力资本水平下数字经济影响区域制造业就业的差异分析

数字经济发展对人力资本提出了更高的需求，当地区的人力资本足够大时，其产业结构、人口结构等也会相应提高；同时，人力资本的集聚效应可在一定程度上缓冲数字经济所带来的制造业失业等负面影响。为验证这一猜想，本章的研究选取平均受教育年限来表征人力资本[36]，遵循7.4.4节的分组逻辑，结果如表7-7所示。数字经济对制造业就业的创造效应从低技能组的3.47%升至高技能组的5.40%，其替代效应则从低技能组的9.53%降至高技能组的4.63%，两者综合作用下的净效应由负转正。此结果表明，人力资本技能的提升可在一定程度上缓解数字经济对制造业就业的替代效应。究其原因在于，随着数字经济发展水平的不断提升，低技能劳动者的就业量受数字技术的冲击较大；与此同时，数字经济也创造出诸多知识和技术密集型岗位，这将不断增加对高技能人才的需求，促使劳动力向更高的就业技能结构调整，最终实现对高技能劳动者的就业创造效应。

表7-7 不同人力资本水平下数字经济对制造业就业的影响差异 /%

人力资本	效应分解	均值	标准差	Q_1	Q_2	Q_3
低技能组	创造效应	3.47	4.03	2.10	2.29	2.69
	替代效应	9.53	8.77	2.75	6.83	12.79
	净效应	−6.06	10.53	−10.28	−4.48	0.00
中技能组	创造效应	3.86	4.22	2.27	2.52	2.81
	替代效应	8.52	9.13	2.62	4.78	11.46
	净效应	−4.66	10.92	−8.82	−2.34	0.00
高技能组	创造效应	5.40	4.75	2.60	2.80	7.55
	替代效应	4.63	4.13	2.55	2.77	3.58
	净效应	0.77	7.13	−1.16	0.00	4.77

注：1. 人均受教育年限＝小学文化人口占比×6＋初中文化人口占比×9＋高中文化人口占比×12＋大专及以上文化人口占比×16。

2. Q_1、Q_2、Q_3分别表示第一、第二和第三分位。

7.4.6　稳健性检验

为检验结果的稳健性,本章借鉴赵涛等[61]的研究,采用主成分分析法重新计算数字经济发展水平,并将其用于稳健性检验。在此基础上,再次估算数字经济对制造业就业的创造效应、替代效应及净效应,结果见表 7-8。结果表明,数字经济对区域制造业就业的替代效应为 0.083 5,创造效应为 0.047 8,这与前文结果一致。这说明数字经济对区域制造业就业存在双边影响。从净效应看,数字经济的替代效应占比 75.3%,创造效应占比 24.7%,这说明在数字经济对制造业就业的影响中,由于数字经济的替代效应占据主导作用,从而使制造业就业相对偏离其前沿水平,故而进一步验证结果的稳健性。

表 7-8　影响效应与方差分解

变量	变量含义	符号	测度系数
数字经济的双重效应	随机误差项	sigma_v	0.000 0
	替代效应	sigma_u	0.083 5
	创造效应	sigma_w	0.047 8
方差分解	随机总误差项	Total sigma_sqs	0.009 2
	两种效应共同影响比重	(sigu2+sigw2)/Total	1.000 0
	替代效应比重	sigu2/(sigu2+sigw2)	0.753 3
	创造效应比重	sigw2/(sigu2+sigw2)	0.246 7
	净效应	sig_u−sig_w	0.035 7

进一步估计数字经济对制造业就业的替代效应、创造效应和二者相互作用的净效应,结果如表 7-9 所示。结果显示,随着数字经济发展水平的提高,其促进效应使区域制造业就业提高 4.53%,而替代效应使区域制造业就业降低 7.53%,净效应使实际的区域制造业就业相对低于前沿水平 3.00%,与前文估计结果基本相同。

表 7-9　数字经济的影响效应导致就业的偏离程度　/%

效应类型	均值	方差	Q_1	Q_2	Q_3
替代效应	7.53	7.96	2.88	3.68	9.73
创造效应	4.53	4.03	2.85	2.94	3.51
净效应	−3.00	9.77	−6.82	−0.92	1.00

注:Q_1、Q_2、Q_3 分别表示第一、第二和第三分位。

7.5 研究结论与政策启示

7.5.1 研究结论

本章在梳理数字经济与制造业就业相关文献的基础上，深入剖析了数字经济对区域制造业就业的创造效应与替代效应的影响机理，并基于 2011—2020 年中国 30 个省（区、市）的面板数据，利用双边随机前沿模型实证检验了数字经济对制造业就业的双边效应，是对数字经济可能带来的就业冲击这一当前热门议题的回应。主要结论如下。

1. 数字经济总体上对区域制造业就业产生替代效应

全样本下数字经济对区域制造业就业的创造效应强于替代效应，其中数字经济的创造效应使得制造业就业高于前沿水平 4.15%，而数字经济的替代效应使得制造业就业低于前沿水平 7.80%，最终在两种效应的综合作用下使得制造业就业低于前沿面水平 3.66%。现阶段，数字经济在一定程度上降低了制造业的就业水平。

2. 数字经济影响制造业就业存在时间差异特征

从时间趋势来看，现阶段数字经济对制造业就业的替代效应占据主导地位，中长期来看，这种替代效应将有所减弱，未来将更多地表现为创造效应；从地理区位看，数字经济对就业的替代效应呈中部＞西部＞东部的分布特征。

3. 在不同数字经济发展水平、不同人力资本水平下，数字经济对制造业就业影响的作用方向及程度存在异质性

具体来说，在数字经济发展水平越高、人力资本水平越高的地区，短期内就业替代效应占主导，但是数字经济对制造业就业的负向冲击存在减弱的趋势。相比之下，在数字经济发展水平越低、人力资本水平越低的地区，其替代效应越强。

7.5.2 政策启示

本章的研究旨在廓清数字经济与制造业就业之间的关系，将有助于更系统、更深入、更全面地认识数字经济对制造业就业的短期替代与长期创造效应，从而有效地化解智能化升级可能对制造业劳动力市场产生负面冲击的担忧。为此，本章提出如下政策启示。

1. 深化职业教育改革，提高劳动技能水平与新技术应用能力

各级政府应积极深化教育体制改革，找准未来数字经济的就业方向，加强政、产、学、研合作，着力提升制造业劳动者的技能素质以及对新技术的应用能力。一是为满足制造业新增职位对知识技能密集型劳动力的需求，要对现有冗余人员开展针对性的转岗技能培训。二是对更易出现“机器换人”的制造业劳动部门，需规划建立终身学习制的职业教育体系。值得注意的是，中、西部地区数字经济对制造业就业的替代效应强于东部地区，故在东部地区侧重开展制造业高技能劳动者的就业培训，而中、西部地区则应侧重对中低技能劳动者的培训提升。三是综合考虑区域制造业的发展现状及需求，合理配置数字技术与劳动力资源，积极开发人机协同或人机耦合的就业岗位，弱化数字经济对中低技能制造业劳动者的替代效应。

2. 促进劳动力市场供需匹配，扩大数字经济的创造效应

一是探索建立全国统一的就业监测与综合信息服务平台，畅通省、市、区(县)以及产业、企业层面的劳动力资源交流与协作渠道，促进制造业劳动力市场的供需匹配。二是准确定位、帮扶已失业或即将失业的劳动者，尤其是传统劳动密集型行业从业者，政府应加强对其职业技能教育和培训方面的引导与支出，进入诸如数据采集、内容审核等数字化门槛较低的岗位，为智能制造提供充裕的劳动力资源，同时有效缓解新技术应用对传统行业的就业冲击。三是政府部门应积极为工业智能化教育与科研提供更多的政策及资金支持，夯实工业智能化的人才基础，扩大数字经济的创造效应，为推动制造业的数字化、智能化转型培养更多的高端人才。

3. 制定差异化产业发展规划，推动制造业梯度升级

针对数字经济对制造业就业影响的异质性，各地政府应积极把握工业智能化的发展方向和趋势，充分发挥政府在产业规划方面具有的顶层设计优势，对不同数字经济发展水平、不同劳动技能水平的地区，采取因地制宜，实施梯度产业升级规划和差异化的行业发展策略。对于数字经济发展水平较高、劳动技能水平高的地区，应大力发展高端装备制造和智能制造领域，在一定程度上强化数字经济的就业创造效应。而在数字经济发展水平较低、劳动技能水平低的地区，可发展部分中低端制造产业以及承接其他区域的产业转移，循序渐进、逐步推广，并利用数字技术提高产品与服务质量，从而缓解由于数字经济的短期就业替代效应所造成的社会矛盾。

第8章 工业互联网赋能“专精特新”企业数字化转型的机理与路径研究

推动工业互联网赋能“专精特新”企业数字化转型，成为解决制造业“卡脖子”技术难题的重要抓手，也是实现区域制造业高质量发展亟待解决的重要方面。在科学界定核心概念的基础上，本章基于价值共创理论和创新生态系统理论，从企业内部和外部产业链两个维度深入剖析工业互联网赋能“专精特新”企业数字化转型的作用机理。接下来，以河北为例，梳理河北“专精特新”企业数字化转型的特征事实及突出问题，主要表现为：专业人才匮乏、缺乏技术支持、组织变革滞后和资金投入不足。最后，提出工业互联网赋能河北“专精特新”企业数字化转型的实现路径，分别为网络强基驱动、平台发展驱动、数据共享驱动和安全防护驱动。

8.1 引　　言

党的二十大报告指出:“加快发展数字经济,促进数字经济和实体经济深度融合,打造具有国际竞争力的数字产业集群”。河北“十四五”规划中明确提出要深入推进制造强省和数字河北建设,在实施数字强省战略中,把“专精特新”企业作为改造提升的传统产业、发展先进制造业的生力军,以其为核心建立网络结构的企业集群和战略产业集聚,能够带动更多中小企业数字化转型,有利于提升产业链韧性,构建共生共荣的数字经济生态系统。工业互联网作为新一代信息技术与制造业深度融合的产物,日益成为实现区域智能制造的重要基石,以及推动企业数字化转型的新引擎。因此,支持“专精特新”企业应用工业互联网开展数字化、网络化、智能化改造,是提高区域制造业协同创新能力、产业链供应链稳定性和解决核心关键技术“卡脖子”问题的关键所在。

目前,河北已累计认定五批次 2 162 家企业为省级“专精特新”中小企业。“专精特新”企业是河北中小企业中最具活力的群体,已成为河北经济高质量发展的重要动力源。建设智能制造强省,需要工业互联网的强力支撑,“工业互联网”赋能河北“专精特新”企业数字化转型正当其时、大有可为。但现阶段河北“专精特新”企业数字化转型仍存在数字化认知不足、转型路径不清晰、数字化转型成本高、技术创新能力不足以及数字化人才匮乏等突出问题。为此,如何推动工业互联网更好地赋能和支持河北“专精特新”企业数字化转型,填补“数据鸿沟”,成为解决河北制造业“卡脖子”技术难题的重要抓手,也是深化供给侧结构性改革、实现高质量发展亟待解决的重要问题。本章的研究在阐述理论依据和科学界定核心概念的基础上,深入剖析工业互联网赋能“专精特新”企业数字化转型的作用机理;接下来,以河北为例,梳理河北“专精特新”企业数字化转型的现状及突出问题;最后,提出工业互联网赋能河北“专精特新”企业数字化转型的有效路径,以期推动“专精特新”企业做优做强,为实现制造强省和数字河北建设提供理论指导和决策依据,并为其他省(区、市)加快“专精特新”企业高质量发展提供借鉴与参考。

8.2 理论基础与机理分析

8.2.1 理论基础

1. 价值共创理论

企业独立活动已不适用于在数字时代下的价值创造,内、外部利益相关者在该过程中的作用逐渐增大，价值共创的概念逐渐成为学者们关注的热点。梳理现有文献发现，价值共创的关键是“共同”，无论何种情境，价值共创的研究始终围绕互动关系开展[165]。周文辉等[166]强调了赋能在价值共创中的影响，其认为通过赋能企业可促使价值共创，缓解资源限制和资源冗余的问题。在企业外部，工业互联网的应用带来企业平台化、资源有效协同等新型模式，工业互联网变革了企业之间的关系，能促进企业价值链或商业生态协作，使产品或服务都由价值链成员一起创造。

2. 创新生态系统理论

《创新美国：在挑战和变革的世界中实现繁荣》报告于 2004 年首次提出创新生态系统的概念，把多种创新要素间的动态交互和有机组合比作富含生命力的生态系统。基于此，学者们提出了企业层面的创新生态系统理论，Bloom[167]认为创新生态系统主要由核心企业和外部环境构成，核心企业指参与的企业和组织，外部环境包括社会规则、法律和市场。随后，数字技术和创新生态系统两个概念融合引申出数字创新生态系统，这是基于数字技术和动态合作，创新主体构建的具有生态特征的组织体系。新一代数字技术使创新主体实现超越空间、行业、国界的高效互动与合作，为各子系统之间的复杂关系创造共生环境[168]。由于数字环境的无界限性、相互联系、可复制等特征，数字创新生态系统具有很高的理论和实践价值，给“专精特新”企业带来了创新机遇。

8.2.2 相关概念的界定

1. 关于工业互联网的界定

工业互联网的概念最初由美国通用电气公司于 2012 年提出，其核心是通过自动化、数字化、网络化等技术手段优化资源配置、提高劳动生产率、重构全球工业体系[169]。随后，工业互联网被定义为由实物、机器、人与计算机机器网络组成，具有智能制造、个体感知和流程控制、整合全部性质的网络，并进行数据整合与数据分析的全球开放式智能工业系统。权锡鉴等[170]国内学者提出适合中国国情的“工业互联网”概念。结合我国工业互联网的创新实践，关于工业互联网平台的应用现状[171]、评价指标体系[172]以及发展对策[173]等已成为学术研究的热点。

2. 关于“专精特新”企业的界定

“专精特新”企业是指“专业化、特色化、精细化、新颖化”的中小企业。2011 年，中国提出要大力推动中小企业向“专精特新”方向发展。2018 年底，国家发展和改革委员会首次启动“专精特新”小企业培育工作；到 2022 年 1 月，工信部宣布，探索建立创新型中小企业和专业化创新型中小企业评价培训办法，完善培育机制。目前，已累计培育了第一至四批专精特新“小巨人”企业 8 997 家。

3. 工业互联网赋能“专精特新”企业数字化转型研究

数字化转型已成为企业在数字经济时代背景下生存与发展的新主题。Matt 等[174]认为数字化转型是一种战略蓝图，可以引领企业通过集成数字技术实现转型。Chanias 等[175]认为数字化转型是企业结合信息、计算、通信和连接技术，引发实体属性的重大变化，从而改进实体的过程。随着企业数字化转型的内涵日趋明晰，研究重点逐渐转向企业数字化转型的测度、影响因素及实现路径等方面。工业互联网是中国制造业智能化转型的核心[176]。但目前鲜有关于工业互联网对“专精特新”企业数字化转型影响的研究，已有的研究主要关注工业互联网对制造业转型升级的影响，聚焦于两个方面：一是影响机制研究，二是赋能路径研究。

8.2.3　工业互联网赋能“专精特新”企业数字化转型的机理分析

数字化转型是“专精特新”企业实现进阶发展的内在需要和根本方向。尽管“专精特新”企业已具有较强的竞争力，但市场机遇转瞬即逝，“专精特新”企业应结合工业互联网的特征，抢抓新技术革命机遇，以更高视野、更高标准去探索数字化转型路径。因此，本章结合工业互联网的特征，基于价值共创理论和创新生态系统理论，从企业内部要素和流程与外部产业链两个维度深入探究工业互联网赋能“专精特新”企业数字化转型的作用机理。

1. 赋能企业内部要素和流程

1）要素配置优化

技术人才、资金、知识、创新信息等要素投入是企业数字化转型的关键步骤，提高要素的配置效率、保障要素投入质量是数字化转型的前提条件。工业互联网为企业要素配置方式、要素配置情况提供了技术支持，进而推动“专精特新”企业数字化转型。首先，缓解了市场信息差。工业互联网实现了对数据的深度挖掘以辅助生产决策，增强了对市场、竞争对手行为的预测能力。其次，促进了企业知识共享。通过工业互联网，技术创新人员可以获取海量显性高嵌入知识，并进行充分交流，快速掌握新知识、新技能，并运用于生产中，形成隐性高嵌入知识的积累[177]。这一过程加速了各类知识在组织中的流动效率，对企业进行全局性数字化转型产生积极影响。最后，优化资金、人力等要素的配置效率。一方面，工业互联网的平台效应使要素的供需信息更加透明化，提高了资本和劳动的配置效率。另一方面，工业互联网的网络效应打破了传统经济范式下要素供需信息和创新要素流动的地域局限。综上，数字技术从信息获取、知识共享、人力和资金等要素方面均较好地推动了企业数字化转型升级，节约了转型成本、提高了转型效率。

2）技术创新溢出

工业互联网平台通过数据要素、数字基础设施和数字技术，对"专精特新"企业的技术创新产生空间溢出效应。首先，数据要素具有较强的空间溢出效应。数据要素分散成本低、分散速率快，且较少受物理空间制约。其次，数字基础设施可将不同区域连接成有机整体，具备鲜明的网络属性。通过技术的分散和转化，能极大地联动附近地区技术创新。同时，数字基础设施极大地提升了所在区域的数字化水平和数字科技凝聚力，有助于地区高新园区建设。最后，工业互联网的建设能助力中小企业尽快上云，中小企业能通过数字技术共享资源、高效协同以及加速产业链平台化。同时，技术创新自身就具有空间溢出性，数字技术会进一步加强这种空间溢出性。综上，工业互联网的应用不仅能促进一个地区的中小企业数字化转型，还能够通过空间溢出效应激励周边地区的中小企业数字化转型。

3）业务流程改进

通过工业互联网将企业的业务流程和运作经验数据化，将整个生产活动中产生的经验数据汇集到综合数据中心，通过数据整理，产生具有实践价值的新技术、新生产规范、新流程；并通过控制器反向改善生产活动，实现企业业务流程的持续改善。其一，利用大数据与互联网资源，提升生产服务化水平与层次，满足消费者个性化的产品定制需求，获取更高的价值链前端研发收入[2]。其二，促进企业内部各个部门之间信息的联动互通和数字化管理，企业内部信息的传递效率会显著提升。其三，数字技术的应用可提高企业的自动化生产效率。企业可实现生产线的数字化管理，精准把握生产各环节的情况，设计更高效的生产方案。其四，数字技术的利用能够改进企业物流的效率。利用大数据平台搜索和对比，企业能建立配送中心选址模型，做出合理的选址决策等。总之，工业互联网平台不但减少了企业各生产环节的成本，提升了产品的竞争力，更是持续优化生产流程，进而达成了在已有产业链部分上的转型升级。

2. 赋能外部产业链

1）平台企业互联互通

产业互联网可以为产业链上的企业建立新的联系，为企业提供更多的供求信息，使企业更自由地选择供应商和用户，企业之间是多对多的联系。在工业互联网平台上，企业信息透明，简便的信息流和物流使企业的交易成本下降，实现松散的组织形式。由于每个企业都有与其相关的多个供应商，这种供应链结构更为稳固。也可构建制造业企业间的信息交互渠道。从数据层精炼的信息通过连接层聚集到各企业，这些海量、多样的数据根据不同的规则配对，并重新构建企业间的连接。另外，随着对大数据的深度学习，配对效果也将不断改善，企业间的信息连接也将更复杂，最后变为多维连接。

2）平台企业有效协同

工业互联网将企业间的联系变得多维，这种变化使某个企业对产业链上其他企业的依赖程度下降，企业可实现灵活的采购计划，与多个供应商协作，有效降低仓储压力和资源制约。一方面，这种多维松散的连接使企业对固定采购渠道和销售渠道的依赖程度下降，使企业有了发挥专长的机会。另一方面，为了迅速应对市场的变化，制造企业在采购、生产及销售等领域与其他企业的合作日益加深。这些变化要求企业进行变革，使采购、生产和销售活动都能更好地适应整个产业链的高效协作关系。

3）产业链平台化

工业互联网将产业链上的企业增强联通关系和高效协同，最终实现产业链平台化。产业链上的企业数据因素叠加，相互之间的供求关系不断重组，企业可和其他供应链上的企业组成新的供应链。同时，市场在重组中充分发挥调节作用。不同主体间高效合作、准确的供应和需求对接及资源的灵活配置，最终使重组供应链上的企业获得更优的协作和资源整合能力，增强各企业的竞争力。且各企业选择了更多的供应商，即使面临突发冲击，企业也不会因原材料供应限制而停产，极大增强了企业的耐风险性。

综上，构建工业互联网赋能"专精特新"企业数字化转型的作用机理，如图 8-1 所示。

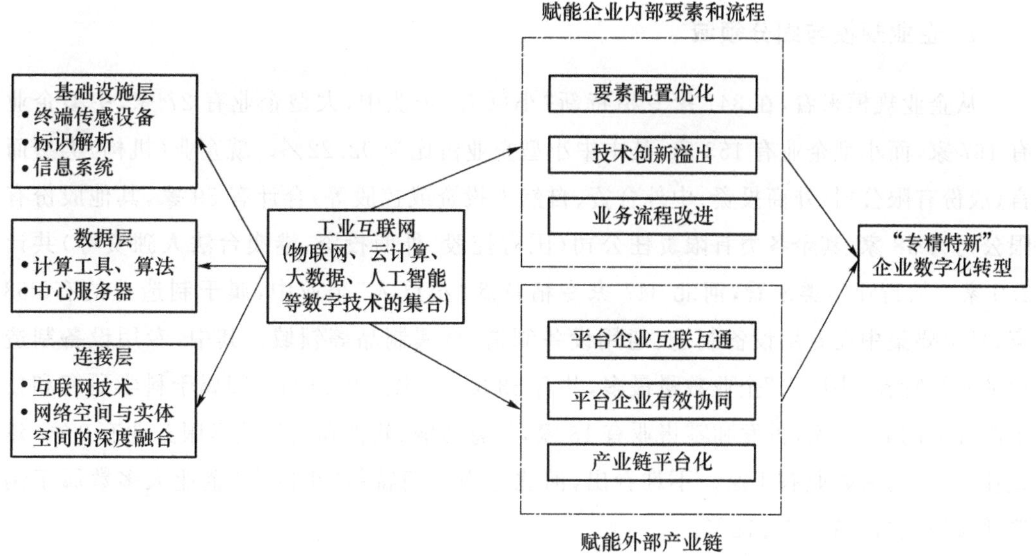

图 8-1　工业互联网赋能"专精特新"企业数字化转型的作用机理图

8.3　河北省"专精特新"企业数字化转型的发展现状与问题分析

近年来，河北加大对"专精特新"企业的政策扶持力度，先后发布了《河北省促进中小企业“专精特新”发展若干措施》《河北省为“专精特新”中小企业办实事清单》等专项支持政策，持续加强对省内“专精特新”企业的信贷支持、补助资金支持，多措并举促进河北“专精特新”企业加快创新发展，并取得了良好的发展成效。

8.3.1 河北省“专精特新”企业数字化转型的发展现状

1. 总体规模与地区分布

河北第一至四批专精特新“小巨人”企业共有 347 家。其中，第一批次有 9 家，第二批次有 99 家，第三批次达到 102 家，第四批次有 137 家，逐批增加。从地区分布来看，石家庄专精特新“小巨人”企业的数量最多为 75 家，唐山和沧州分别有 58 家和 42 家，位列第二、第三名，廊坊、邯郸、邢台和保定专精特新“小巨人”企业的数量分别为 32、30、29 和 23 家；相比之下，衡水、秦皇岛、承德和张家口市的专精特新“小巨人”企业数量较少，分别仅有 24、20、9 和 5 家，排在省内后四位。由此可见，河北省内专精特新“小巨人”企业区域分布不均衡，在传统的工业大市和省会城市，其数量较多，而在经济体量较小或者第三产业为主的城市，其数量偏少。

2. 企业规模与细分领域

从企业规模来看，在 347 家专精特新“小巨人”企业中，大型企业有 27 家，中型企业有 167 家，而小型企业有 153 家，其中中小型企业占比为 92.22%。就企业(机构)类型而言，股份有限公司(外商投资、中外合资、自然人投资或控股等)合计有 59 家，其他股份有限公司为 38 家，其余各类有限责任公司(国有控股、外商投资、港澳台法人独资等)共计 250 家。从行业门类来看，河北 347 家专精特新“小巨人”企业中，属于制造业的有 263 家，且主要集中在专用设备制造、通用设备制造、金属制品等领域。其中，专用设备制造业的专精特新“小巨人”企业数量最多，共有 33 家，占比为 9.51%。归属于科学研究和技术服务业的有 59 家，批发和零售业有 13 家，信息传输、软件和信息技术服务业有 9 家，建筑业有 2 家，采矿业有 1 家。不难看出，河北省内专精特新“小巨人”企业大多数属于制造业领域，占比高达 75.79%。

3. 知识产权与融资渠道

从有效专利情况来看，河北专精特新“小巨人”企业共有 12 206 件发明专利，其中有效授权专利数量为 5 899 件，占比为 48.33%；实用新型专利数量为 2 796 件，其中有效授权实用新型专利数量为 1 068 件，占比为 38.20%；外观设计专利数量为 393 件，其中有效授权外观设计专利数量为 81 件，占比为 20.61%。从企业融资类型来看，近年来河北专精特新“小巨人”企业的融资以新三板定增、IPO融资和Pre-IPO为主。除此之外，其他轮次的融资事件相对较少。

8.3.2 河北省“专精特新”企业数字化转型的问题分析

当前，河北“专精特新”企业数字化转型主要存在以下突出问题。

① 转型基础薄弱。河北部分“专精特新”企业的数字化基础薄弱，一些中小企业的数字化水平较低，转型关键基础能力不足，调研中发现一些“专精特新”企业数字化装备占比、信息系统覆盖率和设备联网率均具有较大的提升空间。

② 管控集成率低。河北一些地市“专精特新”企业的设备种类繁多，年代跨度较大，新老设备并存，部分高精尖设备大多依赖进口，接口又不开放。一些“专精特新”企业虽然不同程度地采用了ERP、PDM和CAX(计算机辅助设计软件)等信息化手段，但缺乏总体规划，实现管控集成、产供销集成、财务业务集成的比例偏低，管控集成率不足12%。

③ 人才供给不足。中小企业数字化转型的人才资源少，转型驱动力不足。超过四分之三的调研企业数字人才占比低于20%，人才结构也有待优化。

④ 服务供给不足。面向中小企业的个性化和普惠性平台服务有待提升。“专精特新”企业数字化转型的需求呈碎片化、多元化，面向“专精特新”企业的转型解决方案存在数量少、针对性弱等问题。

⑤ 配套措施不足。多层次、差异化的数字化转型公共服务体系有待完善。包括提供培训咨询服务、搭建资源对接平台、开展政策解读、发挥财税金融政策引导与扶持以及树立标杆数字化转型案例等一体化配套公共服务措施还有待完善。

整体来看，河北“专精特新”企业数字化转型处在探索起步阶段，工业互联网赋能企业数字化转型仍然任重道远，面临的主要挑战主要集中在缺乏技术支持以及组织变革跟不上转型需求上；在数字化转型实施阶段，数字化转型相关人才匮乏为第一大挑战；在深度应用阶段，人才问题进一步凸显，为首要制约因素，资金投入及筹措为第二大挑战；“专精特新”企业的数据安全顾虑更加明显，为第三大挑战。

8.4 工业互联网赋能“专精特新”企业数字化转型的实现路径

8.4.1 网络强基驱动

加强支撑工业全要素、全产业链、全价值链互联互通的网络基础设施建设，推动网络基础设施布局优化。工业互联网网络的演进路径需向着融合化、开放化、智能化的方向发展。一是融合化，指工业企业内的信息系统(IT)、通信系统(CT)、生产系统(OT)融合形成新型的OICT基础设施。二是开放化，指工业网络体系随着新技术的应用，在架构、标准、产业等方面都将更为开放。三是智能化，将灵活部署、智能运维、少人化或无人化的管理发展为工业互联网网络技术的重要趋势。

在关键技术方面，河北应继续重点发展以5G为代表的新型工业无线、以TSN为基础的工业确定性网络、以边缘计算为代表的工业算网，以及以信息模型为核心的互操作技术等。一是时间敏感网络(TSN)技术，具备万兆级的接口支持能力、纳秒级的同步精度、全业务的共网传输能力，是目前工业有线网络的演进方向，同时在车载、5G、数据中心等领域也具备广阔的应用前景。二是边缘计算机技术，通过融合网络、数据、传输、应用等核心技术建设共享平台，以满足"专精特新"企业在数据优化、智能应用、安全保护等方面的需求。三是信息模型技术，通过定义标准化数据表述方式，来实现不同品牌、不同类型的设备和系统的互通互操作。

8.4.2 平台发展驱动

推动多层次、多领域、系统化的工业互联网平台发展，促进"专精特新"企业的提质增效。从全国范围来看，工业互联网平台名目繁多，综合型平台之间竞争激烈，但真正能满足特定产业和特定企业个性化需求的仍在少数。因此，需要紧扣主导产业链，围绕"链主企业"打造平台，通过平台实现产业链上下游的协同。在这一过程中，过程加工类平台的重点是要改良生产工艺和提升管理方式，即通过建设平台，便于生产数据的实时归集和汇总，从而实现生产过程的可视化，具体环节包括物料是否储备充足、订单是否进行顺利、高价值生产设备是否存在故障风险等；对于终端产品类平台，除了以上已提及的目的外，还可以通过平台实现对产品运行状态的在线监控，实现远程运维等增值服务，由原有的以"产品"为主向以"产品＋服务"为主转变，形成新的利润点，拓展企业的业务范围。

从平台功能来看，河北工业互联网平台建设应坚持与"专精特新"企业的主导产业相结合，积极走差异化道路，从"别人有什么"转变为"别人缺什么"，从"我们有什么"进阶为"我们要什么"。首先，紧扣共性设备，围绕数控中心等广泛应用的设备打造"数控云"等平台，实现设备的线上管理和产能的科学配置；其次，紧扣共性需求，围绕面广量大的"专精特新"企业，搭建共性技术研发平台，实现企业的批量上云上平台，提升企业的创新能力和专业化水平。在经营实践中，"专精特新"企业需重点关注数据安全与建设成本的问题。在数据安全方面，企业往往倾向于选择内网建平台，但基于企业内网的工业互联网平台只是一个规模相对较大的数据孤岛，只有投放到产业链中、与更多的平台互联互通才能形成真正效益。因此，应当推动企业与服务商联合建设平台，签订数据保密协议，以数据安全系统来解决客观上的防御问题。在建设成本上，应遵循“企业出一点，服务商降一点，政府补一点”的方式，共同打造更具领先性和示范性的工业互联网平台，积极争取各类资金支持。

8.4.3　数据共享驱动

高效利用工业互联网数据，促进工业互联网数据流通共享。工业互联网数据是工业领域各类信息的核心载体，网络大数据中心实现对各类资源的统筹管理和调配，发挥数据参与价值创造和分配作用。在这一过程中，设备投入是基础层，研发设计是切入点，生产管控是关键环节，产品服务是最终端，其核心在于数据。数据不仅要实现互联互通，更要实现分析应用，既要从制造中来，也要回到制造中去，其核心在于工业互联网数据。然而，目前河北工业互联网跨层级、跨地域、跨行业的大数据中心体系尚未完全建立起来，各地市、各行业数据资源的汇聚和应用还无法很好地实现，导致“专精特新”企业利用工业互联网赋能数字化转型的最大效能还未发挥出来。因此，河北需要从以下四个方面加以落实完善。

一是构建主导产业工业互联网的完整数据协作和共享机制。加快制定工业互联网数据开放共享政策文件，加强数据开放共享的顶层设计，推动一系列数据应用项目。二是构建合作共享的工业互联网数据生态系统。引导各地市、各行业“专精特新”企业开展高效的数据合作与共享，鼓励产业链上下游共建共享可信的数据空间，打造完善的工业互联网数据共享生态。三是加大投资力度，完善工业互联网大数据中心建设。引导社会资本与政府资本相结合，加大投资力度，尽快将京津冀地区工业互联网大数据中心建设纳入新基建重大工程，从而推动“专精特新”企业的数字化、网络化和智能化。四是通过挖掘“专精特新”企业自身造血能力，以公共服务为基础，为区域提供具有公共属性的增值服务、免费服务，并向政府提供信息搜索、收集、对接、运营的数据服务，提供其他具有商业价值的增值服务。

8.4.4　安全防护驱动

安全防护驱动路径是指以“人防、物防、技防”提高安全防护水平，加强安全保障。具体来说，一是要促进“专精特新”企业依法落实主体责任，同时政府主管部门履行好监管职责。二是要持续优化安全管理制度建设，不断完善工业互联网安全标准体系，完善监督检查、信息通报、应急处置等安全管理制度。三是要提高工业互联网数据安全防护能力，建立工业互联网数据分类分级管理体系，构建工业互联网全产业链数据安全管理体系，指导企业完善数据安全防护措施。四是要打造区域协同安全技术保障平台，增强识别隐患、抵御威胁、化解风险的能力,建立基础资源库并完善安全检测验证环境。五是要提升公共服务能力,保障工业互联网的安全,鼓励提升各主体的安全服务水平,提升专业机构和“专精特新”企业提供解决方案的能力。

此外,在网络发展环境上,河北各地工业和信息化主管部门组织开展以装备、网络、平台为重点解决网络安全问题的“专精特新”企业行业网络技术与应用测试建设,通过监测预警、应急响应、检测评估、功能测试等手段,构建覆盖行业全系统的安全防护体系,及时识别来自内部和外部的安全威胁,化解各类安全隐患,为“专精特新”企业智能化发展提供安全可靠的环境。具体操作上,要探索建立工业互联网运行监测体系,开展动态监测,定期发布网络发展报告,适时编制优秀案例,并采用多种形式进行有效推广。

下篇

区域经济绿色低碳发展的影响因素与多维效应

第9章
空气污染对区域科技创新的双边影响：抑制效应还是激励效应？

如何应对空气污染对区域科技创新的抑制效应与激励效应是新时期中国可持续发展的关键课题。本章在梳理空气污染对科技创新双边影响机理下，基于中国2011—2020年省际面板数据，运用双边随机前沿模型测度分析空气污染对科技创新存在的抑制效应、激励效应及净效应。研究发现：空气污染总体上对科技创新产生抑制影响。空气污染的激励效应使得科技创新高于前沿水平6.58%，而空气污染的抑制效应使得科技创新低于前沿水平16.17%，最终在两种效应的综合作用下使得科技创新低于前沿面水平9.59%。其次，从时间趋势看，空气污染的净效应始终为负效应且呈波动减弱趋势；分地区看，空气污染的抑制效应呈东部、西部、中部逐渐减弱趋势。最后，在不同空气污染水平、人力资本水平与数字金融水平下，空气污染程度的加深将加剧对科技创新的抑制效应；而人力资本水平和数字金融水平的提高可缓解空气污染对科技创新的抑制效应。本研究对于探讨环境污染对科技创新的深层次影响具有重要启示与借鉴意义。

9.1 引　言

在过去 40 年间，以高能耗、高排放、高污染为特征的粗放型经济增长模式在给中国带来高速发展的同时，也对中国的自然生态环境造成了较大破坏，严重阻碍中国经济的可持续发展[178]。尤其是空气质量严重下降、雾霾问题频发，对经济增长与创新的负面影响日益突出[179]，中国也为之付出了较大的代价[180-181]。根据美国宇航局卫星监测数据显示，中国城市 PM2.5 的平均密度自 2000 年起一直在 35 $\mu g/m^3$ 以上，远高于世界卫生组织制定的国际空气质量标准值（10 $\mu g/m^3$）。严重的雾霾污染不仅显著降低人均 GDP，损害经济发展质量，而且直接影响个体生理健康，缩短居民预期寿命[182-183]。这场持续时间长、影响范围广、污染程度严重的雾霾引发了全社会的广泛关注[184]。面对严峻的空气污染形势，国家对大气污染防治进行了战略部署，先后于 2013、2018 和 2021 年发布了《大气污染防治行动计划》《打赢蓝天保卫战三年行动计划》和《关于深入打好污染防治攻坚战的意见》，推动污染防治的措施之实、力度之大前所未有[185]。其中，《大气污染防治行动计划》更是将重点地区、重点行业的空气污染排放标准纳入政府的政绩考核之中，并明确未达标的后果，具有高压威慑的特点[186]，这也足见政府治理空气污染的决心[187]。科技创新是可持续发展的重要驱动，而城市人居环境也影响着科技创新水平[188]。在空气污染治理的压力下，政府提出将创新和技术进步作为转变经济增长方式的重要抓手[189]，这是实现经济增长和环境保护"双赢"目标的最优选择[190]。

科技创新对经济发展和环境保护的重要性已得到广泛认可。环境污染对科技创新的影响是非常必要且急需的研究课题。科技创新在环境污染控制中的作用在已有文献中得到广泛研究。现有研究已经证实技术创新可降低污染物的排放[191-192]。也有学者得出不同结论，根据杰文斯悖论，科技创新可显著提高生产能力，这可能导致过量的能源消耗和污染物排放[193-194]。大多数相关研究都基于波特假说关注科技创新对空气污染的作用，但忽略了空气污染对科技创新的影响。那么，空气污染是否会对科技创新产生影响呢？对此学术界开展了许多有益探索，可归纳为两类：一类认为空气污染可对科技创新产生抑制效应。空气污染可通过资金挤出效应[195]、人力资本损失效应[196]以及引发严格的环境规制增加企业成本等，降低了企业生产率[197]，抑制科技创新；另一类认为空气污染会对科技创新产生激励效应。随着更为严厉的环境规制政策的出台，为降低由此增加的生产成本，相关企业不得不加快科技创新与升级步伐[198]，因此空气污染反而"激励"了科技创新，最终实现科技进步与环境改善的双赢局面。

结合实践来看，并不能简单地断定空气污染与科技创新的关系。空气污染对不同产业的科技创新会同时产生抑制效应与激励效应。本章的研究问题是：近年来，我国空气污染对科技创新的影响是哪一种效应占据主导地位，在不同条件下"抑制效应"与"激励效应”的变化如何，在不同地区、经济发展水平下其具体影响效果又是如何。

关于空气污染与科技创新的关系是学术界研究的焦点之一。现有文献虽做了很多有益探索，但空气污染究竟会产生激励效应还是抑制效应？对此目前尚无定论。究其原因是现有文献仅关注空气污染对科技创新存在激励效应或者抑制效应，但却未在方法上对两种效应进行定量估计，割裂了两种效应对科技创新的综合影响，使研究往往得出非正即负的结论，而仅关注空气污染的单一效应势必会导致估计结果有偏差。此外，对空气污染影响科技创新的净效应是否存在异质性及其原因均未给予完整解答。鉴于此，本章的研究的边际贡献可能为：一是以空气污染的双重属性为基础，提出空气污染对区域科技创新的双边影响命题，并系统分析了空气污染对科技创新的激励效应与抑制效应，从理论上拓展了科技创新的研究视角，为波特假说提供新的见解；二是基于双边随机前沿模型定量测度了空气污染对科技创新的激励效应、抑制效应及净效应，进而分析了空气污染对区域科技创新双边效应的时空分布特征和变动规律，有效弥补现有文献的不足，为深入地理解空气污染与科技创新的内在联系提供客观经验参考；三是探究了空气污染对区域科技创新的抑制效应得以优化的条件，即不同空气污染、人力资本、经济发展水平条件下，空气污染对区域科技创新净效应的异质性变化特征，有利于客观全面地把握空气污染影响区域科技创新的一般规律，对如何在绿色发展背景下有效推动国家及地区经济发展方式的转型，走创新驱动高质量发展之路提供理论支撑与决策依据。

9.2 理论机制

通过上述分析可知，空气污染对区域科技创新同时存在抑制效应与激励效应，而空气污染影响区域科技创新抑制效应与激励效应的机理尚不明晰。基于此，本章的研究从空气污染对区域科技创新抑制效应与激励效应的影响机理进行深入剖析(图 9-1)。

9.2.1 空气污染对科技创新的抑制效应分析

空气污染的抑制效应主要是通过影响人力资本的投入数量及质量影响区域科技创新。同时，地方政府为应对空气污染推出严格的环境规制政策，而环境规制实施将通过提升企业生产成本和市场集中度、挤占研发资金等方式抑制科技创新。

(1) 从人力资本方面看，空气污染通过影响教育水平、健康状况、员工流动，显著损害人力资本的积累[199]。其一，空气污染会对当地居民的生理机能、认知能力和心理健康造成损害，致使员工无法集中精力思考、创造[200]；并且长期暴露于严重的空气污染还会迫使工人花费更多的时间照顾生病的家庭成员，导致缺勤和工作时间减少[201]，同时，空气污染也会导致青少年缺勤率提高[202]。其二，空气污染增加了劳动力迁移的可能性，尤其是对于高质量的劳动力,他们在决定更换工作时对空气质量更敏感[203]。因此,空气污染可能会降低空气污染严重地区的劳动力供给,同时人力资本供给的差异将会形成“马太效应”,将进一步扭曲劳动力资源配置,从而降低地区科技创新水平。

(2)从环境规制政策看,由于空气污染具有显著的外部不经济性,新古典经济理论认为,各地政府为降低外部不经济性,会制定相应的环境规制政策,而环境规制政策将从两个方面影响科技创新。其一,依据柯布-道格拉斯生产函数,企业为应对环境规制要求,不可避免地会增加企业污染治理的“遵循成本”和“防范成本”,继而挤占企业创新资金[204]。此外,在面临环境问题时,企业在生产和营销过程中将承担高额的经济管理成本,进而使得企业在激烈的市场竞争中处于不利地位。此外,空气污染将通过损害工人的健康,对生产活动造成损害,并且企业可能会增加劳动力的健康保险支出或增加补偿以减少潜在的人力资本损失[205]。受此影响,企业将减少必要的研发投入,这将对其科技创新水平产

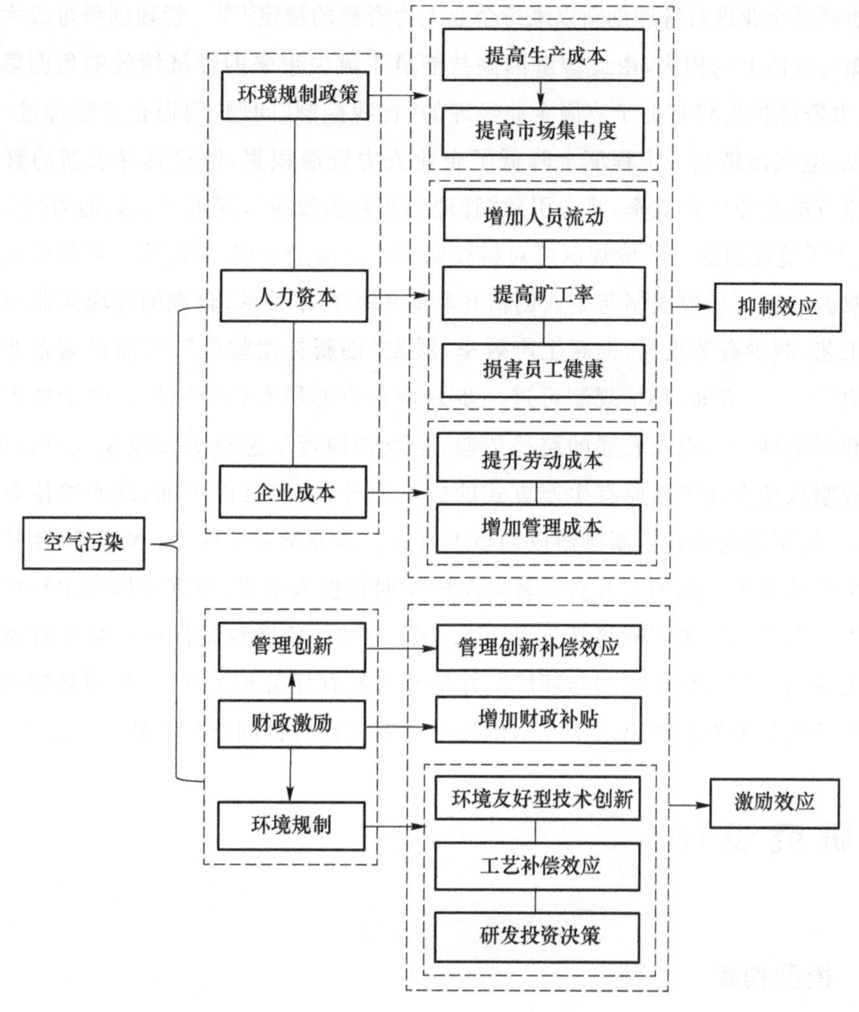

图 9-1 空气污染对科技创新的双边影响机理图

生不利后果。其二,严格的环境规制会提高市场准入门槛,使得很多小企业无法进入生产领域,造成市场集中度过高,并最终形成垄断,这也将不断损害市场效率,同时会导致区域科技创新水平下降。

9.2.2 空气污染对科技创新的激励效应分析

空气污染的激励效应主要是通过地方政府的财政激励、倒逼管理创新以及环境规制带来的工艺改进、资源配置优化等刺激科技创新。

① 从政府财政激励看。政府以财政补贴的方式引导、鼓励企业技术创新,一方面可降低企业的创新融资约束,另一方面能分摊企业创新失败风险,激发企业创新的积极性。

② 从管理创新看。随着空气污染加剧,一旦员工工作效率下降或者高技能员工流失,会极大地刺激企业进行管理创新以维持企业人力资源的稳定[206]。管理创新可极大地弥补员工认知与经济上的损失,由此缓解因高技能员工流失带来的经济绩效的负面影响[207]。此外,人力资源损失将有助于克服企业经理的"自我控制"问题,倒逼企业经理进行创新。由此可见,空气污染在一定程度上降低了企业人力资源积累,倒逼其寻求新的管理方式以维持原有的企业生产效率,将会引致"管理创新补偿效应",促进其创新能力提升。

③ 从环境规制看。环境规制可对科技创新产生激励效应,最终实现环境改善和技术进步的双赢局面。环境规制与企业创新并非简单的互斥关系,合理的环境规制可促使企业改善工艺、减少资源投入,提高生产效率,激发"创新补偿效应",从而提高企业的科技创新能力[208]。一方面,环境规制可进一步影响企业的研发投资决策。由于技术创新的高成本和周期性[209],以及较强的路径依赖,企业管理者不愿意更多地投入科技创新中。但环境规制致使企业维系原有生产方式的成本上升,生产难以为继,进而迫使企业走出"舒适圈",将资源向科技创新倾斜以创新求发展。部分学者发现,20 世纪 70 年代美国和日本污染排放费用支出的上升会显著提高科技创新投入水平,而其他国家由环境规制带来的成本上升也会促进本国科技创新[210]。另一方面,环境规制促进环境友好型的科技创新。大量研究证明环境规制与环境友好型专利具有显著相关性,且环境规制政策会显著提高环境友好型专利产出水平[211],倒逼生产者加快科技创新与产品升级步伐。

9.3 研究设计

9.3.1 模型构建

根据前文分析,空气污染对区域科技创新存在抑制效应与激励效应。因此,本章的研究借鉴 Kumbhakar 等[161]的思路，构建双边随机前沿模型如下：

$$\ln TC_{it}=i(x_{it})+\omega_{it}-u_{it}+\varepsilon_{it}=i(x_{it})+\xi_{it}=x_{it}\delta+\xi_{it} \tag{9-1}$$

其中，$\ln TC_{it}$ 为科技创新；x_{it} 为影响科技创新的一系列控制变量，具体为经济发展水平、知识产权保护、研发强度、基础设施建设、市场开放度、教育投入、政府支持、财政自主等；δ 为待估参数向量，$i(x_{it})$ 为前沿科技创新，ξ_{it} 为复合残差扰动项，$\xi_{it}=\omega_{it}-u_{it}+\varepsilon_{it}$。其中，$\varepsilon_{it}$ 为随机误差项，反映不可观测因素导致的科技创新对前沿科技创新的偏离程度；由于复合残差项 ε_{it} 的条件期望可能并不为 0，将导致 OLS 估计结果有偏差。当 OLS 估计结果有偏差时，使用 MLE 方法可得到有效结果。故在极大似然估计法（MLE）估计的基础上，通过式（9-1）分解出 ω_{it} 和 u_{it}，分别用以反映最优情形下的上偏和下偏效应。在式（9-1）中，当 $\omega_{it}\geqslant 0$，则表示空气污染对科技创新的激励效应；当 $u_{it}\leqslant 0$，则表示空气污染对科技创新的抑制效应；当 $u_{it}\leqslant 0$，$\omega_{it}=0$ 或 $\omega_{it}\geqslant 0$，$u_{it}=0$ 时，模型为单边随机前沿模型，即空气污染对科技创新仅存在单边效应。当 $\omega_{it}=u_{it}=0$ 时，模型为 OLS 模型。若二者皆不为 0，则表示空气污染对科技创新存在双边效应。由于 ξ_{it} 可能不为 0，这将导致 OLS 模型估计有偏差。

由式（9-1）可知，最终科技创新是空气污染的抑制与激励两种效应双边共同作用的结果。具体来说，空气污染对科技创新的激励效应使科技创新高于前沿科技创新，而空气污染对科技创新的抑制效应使科技创新低于前沿科技创新，通过计算二者共同影响的净效应衡量实际科技创新的偏离程度。考虑 OLS 估计所得结果有偏差，使用极大似然估计法（MLE）可得到有效的估计结果。为此，对残差分布做如下假设：随机误差项 ε_{it} 服从均值为 0、方差为 σ_ε^2 的正态分布，即 $\varepsilon_{it}\sim \text{idd}\ N(0,\sigma_\varepsilon^2)$；$\omega_{it}$、$u_{it}$ 均服从指数分布，即 $\omega_{it}\sim \text{iddEXP}(\sigma_\omega,\sigma_\omega^2)$、$u_{it}\sim \text{idd EXP}(\sigma_u,\sigma_u^2)$，且误差项间满足独立假设条件，不与省际特征变量存在相关性，进一步推导 ξ_{it} 的概率密度函数：

$$\begin{aligned} f(\xi_{it}) &= \frac{\exp(\alpha_{it})}{\sigma_u+\sigma_\omega}\Phi(\gamma_{it})+\frac{\exp(\beta_{it})}{\sigma_u+\sigma_\omega}\int_{-\eta_{it}}^{\infty}\varphi(x)\mathrm{d}x \\ &= \frac{\exp(\alpha_{it})}{\sigma_u+\sigma_\omega}\Phi(\gamma_{it})+\frac{\exp(\beta_{it})}{\sigma_u+\sigma_\omega}\varphi(\eta_{it}) \end{aligned} \tag{9-2}$$

在式（9-2）中，$\Phi(\cdot)$ 与 $\varphi(\cdot)$ 分别为标准正态累计分布函数（CDF）和标准正态分布概率密度函数（PDF），设定其他参数如下：

$$\begin{aligned} \alpha_{it}&=\frac{\sigma_v^2}{2\,\sigma_\omega^2}+\frac{\xi_i}{\sigma_\omega} \quad \beta_{it}=\frac{\sigma_v^2}{2\,\sigma_u^2}-\frac{\xi_i}{\sigma_u} \\ \gamma_{it}&=-\frac{\xi_{it}}{\sigma_v}-\frac{\sigma_v}{\sigma_u} \quad \eta_{it}=\frac{\xi_{it}}{\sigma_v}-\frac{\sigma_v}{\sigma_\omega} \end{aligned} \tag{9-3}$$

基于式（9-3）的参数估计，构建极大似然函数（MLE）表达式如下：

$$\ln L(X;\pi)=-n\ln(\sigma_\omega+\sigma_u)+\sum_{i=1}^{n}\ln[e^{\alpha_{it}}\Phi(\gamma_{it})+e^{\beta_{it}}\Phi(\eta_{it})] \tag{9-4}$$

其中，$\pi=[\beta,\sigma_v,\sigma_\omega,\sigma_u]$。进一步最大化似然函数(9-4)，最终得出极大似然估计的所有参数值。此外，还需估计出ω_{it}和u_{it}，故进一步推导其条件密度函数：

$$f(\omega_{it}\mid\xi_{it})=\frac{\left(\frac{1}{\sigma_u}+\frac{1}{\sigma_\omega}\right)\exp\left[-\left(\frac{1}{\sigma_u}+\frac{1}{\sigma_\omega}\right)\omega_{it}\right]\Phi\left(\frac{\omega_{it}}{\sigma_v}+\eta_{it}\right)}{\exp(\beta_{it}-\alpha_i)[\Phi(\eta_{it})+\exp(\alpha_{it}-\beta_{it})\Phi(\gamma_{it})]} \tag{9-5}$$

$$f(u_{it}\mid\xi_{it})=\frac{\left(\frac{1}{\sigma_u}+\frac{1}{\sigma_\omega}\right)\exp\left[-\left(\frac{1}{\sigma_u}+\frac{1}{\sigma_\omega}\right)u_{it}\right]\Phi\left(\frac{u_{it}}{\sigma_v}+\eta_{it}\right)}{\Phi(\eta_{it})+\exp(\alpha_{it}-\beta_{it})\Phi(\gamma_{it})} \tag{9-6}$$

基于式(9-5)和式(9-6)，可估计出ω_{it}和u_{it}的条件期望：

$$E(\omega_{it}\mid\xi_{it})=\frac{1}{\left(\frac{1}{\sigma_u}+\frac{1}{\sigma_\omega}\right)}+\frac{\sigma_v[\Phi(-\eta_{it})+\eta_{it}\Phi(\eta_{ii})]}{\exp(\beta_{it}-\alpha_{it})[\Phi(\eta_{it})+\exp(\alpha_{it}-\beta_{it})\Phi(\gamma_{it})]} \tag{9-7}$$

$$E(u_{it}\mid\xi_{it})=\frac{1}{\left(\frac{1}{\sigma_u}+\frac{1}{\sigma_\omega}\right)}+\frac{\exp(\alpha_{it}-\beta_{it})\sigma_v[\Phi(-\gamma_{it})+\eta_{it}\Phi(\gamma_{ii})]}{\Phi(\eta_{it})+\exp(\alpha_{it}-\beta_{it})\Phi(\gamma_{it})} \tag{9-8}$$

利用式(9-7)和式(9-8)可估计空气污染对科技创新的激励效应与抑制效应，其使科技创新偏离前沿科技创新的绝对程度。为了方便比较，需进一步将空气污染影响科技创新偏离程度的绝对程度值转化为高于或者低于前沿水平的百分比，转换公式如下：

$$E(1-\mathrm{e}^{-\omega_{it}}\mid\xi_{it})=1-\frac{\left(\frac{1}{\sigma_u}+\frac{1}{\sigma_\omega}\right)\left[\Phi(\gamma_{it})+\exp(\beta_{it}-\alpha_{it})\exp\left(\frac{\sigma_v^2}{2}-\sigma_v\eta_{it}\right)\Phi(\eta_{it}-\sigma_v)\right]}{\left[1+\left(\frac{1}{\sigma_u}+\frac{1}{\sigma_\omega}\right)\right]\exp(\beta_{it}-\alpha_{it})[\Phi(\eta_{it})+\exp(\alpha_{it}-\beta_{it})\Phi(\gamma_{it})]} \tag{9-9}$$

$$E(1-\mathrm{e}^{-u_{it}}\mid\xi_{it})=1-\frac{\left(\frac{1}{\sigma_u}+\frac{1}{\sigma_\omega}\right)\left[\Phi(\eta_{it})+\exp(\alpha_{it}-\beta_{it})\exp\left(\frac{\sigma_v^2}{2}-\sigma_v\gamma_{it}\right)\Phi(\gamma_{it}-\sigma_v)\right]}{\left[1+\left(\frac{1}{\sigma_u}+\frac{1}{\sigma_\omega}\right)\right][\Phi(\eta_{it})+\exp(\alpha_{it}-\beta_{it})\Phi(\gamma_{it})]} \tag{9-10}$$

基于式(9-9)和式(9-10)推导出空气污染对科技创新影响的净效应，计算公式如下：

$$\begin{aligned}\mathrm{NE}&=E(1-\mathrm{e}^{-\omega_{it}}\mid\xi_{it})-E(1-\mathrm{e}^{-u_{it}}\mid\xi_{it})\\&=E(\mathrm{e}^{-u_{it}}-\mathrm{e}^{-\omega_{it}}\mid\xi_{it})\end{aligned} \tag{9-11}$$

其中，NE代表激励效应与抑制效应的差值。若NE>0，则说明激励效应强于抑制效应，即激励效应起主导作用；若NE<0，则表明激励效应弱于抑制效应，即抑制效应发挥主导作用。

9.3.2　数据来源与变量说明

基于上述理论分析与实证模型设定,同时兼顾数据的可得性,本章的研究选取中国2011—2020年省际层面的面板数据,分析空气污染对各省(区、市)科技创新的影响,考虑中国西藏及中国港澳台地区部分数据缺失,故对其作剔除处理。研究所选变量的数据源自《中国统计年鉴》、《中国科技统计年鉴》、ESP 全球数据库以及国家统计局等。相关涉及变量具体描述如下。

1. 自变量

由于获取连续、详尽的省际污染数据难度较大,本章借鉴李卫兵和张凯霞[197]的做法,采用哥伦比亚大学和美国大气成分组联合发布的空气污染栅格数据,通过 ArcGIS 地理信息系统将 PM2.5 栅格数据与各省(区、市)的经纬度相匹配,计算各省(区、市)内所有栅格的平均值用以表示该省(区、市)每立方米空气中 PM2.5 的浓度,并对此核心空气污染指标进行取对数处理,记为 ln PM2.5。与地面观测数据相比,根据卫星地图提取的空气污染数据覆盖面广、更加客观,避免潜在的数据操控及缺失等问题[182]。

2. 因变量

本章借鉴沈可和李雅凝[212]的研究,采用专利申请授权量的对数来表征区域科技创新的数量,记为 ln TC。此外,稳健性检验采取发明专利授权量的对数来表征科技创新的质量。

3. 控制变量

本章的研究借鉴蒋仁爱等[105]、韩先锋等[106]学者的研究,选取经济发展水平、研发强度、知识产权保护、基础设施建设、市场开放度、教育投入等指标控制对区域创新收敛存在影响的变量。其中,经济发展水平(ln PGDP)采用人均 GDP 的对数表示;研发强度(RD)用研发经费投入占 GDP 的比重表示;知识产权保护(KP)用技术市场交易额占 GDP 的比重表示;基础设施建设(ln INFR)用邮电业务总量占 GDP 的比重的对数表示[121];市场开放度(ln OPEN)则参考李勃昕[213]的做法,采用进出口总额占 GDP 的比重的对数表示。由于当年进出口额以万美元计价,这里采用《中国统计年鉴》公布的年均中美汇率将其换算为万元人民币,并计算其在 GDP 中的占比,进而对其进行取对数处理。教育投入(ln EDI)用教育支出占 GDP 的比重的对数表示;政府支持(ln GOV)用一般预算支出占 GDP 的比重的对数表征;财政自主(ln FFR)由一般预算收入与一般预算支出的比值的对数表征。其中,涉及价格因素的变量,本章的研究均以 2011 年为基期进行了平减处理。各变量的描述性统计分析见表 9-1。

表 9-1 各变量的描述性统计分析

变量类别	变量名	符号	样本量	均值	方差	最小值	最大值
因变量	科技创新	ln TC	300	10.105	1.439	6.219	13.473
自变量	空气污染	ln PM2.5	300	3.586	0.395	2.258	4.450
控制变量	经济发展水平	ln PGDP	300	1.631	0.436	0.495	2.803
	知识产权保护	KP	300	0.054	0.245	0.000	3.781
	研发强度	RD	300	1.673	1.135	0.411	6.444
	基础设施建设	ln INFR	300	0.161	2.142	−4.630	6.398
	市场开放度	ln OPEN	300	1.722	2.277	−3.679	7.541
	教育投入	ln EDI	300	1.324	1.143	−1.607	4.540
	政府支持	ln GOV	300	3.147	0.376	2.400	4.160
	财政自主	ln FFR	300	3.833	0.395	2.690	4.542

如表 9-1 所示，区域科技创新(ln TC)的均值为 10.105，其最大值与最小值分别为 13.473 和 6.219，标准差为 1.439，这表明全国不同地区间科技创新水平的差距较为明显，与魏冬(2021)[10]等的发现相近。空气污染(ln PM2.5)呈现“均值大、方差小”的特点。就控制变量而言，不同省(区、市)在地区经济发展水平(ln PGDP)、知识产权保护(KP)、研发强度(RD)、基础设施建设(ln INFR)、市场开放度(ln OPEN)以及教育投入(ln EDI)方面也存在明显的差异。

9.4 实证分析

9.4.1 双边随机前沿模型估计

1. 基准回归分析

在极大似然估计法(MLE)估计的基础上，结合计量模型(9-1)，对空气污染影响区域科技创新的双边效应进行分解，估计结果如表 9-2 所示。其中，模型(1)为不考虑偏离效应的 OLS 估计结果；模型(2)为不控制时间固定效应与地区固定效应的估计结果；模型

(3)仅控制地区固定效应的估计结果；模型(4)既控制地区固定效应又控制时间固定效应的估计结果；模型(5)为只考虑空气污染对科技创新的抑制效应的单边估计结果，即模型残差项u_{it}；模型(6)为只考虑空气污染对科技创新的激励效应的单边估计结果，即模型残差项ω_{it}；模型(7)为同时控制空气污染对科技创新的双边影响的估计结果，即模型残差项ω_{it}和u_{it}。根据模型似然比检验(LR)，加入偏离效应后，模型(7)相比 OLS 估计及剩余模型更为合理，最终确定以模型(7)为基础进行后续空气污染影响区域科技创新的双边效应分解测度分析。

由模型(7)估计结果可知，空气污染的激励效应估计系数显著为正，表明空气污染的激励效应促进科技创新水平的提升；而空气污染的抑制效应估计系数显著为负，表明空气污染的抑制效应显著抑制科技创新水平的提升。据此，本章关于空气污染对区域科技创新的双边效应同时存在的理论假设，在模型(7)的估计结果中得到初步验证。

表 9-2　空气污染影响区域科技创新的双边随机前沿模型基本估计结果

变量	模型(1) ln TC	模型(2) ln TC	模型(3) ln TC	模型(4) ln TC	模型(5) ln TC	模型(6) ln TC	模型(7) ln TC
ln PGDP	0.005 (0.06)	−0.271*** (−76.36)	−0.483*** (−1 196.28)	0.040*** (200.06)	0.035*** (48.50)	0.044*** (218.73)	0.012*** (3.64)
KP	−0.181*** (−2.61)	−0.158*** (−53.10)	−0.020*** (−123.92)	−0.139*** (−784.52)	−0.155*** (−980.93)	−0.143*** (−504.84)	−0.160*** (−128.71)
RD	0.033 (1.42)	0.203*** (86.16)	0.090*** (679.33)	0.035*** (417.71)	0.056*** (1 241.75)	0.039*** (297.57)	0.063*** (51.78)
ln INFR	0.006 (0.11)	0.387*** (450.58)	0.272*** (4 066.05)	−0.030*** (−114.12)	0.021*** (121.75)	−0.042*** (−73.18)	−0.021*** (−5.87)
ln OPEN	0.005 (0.24)	0.277*** (248.90)	0.116*** (720.51)	0.000 (1.51)	0.027*** (248.92)	0.006*** (71.08)	0.043*** (27.84)
ln EDI	0.059 (1.01)	0.186*** (51.89)	−0.211*** (−728.71)	0.084*** (178.17)	0.021*** (208.87)	0.103*** (127.61)	0.038*** (14.92)
ln GOV	−0.007 (−0.07)	−2.240*** (−506.32)	−0.516*** (−678.53)	−0.035*** (−55.13)	−0.141*** (−318.62)	−0.090*** (−126.75)	−0.076*** (−5.85)
ln FFR	−0.026 (−0.28)	−0.366*** (−36.88)	−0.073*** (−76.75)	−0.075*** (−209.03)	−0.179*** (−194.52)	−0.124*** (−228.40)	−0.126*** (−14.02)
_cons	10.272*** (19.14)	17.957*** (424.12)	14.309*** (2857.47)	8.091*** (2780.49)	9.059*** (2889.59)	11.131*** (3407.56)	8.599*** (118.00)

续 表

变量	模型(1) ln TC	模型(2) ln TC	模型(3) ln TC	模型(4) ln TC	模型(5) ln TC	模型(6) ln TC	模型(7) ln TC
sigma_v							
_cons	—	−13.558 (−0.04)	−17.044 (−0.04)	−17.440 (−0.05)	−17.614 (−0.05)	−18.327 (−0.03)	−17.969 (−0.04)
sigma_u							
ln PM2.5	—	—	—	—	−0.406*** (−2.69)		−0.166 (−0.98)
_cons	—	—	−1.317*** (−20.51)	−1.946*** (−28.17)	−0.163 (−0.30)	−1.946*** (−28.21)	−1.053* (−1.72)
sigma_w							
ln PM2.5	—	—	—	—	—	0.301* (1.87)	1.213*** (5.75)
_cons	—	—	−2.064*** (−24.94)	−2.093*** (−28.85)	−2.724*** (−29.82)	−1.022* (−1.76)	1.589** (2.14)
地区固定	NO	NO	YES	YES	YES	YES	YES
时间固定	NO	NO	NO	YES	YES	YES	YES
样本量	300	300	300	300	300	300	300
R^2	0.983	—	—	—	—	—	—
调整后的 R^2	0.980	—	—	—	—	—	—

注：*、** 和 *** 分别表示 $p<0.1$、$p<0.05$ 和 $p<0.01$，括号上方为估计值，括号内为 t 统计量值。

2. 方差分解：空气污染对科技创新的双边效应测度

为深入分析空气污染对区域科技创新的两种效应究竟何种效应占主导地位，需在表 9-2 中模型(7)的基础上将空气污染对科技创新的激励效应与抑制效应进行分解，分解结果见表 9-3。如表 9-3 所示，空气污染对科技创新的激励、抑制影响程度分别为 0.071 8 与 0.193 1，从而空气污染对科技创新的净效应影响程度为 $E(\omega-u)=\sigma_\omega-\sigma_u=0.1214$，可知空气污染对科技创新的净效应表现为抑制了区域科技创新水平的提升。总体来看，由于空气污染同时存在激励与抑制两种效应，且抑制效应占据主导，最终导致省（区、市）域实际科技创新水平低于最优水平，即空气污染抑制了省（区、市）域科技创新水平的提升。

进一步依据方差分解对空气污染影响科技创新的激励效应与抑制效应的比重大小进行分解，以更为准确地比较空气污染的实际效应。通过表 9-3 可知，空气污染对科技创新的抑制效应占比为 87.87%，而促进科技创新的激励效应占比为 12.13%，这表明空气污染的抑制效应占比大于激励效应，占据主导地位，从而再次证明上述估计结果的正确性，即空气污染显著抑制了省（区、市）域科技创新水平的提高。

表 9-3　方差分解：空气污染对科技创新的激励效应与抑制效应

变量	变量含义	符号	测度系数
空气污染的双重效应	随机误差项	sigma_v	0.000 0
	激励效应	sigma_w	0.071 8
	抑制效应	sigma_u	0.193 1
方差分解	随机总误差项	Total sigma_sqs	0.042 5
	两类效应共同影响比重	(sigu2＋sigw2)/Total	1.000 0
	激励效应比重	sigw2/(sigu2＋sigw2)	0.121 3
	抑制效应比重	sigu2/(sigu2＋sigw2)	0.878 7
	净效应	sig_u－sig_w	0.121 4

3. 空气污染的双边效应对科技创新的影响程度分析

在分析空气污染对区域科技创新的影响效应后，进一步计算地区科技创新相较于最优科技创新水平的偏离程度，具体计算公式依据模型中的式(9-8)～式(9-10)进行估计。此计算公式表明空气污染在影响科技创新后，实际科技创新偏离科技创新前沿水平的百分比及最终净效应的比重，在此基础上，对比激励效应与抑制效应百分比的净效应大小，从而最终判定空气污染对科技创新的真实影响效应。由表 9-4 可知，空气污染的激励效应使得科技创新高于前沿水平 6.58%，而空气污染的抑制效应使科技创新低于前沿水平 16.17%，最终在两种效应的综合作用下使科技创新低于前沿水平 9.59%。这说明，由于空气污染的双边效应的不对称，使得空气污染对科技创新呈抑制作用特征。

在上述分析基础上，进一步分析空气污染影响科技创新的激励与抑制效应的分布状况，表 9-4 分别呈现了在不同分位水平上，空气污染影响科技创新的激励与抑制效应差异。具体而言，在 25%分位上，空气污染的抑制效应与激励效应的共同作用使实际科技创新水平下降 19.50%；在 50%分位上，空气污染的两种效应共同作用使实际科技创新水平下降6.78%；而在75%分位上，空气污染的两种效应共同作用则将实际科技创新水平下降0.00%。其中，50%分位的空气污染净效应低于25%分位12.72%，75%分位的空气污染净效应低于50%分位6.78%。空气污染对科技创新产生的净效应为−9.59%，表明在全样本下中国空气污染对科技创新的抑制效应强于激励效应，进一步验证了空气污染抑制科技创新提升的结论。对这一现象的解释为：中国各省(区、市)的空气污染差异较大，部分省(区、市)的空气污染程度较高，政府部门环保监管力度加大，企业为避免责罚，将更多的资金投入到对空气污染的处理上，进而挤占研发费用，最终导致空气污染的抑制效应大于激励效应。

表 9-4　空气污染对科技创新的效应估计　/%

效应类型	均值	方差	Q_1	Q_2	Q_3
激励效应	6.58	6.52	3.63	4.72	6.38
抑制效应	16.17	13.33	5.64	11.33	24.03
净效应	−9.59	15.88	−19.50	−6.78	0.00

注：Q_1、Q_2、Q_3 分别表示第一、第二和第三分位。

为直观呈现空气污染的激励效应、抑制效应及净效应的分布情况，图9-2分别给出了空气污染对科技创新的激励效应、抑制效应及净效应的频数分布图。通过图9-2可知，空气污染对科技创新的抑制效应呈现出右拖尾特征，在60%右侧抑制效应仍然存在，这表明部分省(区、市)的科技创新对空气污染的变化较为敏感，易受空气污染影响；而空气污染促进科技创新的激励效应在20%之后出现不显著，明显低于抑制效应，这表明空气污染对科技创新的抑制效应明显强于激励效应。在净效应图中，空气污染的激励效应、抑制效应两者相互作用的净效应显著小于0，清晰可见大部分省(区、市)分布在净效应为负的左边，其科技创新低于前沿科技创新水平，只有少数省(区、市)分布在净效应为负值的右边，其科技创新水平高于前沿科技创新水平。其可能原因为，空气污染是影响科研人员迁移的重要因素之一，随着空气污染程度的不断加深，科研人力的投入数量与质量会受到相应影响，进而导致空气污染地区整体的科技创新水平降低[13]。

9.4.2　空气污染影响科技创新的区域特征分析

进一步考察空气污染影响科技创新的净效应在不同区域的分布特征，结果如表9-5所示。从地区分布看，东、中、西三大区域的空气污染对科技创新的净效应均值均为负，数值分别为−10.51%、−8.97%和−9.11%，这表明三大区域的空气污染整体表现为抑制科技创新。具体而言，东部地区空气污染对科技创新的抑制作用最大、西部次之、中部

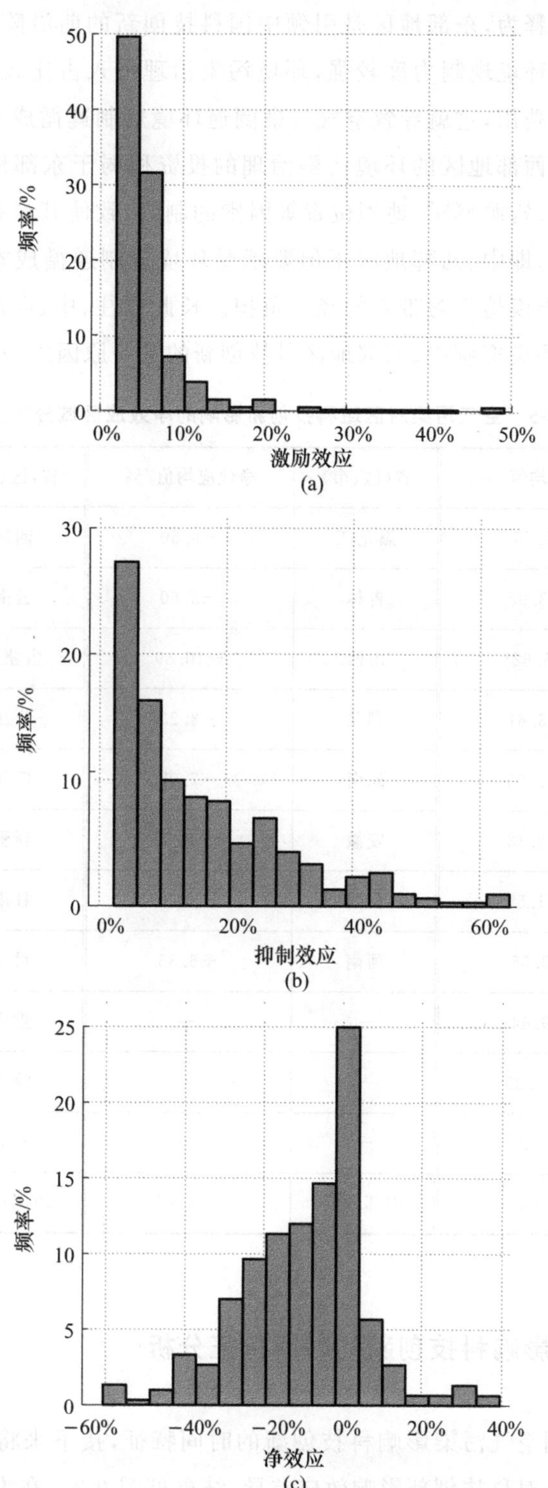

图 9-2　空气污染对区域科技创新双重效应的分布特征

最小。究其原因可解释为，东部地区是引领中国科技创新的前沿阵地，同时也是空气污染的重灾区。该地区环境规制力度较强，环境污染治理投入占比较高，在一定程度上挤占了用于科技创新的费用，这就导致空气污染倒逼环境规制遵循成本效应进而抑制科技创新。相比之下，中、西部地区的环境污染治理的投资稍弱于东部地区，然而中、西部地区受自身的战略属性、资源禀赋、地理位置等因素的制约，致使其科技创新在自身受限的前提下更依赖于外部，即中、西部地区不但要承受环境规制遵循成本效应对该地区科技创新的损害，还要承担模仿学习带来的经济负担。长此以往，中、西部地区科技创新陷入恶性循环，这是空气污染抑制中、西部地区科技创新的重要原因之一。

表 9-5　空气污染对区域科技创新影响的净效应区域分布特征

省(区、市)	净效应均值/%	省(区、市)	净效应均值/%	省(区、市)	净效应均值/%
河北	−7.55	黑龙江	−9.50	四川	−8.27
辽宁	−13.95	吉林	−3.60	云南	−7.73
福建	−5.62	山西	−10.89	内蒙古	−3.82
山东	−13.61	湖北	−3.23	宁夏	−27.56
江苏	−22.28	湖南	−7.05	广西	−6.48
浙江	−13.13	安徽	−10.32	新疆	−8.47
广东	−11.59	江西	−20.86	甘肃	−12.19
海南	−0.35	河南	−6.33	贵州	−10.88
北京	−9.44	—	—	重庆	−9.06
天津	−11.83	—	—	陕西	−6.16
上海	−6.28	—	—	青海	0.46
东部地区	−10.51	中部地区	−8.97	西部地区	−9.11

9.4.3　空气污染影响科技创新的时间特征分析

为更进一步识别空气污染影响科技创新的时间特征，接下来将依据时间变量，分析不同年份的空气污染对科技创新影响效应差异，结果见图 9-3。在大部分年份样本内，空气污染的抑制效应占据主导地位，其作用大小为−5.19%～16.66%。整体而言，空气污染对科技创新的净效应始终为负，且随着时间的推移，空气污染对科技创新的抑制效应始终占据主导并呈削弱的趋势，这一结果与中国空气污染的变化趋势相吻合。深入来看，随着时间的推移，各地区会不断推出环境规制政策，人们的节能环保意识也逐渐增强，对清洁能源和清洁技术的接受度提高，对传统能源需求的依赖程度减弱，致使能源投入与消耗降低。以上促使空气污染程度有所缓解，这有利于生产者降低生产成本支出，将原本用于污染治理与污染后果缓解的有限的内部资金适当向研发倾斜，从而降低挤占效应，最终缓解空气污染对科技创新的抑制效应。此外，空气污染进一步倒逼人力资本提升、产业结构升级，间接缓解其对地区科技创新的抑制效应。

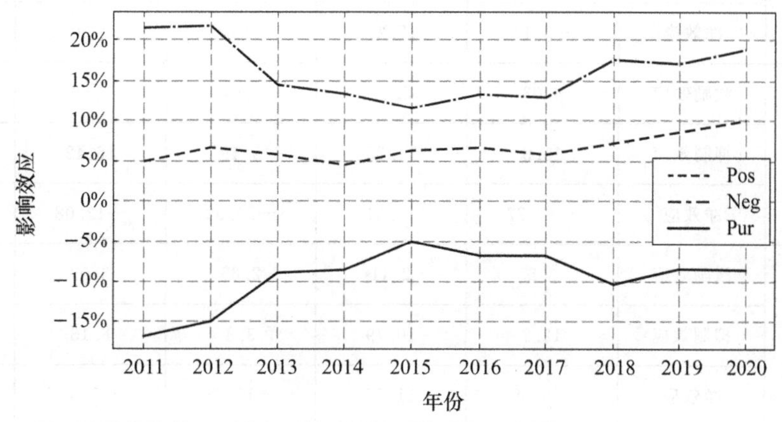

注：Pos代表激励效应，Neg代表抑制效应，Pur代表净效应。

图 9-3　空气污染对科技创新影响效应的年度分布特征

9.4.4　不同空气污染程度影响区域科技创新的差异分析

由前文分析可知，空气污染对科技创新整体呈抑制作用。接下来，通过对空气污染程度按照25%、50%、75%分位数进行低、中、高分组，分析在不同空气污染程度下双边效应的分布情况。其中，空气污染(ln PM2.5)≤3.34为低水平组，3.34＜空气污染(ln PM2.5)≤3.85为中水平组，空气污染(ln PM2.5)＞3.85为高水平组，其结果如表9-6所示。随着空气污染程度的加深，空气污染对科技创新的净效应均值分别从低水平组的－5.11%增至高水平组的－8.69%，且净效应始终为负，这表明随着空气污染程度的加深，空气污染对科技创新的抑制效应始终占据主导位置，从而印证地区空气污染的抑制效应随着空气污染程度加深而增强。产生这一结果的主要原因在于，随着空气污染程度的加深，除去上文提到的会挤占研发资本外，严格的环境规制运行和投资成本，会提高成长性企业的进入门槛，进而损害市场效率，使科技创新水平下降。此外，空气污染会显著增加企业的劳动力流失率及降低劳动力供给，而流失的劳动力中高素质人力资本的流失较为严重；通常情况下，高素质人力资本更倾向于流入工作较好的地区或企业，进一步扭曲创新资源配置，形成创新“马太效应”，最终将会导致空气污染严重的地区科技创新的抑制效应不断增强。

表 9-6　不同空气污染程度下科技创新的效应差异　　/%

空气污染	效应分解	均值	标准差	Q_1	Q_2	Q_3
低水平组	激励效应	10.77	9.36	6.07	7.01	10.34
	抑制效应	15.88	12.94	6.43	10.44	20.48
	净效应	−5.11	17.29	−13.6	0.00	3.35
中水平组	激励效应	6.03	5.01	4.01	4.59	5.33
	抑制效应	18.3	14.25	5.49	16.42	25.71
	净效应	−12.27	16.54	−20.92	−12.08	0.00
高水平组	激励效应	3.5	2.41	2.65	3.09	3.38
	抑制效应	12.2	10.79	3.3	8.13	17.88
	净效应	−8.69	11.55	−15.38	−5.33	0.00

注：Q_1、Q_2、Q_3 分别表示第一、第二和第三分位。

9.4.5　不同人力资本水平下空气污染影响区域科技创新的差异分析

科技创新对人力资本提出了更高的需求，当地区人力资本足够大时，其产业结构、人口结构等也会相应地提高；同时，人力资本的集聚效应可在一定程度上缓冲空气污染对科技创新的抑制效应。为验证这一猜想，本章的研究选取平均受教育年限表征人力资本，遵循9.4.4节的分组逻辑，结果如表 9-7 所示。当人力资本(EDU)≤8.73 时为低水平组，空气污染对科技创新的净效应为−11.16%；当 8.73<人力资本(EDU)≤9.49 时为中水平组，空气污染对科技创新的净效应为−8.41%；当人力资本(EDU)>9.49 时为高水平组，空气污染对科技创新的净效应为−10.37%。综上可知，随着人力资本水平的不断提升，空气污染对科技创新的净效应始终为负且呈减弱趋势，这表明人力资本可加剧空气污染对科技创新的抑制作用。产生这一结果的原因在于，相较于物质资本，人力资本是更为清洁的生产要素，可为国家、产业、企业等的发展提供更为清洁的技术选择，人力资本动态积累的可持续增长效应最终会提升科技创新水平，从而缓解空气污染对科技创新的不利影响。

表 9-7　不同人力资本水平下空气污染对科技创新的影响差异　/%

人力资本(EDU)	效应分解	均值	标准差	Q_1	Q_2	Q_3
低水平组	激励效应	7.78	8.28	4.15	5.33	7.76
	抑制效应	18.94	15.26	6.43	13.42	26.43
	净效应	−11.16	18.57	−21.43	−7.80	0.00
中水平组	激励效应	6.49	6.38	3.60	4.46	6.33
	抑制效应	14.90	12.97	5.49	10.06	20.32
	净效应	−8.41	15.55	−15.38	−5.68	0.00
高水平组	激励效应	5.55	4.36	3.38	4.34	5.65
	抑制效应	15.92	11.64	5.64	14.12	25.13
	净效应	−10.37	13.45	−20.51	−10.31	0.00

注：Q_1、Q_2、Q_3 分别表示第一、第二和第三分位。

9.4.6　不同数字金融发展水平下空气污染影响区域科技创新的差异分析

首先，数字金融借助大数据、云计算、区块链和人工智能等信息技术，极大地降低了金融市场的搜寻成本和风险识别成本，为企业提供更丰富的融资渠道和方式，缓解科技创新面临的融资约束。其次，其能够为企业的信息技术分析提供优质的技术工具，帮助企业识别出技术创新演替的最优路径，助力企业做出合理有效的生产经营决策，为科技创新提供机遇[214]。据此，本章选取数字金融作为分组变量，同样遵循上文分组逻辑将数字金融分为低、中、高分为三组，结果见表 9-8。当数字金融(DIF)≤5.01 时为低水平组，空气污染影响科技创新的净效应为−15.83%；当 5.01<数字金融(DIF)≤5.68 时为中水平组，空气污染对科技创新的净效应为−5.91%；当数字金融(DIF)>5.68 时为高水平组，空气污染对科技创新的净效应为−10.71%。由此可见，随着数字金融水平的提升，空气污染对科技创新的抑制效应呈减弱趋势，从而证明数字金融可加强空气污染对科技创新的抑制效应。这可能是因为空气污染挤占了大量的研发资金，而科技创新离不开大量的资金支持，数字金融的出现极大地缓解了企业融资约束，为企业提供丰富的融资渠道以及技术工具支撑，从而为科技创新提供了必要的条件。其次，数字金融降低了成长性企业进入市场的门槛，这可为科技创新的投入提供持续动力，进而缓解空气污染对科技创新的抑制效应。

表 9-8　不同数字金融水平下空气污染对科技创新影响的差异　/%

数字金融(DIF)	均值	标准差	Q_1	Q_2	Q_3
低水平组	5.78	5.64	3.22	4.02	5.64
	21.60	17.10	5.62	17.88	30.70
	−15.83	19.04	−26.94	−14.39	0.00
中水平组	6.37	6.09	3.48	4.61	6.43
	12.28	9.59	4.81	8.70	17.51
	−5.91	12.09	−12.55	−3.25	0.00
高水平组	7.80	7.95	4.37	5.47	7.46
	18.51	13.19	6.60	16.44	27.38
	−10.71	17.15	−22.46	−11.71	0.00

注：Q_1、Q_2、Q_3 分别表示第一、第二和第三分位。

9.4.7　稳健性检验

为检验结果的稳健性，本章借鉴沈可和李雅凝[212]的研究，采用发明专利授权量的对数来表征科技创新的质量，以此进行稳健性检验。在此基础上，再次估算空气污染对科技创新的激励效应、抑制效应及净效应，结果见表 9-9。如表 9-9 所示，空气污染对区域科技创新的激励效应为 0.073 1，抑制效应为 0.134 3，两者的净效应为 0.061 3，这与前文的论证结果一致，这说明空气污染对区域科技创新存在双边影响。从净效应看，空气污染的激励效应占比 22.8%，抑制效应占比 77.2%，这说明在空气污染对区域科技创新的影响中，由于空气污染的抑制效应占据主导作用，从而使空气污染相对负向偏离其前沿水平，故而进一步验证了结果的稳健性。

表 9-9　影响效应与方差分解

变量	变量含义	符号	测度系数
空气污染的双重效应	随机误差项	sigma_v	0.000 0
	激励效应	sigma_w	0.073 1
	抑制效应	sigma_u	0.134 3

续表

变量	变量含义	符号	测度系数
方差分解	随机总误差项	Total sigma_sqs	0.023 4
	两种效应共同影响比重	(sigu2＋sigw2)/Total	1.000 0
	激励效应比重	sigw2/(sigu2＋sigw2)	0.228 2
	抑制效应比重	sigu2/(sigu2＋sigw2)	0.771 8
	净效应	sig_u－sig_w	0.061 3

进一步估计空气污染对区域科技创新的激励效应、抑制效应和二者相互作用的净效应,结果见表 9-10。结果显示,随着空气污染水平的提高,其激励效应使区域科技创新提高 5.83%,而抑制效应使区域科技创新降低 11.67%,净效应使实际区域科技创新相对低于前沿水平 5.84%,与前文估计结果大致相同。

表 9-10　空气污染影响效应导致区域科技创新的偏离程度　/%

变量	均值	方差	Q_1	Q_2	Q_3
激励效应	5.83	7.75	2.15	3.26	5.16
抑制效应	11.67	10.74	4.46	7.62	15.89
净效应	－5.84	14.61	－13.40	－4.58	0.00

注:Q_1、Q_2、Q_3 分别表示第一、第二和第三分位。

9.5 研究结论与政策启示

9.5.1 研究结论

本章在梳理空气污染与科技创新相关文献的基础上,深入剖析了空气污染影响区域科技创新“抑制效应”与“激励效应”的机理,并基于 2011—2020 年中国 30 个省(区、市)的面板数据,利用双边随机前沿模型实证检验了空气污染对科技创新的双边效应,从而回答了空气污染对科技创新的双边效应是否存在,孰占主导以及异质性等问题。主要结论如下。

(1) 空气污染总体上对区域科技创新产生抑制效应。在全样本下空气污染对区域科技创新的总抑制效应强于总激励效应，其中空气污染的激励效应使得科技创新高于前沿水平 6.58%，而空气污染的抑制效应使得科技创新低于前沿水平 16.17%，最终在两种效应的综合作用下使得科技创新低于前沿面水平 9.59%。

（2）在全样本期间，空气污染对科技创新的净效应在不同年份均为负，空气污染的抑制效应仍占据主导地位，且净负效应呈波动减弱趋势；分地区估计结果表明，空气污染的抑制效应呈东、西、中减弱趋势。

（3）激励效应与抑制效应呈现明显的反向联动性，但整体上抑制效应仍占据主导地位且在不同条件下呈现异质性。空气污染对科技创新的抑制效应随空气污染程度的加深呈现波动增强趋势，即空气污染程度的加深加剧对科技创新的抑制效应；空气污染对科技创新的抑制效应随人力资本以及数字金融水平的提升呈波动减弱趋势，即不同水平的人力资本、数字金融可缓解空气污染对科技创新的抑制效应。

9.5.2 政策启示

基于上述结论，在未来中国及各地区空气污染治理不断加强的趋势下，如何降低空气污染对各地区科技创新的抑制效应，同时不断提高空气污染对科技创新的激励效应，是积极应对空气污染应予以关注的焦点。因此，本章提出如下针对性政策。

1. 加强环境规制水平，大力发展环境友好型技术创新

研究发现空气污染对区域科技创新始终存在抑制效应，这不利于区域整体创新水平的提升和经济高质量发展。在此背景下，需要从政府、企业两个层面采取有力举措。从政府层面看，一是各地政府部门应制定具有针对性的环境监管政策，建立空气污染信息共享以及联合执法等处理机制，增强本区域大气污染的联防联控能力；二是地方政府要加大绿色技术的应用与推广，充分发挥绿色科技投入的引导和激励作用，以达到控制空气污染、改善空气质量的目的；三是应鼓励不同城市开展创新合作，形成良好的区域间环境治理和协同创新机制，全面提升城市的整体创新水平。就企业层面而言，一是各级各类企业尤其是污染型企业应主动承担社会环境责任，优化创新资金和污染治理资金的配置，避免后者对前者的过度挤占；二是龙头企业要加大绿色核心技术的研发与应用，强化关键核心技术攻关，提升区域产业技术供给能力，逐步构建起以绿色核心技术为纽带，以政、学、研、企、中介、金融机构等六位为一体的协同创新平台；三是打造以新型平台为依托的开放、共享的多主体参与的绿色技术创新共享中心，推动绿色技术创新生产以及成果转化。

2. 营造良好创新人才发展环境，增加高端人力资本供给

由于人力资本可缓解空气污染对区域科技创新的抑制效应。为此，在政府层面上，其一应积极引导提高本地区技术交易市场的活跃度，着力改善技术创新和营商环境，吸引高端要素、专业人才流入，并为其提供施展才华的坚实平台；其二，构建更加健全完善的污染治理体系，提供更为优质的公共产品与服务，为本地区人力资本“流出”按下“刹车键”，同时也能进一步缓解企业污染治理的压力；其三，各地政府应积极探索更加适宜、更具竞争力的生态环境政策与人才落户政策，以创新赠款、人才补贴和奖励等措施提高城市竞争力，并达到吸引人才、留住人才的目的。与此同时，企业应当重视技术革新，转变传统落后的生产方式，并为创新人才提供良好的发展条件和环境，给予适当的污染补贴，增加人才的忠诚度和黏性。再者，企业要注重构建相对完善的管理体系和培训机制，加大对创新人才的培养及资金投入，来弥补空气污染加剧所引致的人力资源损失，持续注入新鲜“血液”，提升企业创新能力。

3. 积极推进数字金融发展，缓解企业创新融资约束

研究显示数字金融可缓解空气污染对区域科技创新的抑制效应。由于技术创新具有高成本、高风险和长周期的特征，这就需要企业投入大量的资金去支持其研发活动，而这通常与企业追求短期利润的目标相矛盾。基于此，政府部门应牢牢把握国家大力发展数字经济的战略契机，大力推动本地区数字金融繁荣发展，积极拓展多元化融资渠道并出台切实的优惠政策。围绕本地区的资源禀赋与产业结构，积极引导、推动企业探索清洁生产以及工艺改良升级，并加大对环境友好型技术创新与设备研发的投入力度，为实现企业的资源优化配置、利润增长和缓解融资约束提供内在驱动力。由此，一方面数字金融找到了解决企业科技投入与利润增长矛盾的突破点；另一方面，数字金融减弱空气污染对企业研发投入的不利影响，能有效缓解企业的财政压力。在适宜的环境规制政策、良好的人才发展环境以及数字金融的共同助力下，能够有效降低各地区的环境污染水平，并降低空气污染对地区科技创新的抑制作用，最终显著提升区域科技创新能力以及创新成果产出水平。

第10章
环境规制对区域就业的双边影响：创造效应还是破坏效应？

本章利用中国2011—2020年省际层面面板数据，构建双边随机前沿模型测算了环境规制对就业的创造效应、破坏效应及其净效应。研究结果表明：①环境规制的创造效应使得就业高于前沿水平3.18%，而环境规制的破坏效应使得就业低于前沿水平4.58%，最终在两种效应的综合作用下使得就业低于前沿面水平1.40%，以破坏效应为主导；②环境规制对就业的破坏效应具有区域异质性的特点，呈东、中、西部依次减弱的趋势；③在十年的样本数据检验中，环境规制的就业净效应呈现先减弱后增强的变化特点，呈“倒U”形；④在不同强度的环境规制水平下，环境规制对就业的影响存在显著异质性；⑤环境规制会提高对高技能员工与低技能员工的需求，而降低对中等技能员工的需求。研究结论有助于揭示环境规制的异质性影响，为理解环境规制对就业的影响提供新视角；有助于为政府制定决策提供智力支持，促进中国经济的高质量发展，实现环境保护和经济发展的双重收益，对实现环境规制与就业的双重红利具有重要意义。

10.1 引　言

在改革开放的进程中，中国国内生产总值年均增长率为 9.5%，其产业结构以劳动密集型产业的占比最多，而此类产业往往集中于低端制造，低端制造的特点即低技术含量、低附加值、高能耗、高污染、高排放，给中国的环境问题带来了巨大的挑战。近年来，随着中国经济不断向绿色高质量发展转型，中央及各级地方政府相继出台了不同形式的环境规制政策约束企业个体的排污行为[215]。"十三五"期间中国实施环境行政处罚案件 83.3 万件，罚款金额 536.1 亿元，分别较"十二五"期间增长 1.4 倍和 3.1 倍。"十四五"期间，中国政府将继续从环境保护法律与政策制定方面继续加大环保力度。然而，环境规制的实施必然会影响经济和社会发展，特别是就业增长，如何实现环境规制在保护环境和充分就业方面的"双重红利"，是亟待解决的重大问题。

当前，环境规制究竟是会增加还是减少就业，尚存争议，现有文献主要从三个方面研究了环境规制对就业的影响效应。

其一，环境规制对就业的破坏效应。古典经济学认为环境规制将增加企业生产成本，导致企业的竞争优势减弱与生产规模收缩，从而减少企业的就业人数和居民就业率[216-217]。Kahn 和 Mansur[218] 认为趋紧的碳税政策不利于当地就业规模的增加。Walker[219] 基于三重差分法研究发现美国《清洁空气法案》实施导致污染密集型行业的就业持续下降。

其二，环境规制的创造效应。环境规制有可能诱使企业进行要素替代，减少资本、能源和环境要素的相关投入，增加劳动力投入，促进企业生产的劳动密集度提高，从而有利于就业水平的提高[220]。根据 Porter 等的创新补偿说，环境规制可以激励企业技术创新，促进企业资本密集度提高和生产规模扩张，使得企业对劳动力的需求增加。地球之友提供的案例研究表明，环境规制能够创造环境质量提升与就业净增长的"双重红利"[221]，即双重红利假说得以验证。Belova 等[222] 采用美国工业行业的实际运营数据验证了环境规制对就业的增长效应。Yamazaki 等[223] 研究表明，收入中性碳税政策促进了英国就业增加。

其三，也有部分研究发现环境规制对就业的影响是非线性的。环境规制对就业的影响与其自身的强度有关，复杂的"U"形结构更能准确描述规制与就业的内在关系，并且这一关系也将受经济发展水平、产业结构、经济开放程度、技术创新投入等其他环境因素的影响。

综上，学者们对环境规制与就业的问题进行了广泛的讨论，并提供了诸多研究发现。然而，现有研究仍存在以下不足。第一，关于环境规制与就业的关系尚未形成统一结论。

现有文献较多地从环境规制与就业的单边效应进行研究[224-225]，往往得到正或负的结论，从而割裂了两种效应对就业的综合影响。而仅关注环境规制效应的一面势必会导致估计结果有偏差。第二，目前关于环境规制与就业的研究主要集中在二者关系，鲜有研究两者的影响机制。并且已有的研究忽略了环境规制的异质性特征，从而难以全面地解释环境规制对就业的差异化效应。第三，关于环境规制对就业的影响的研究多集中在发达国家[219,222-223]，发展中国家在这一方面的研究还很匮乏。欧美国家受环境规制约束的企业多为资本密集型而非劳动密集型，因此环境规制对社会就业的净效应较小；中国劳动力丰裕且经济发展依赖高碳行业，环境规制所引发的就业效应极有可能被放大。这就更有必要利用中国数据，总结中国的发展规律，为其他发展中国家制定环境规制提供更多参考。

鉴于此，本章的研究的边际贡献可能为：第一，研究以环境规制的双重属性为基础，提出环境规制对就业的双边影响命题，同时研究了环境规制对中国就业的创造效应、破坏效应及净效应，从理论和实证上拓展了就业的研究视角及补充了环境经济学和劳动力经济学中关于环境规制对就业影响的研究；第二，本章从经济学理论的角度出发，将污染要素作为一种生产要素纳入柯布-道格拉斯生产函数，采用数理分析方法将环境规制对就业的影响机理进行分析。此外，本章在考虑环境规制的双边效应的同时，基于双边随机前沿模型具体测度了环境规制对就业的创造效应、破坏效应及净效应，考察了环境规制对就业的净效应，纠正了研究结果测量偏差，并进一步分析了环境规制对就业的双边效应的时空分布特征和变动规律，弥补了现有文献的不足，为深入理解环境规制与就业的内在联系提供经验参考，同时，也是对劳动力资源配置理论的有益补充；第三，现有研究多从国家整体出发，本章的研究具体到不同数字经济发展水平、不同经济发展水平、不同劳动技能，研究视角更加多元化。探究环境规制对就业净效应的异质性变化特征，有利于廓清环境规制对就业的影响，客观全面地把握环境规制影响就业的一般规律，对如何在环境保护背景下有效协调与就业之间的内在冲突提供政策启示。

本章分为五个主要部分。第一部分是引言，通过介绍环境规制对就业的背景介绍，引出环境规制对就业的创造效应和破坏效应，在此基础上结合现有文献揭示现有研究的不足，并以此破题。第二部分是理论基础与机理分析。此部分结合环境规制和就业的理论模型推导和机理分析，剖析环境规制对就业影响。第三部分是研究设计，描述了双边随机前沿模型与分析中使用的数据集和指标。第四部分是实证分析，从计量经济学的角度探讨了环境规制对就业的双边效应，及其在不同时期、不同区域、不同约束条件下的结构性差异，并讨论其原因。第五部分是研究结论与政策启示。此部分总结研究的主要结果，并提出了研究局限及未来研究的方向。

10.2 理论模型与机理分析

10.2.1 理论模型

环境规制对就业的影响最终取决于企业在环境规制条件下的生产决策。柯布-道格拉斯生产函数认为，企业的投入要素包含劳动力和资本。参照 Cole 等[226]的方法，本章将企业的污染排放看作是一种生产要素，环境规制可以代表微观企业的污染投入价格，以此为切入点分析环境规制导致企业污染要素价格的上升所带来的生产行为调整及对劳动力需求的影响。那么，考虑环境污染投入的企业生产函数为：

$$Y = A(t)E^{\alpha}L^{\beta}K^{\gamma}C^{\lambda} \tag{10-1}$$

其中，Y 表示企业的整体产出水平；E、L、K、C 分别表示企业的环境污染投入、劳动力投入、资本投入和其他要素投入，α、β、γ、λ 分别表示与其对应要素的产出弹性系数，$0<\alpha;\beta$、$\gamma<1$；$A(t)$表示技术因素。

因此，企业的利润函数可以表示为：

$$\pi = pY - eE - lL - kK - cC = A(t)E^{\alpha}L^{\beta}K^{\gamma}C^{\lambda} - eE - lL - kK - cC \tag{10-2}$$

其中，π 表示企业利润；p 表示企业产品的价格；e、l、k、c 分别表示企业各项投入要素对应的价格。环境污染的价格 e 来表征环境规制的强度。

假设企业依据利润最大化原则配置其要素的投入水平，则劳动力要素投入与环境污染投入的关系式为：

$$L = eE\beta/\alpha\iota \tag{10-3}$$

环境规制强度可用环境污染的价格 e 来表示，可求劳动力关于 e 的偏导，即：

$$\frac{\partial L}{\partial e} = \frac{\beta}{\alpha l}E + \frac{\beta}{\alpha l}e\,\frac{\partial E}{\partial e} = \frac{\beta}{\alpha l}E\left(1 + \left(\frac{\partial E}{E}\right)/\left(\frac{\partial E}{\partial e}\right)\right) \tag{10-4}$$

假设采用 $\delta E \rightarrow e$ 来表示环境污染投入的价格弹性，则：

$$\delta E \rightarrow e = -\left(\frac{\partial E}{E}\right)/\left(\frac{\partial E}{e}\right) \tag{10-5}$$

环境规制越强，企业的环境污染投入就越小，因此，$(\partial E/E)/(\partial E/e)$为负数，为了保证 $\delta_{E\rightarrow e}$ 的非负性，本章在式(10-5)中加入负号，则环境规制的强度对就业规模的影响可表示为：

$$\frac{\partial L}{\partial e}=\frac{\beta}{\alpha l}E(1-\delta E\to e) \tag{10-6}$$

其中,$\beta E/\alpha l$ 表示环境规制造成环境污染要素相对价格的变动引起的就业规模的变动,即劳动力要素对环境污染的要素替代效应;$(\beta E/\alpha l)\delta E\to e$ 表示环境规制造成企业生产规模变动引起的就业规模的变动,即环境规制对企业的规模效应。由式(10-6)可知,环境规制对就业的影响效应取决于环境污染投入的环境规制弹性 $\delta_{E\to e}$。在环境规制实施的初始阶段,高污染企业由于之前生产污染较多导致污染投入较多,实施了环境规制的企业污染投入会大幅度减少,污染投入减少的幅度会大于环境规制增加的幅度,此时 $\delta_{E\to e}>1$,环境规制所造成的要素替代效应大于规模效应。由于环境规制的不断增强,此时将会带来就业的下降,即环境规制对就业造成破坏效应。继续加大环境规制的实施力度,企业造成的环境污染也会降低,可能出现环境污染要素的投入减少速度低于环境规制增加的情况,此时 $\delta_{E\to e}<1$,即环境规制的要素替代效应大于规模效应。环境规制的增强带来就业量的增加,此时出现环境规制对就业的创造效应。

10.2.2　机理分析

1. 环境规制对就业的创造效应

通过对文献的梳理,本章认为环境规制对就业同时存在负向的"规模效应"和正向的"要素替代效应"。当环境规制的正向"要素替代效应"占据主导地位时,环境规制对就业呈现创造效应。要素替代效应是指企业通过改变要素投入结构对劳动力的需求造成影响。在生产技术不变的条件下,不断强化的环境规制将提高要素市场中资源要素的价格。为了实现收益最大化的目标,企业将调整对可变生产要素的投入比例,减少对资源性生产要素的投入[216],增加对劳动力和其他生产要素的投入[227]。因此,企业规模扩大,劳动力需求增加。

首先,根据 Poter 的创新补偿假说,认为环境规制促使企业将环境监管的外部成本内部化,激励企业技术创新,提升投入产出水平,从而抵消环境监管带来的成本上升[228]。在环境规制下,企业会在污染控制和减排过程中提高绿色生产技术[229],这一变化可能会增加新的工作机会并推动社会就业[230]。

环境规制通过提高要素市场中资源要素的价格从而增加对劳动力的需求。在环境规制的约束下,为了实现收益最大化的目标,企业将通过调整对可变生产要素的投入比例,减少对资源性生产要素的投资,增加对劳动力和其他生产要素的投资,从而达到最优均衡。在要素调整和结构重组的过程中,通过清洁技术的革新与生产工艺的改良,达到新的最优均衡点的企业会在利润驱动下扩大生产规模。企业生产规模的扩大意味着对就业需求量的提升[231]。

最后，环境规制将通过扩大对高素质劳动者的需求从而促进就业。随着环境规制力度的增大，企业将不断升级污染控制措施，以达到环境标准[224]。企业的污染控制和减排措施主要依靠在生产过程中引入清洁技术[232]。在清洁产业的发展目标要求下会促进企业对高素质劳动力的需求，这可能是企业应对日益增强的环境规制力度所采取的主动应对方式，即提高劳动者素质、促进技术创新。而这最终将会增加企业对研发或升级绿色生产技术型的高素质人才的需求。

2. 环境规制对就业的破坏效应

当环境规制的规模效应占据主导地位时，此时环境规制对就业产生破坏效应。规模效应指的是环境规制会增加企业生产经营的合规性成本，即企业由于生产成本增加从而被迫降低生产规模，从而导致就业规模下降。

首先，基于合规性成本假说，加强环境监管有可能导致企业在污染治理以及环境合规性方面的成本上升，从而排挤企业的生产投资、创新行为以及其他组织管理活动。这将在一定程度上限制企业规模的扩大，并阻碍就业[233]。Walker[234] 和 Raffand Earnhart[225]研究发现环境规制将增加企业的生产成本，那些流动性大且工作技能低的劳动者更可能在短期内失去工作。

其次，环境规制将通过降低对低技能劳动者的需求从而降低社会就业。严格的环境规制会关停高污染工厂并且淘汰落后设备，转而采用更加先进的技术，这将会降低对劳动力密集型的低技术员工的需求[215]。Walker 基于三重差分法的实证研究表明，美国《清洁空气法案》修订实施后，美国污染密集型行业的就业持续下降[219]。

最后，在高污染行业中的企业面临更大的环境规制压力，更容易通过增加解聘率来降低生产成本，从而减少企业雇佣员工的数量和社会就业率[218, 235]。环境规制对就业的双边影响理论分析框架见图 10-1。

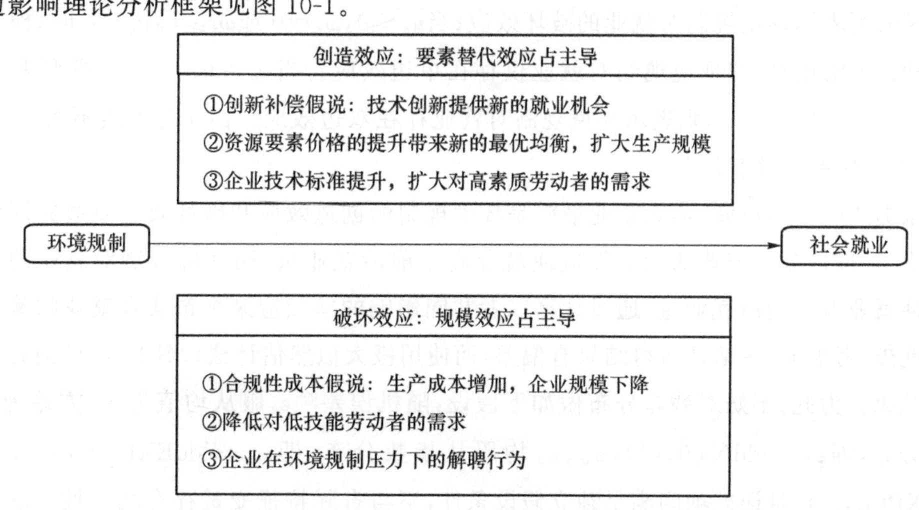

图 10-1　环境规制对就业的双边影响理论分析框架

10.3 研究设计

10.3.1 模型构建

根据前文分析，环境规制对就业存在创造效应和破坏效应。考虑传统估计方法无法识别和捕捉创造效应和替代效应的具体大小的问题，而针对此问题，Kumbhakar and Parmeter[161]通过理论推导认为双边随机前沿模型可以较好地估计双边影响，适合于双边效应的测度，因此，本章的研究借鉴 Kumbhakar 等[161]的思路，构建双边随机前沿模型：

$$LABOR_{it}=i(x_{it})+\omega_{it}-u_{it}+\varepsilon_{it}=i(x_{it})+\xi_{it}=x_{it}\delta+\xi_{it} \tag{10-7}$$

其中，$LABOR_{it}$为劳动就业；x_{it}为影响就业的一系列控制变量，具体为实际利用外资、专利申请授权数件、规模以上工业企业 R&D 经费、技术市场成交额亿元、政府财政支出、进出口额、平均受教育年限、人均 GDP 等；δ 为待估参数向量；$i(x_{it})$为前沿就业，ξ_{it}为复合残差扰动项，$\xi_{it}=\omega_{it}-u_{it}+\varepsilon_{it}$，其中，$\varepsilon_{it}$为随机误差项，反映不可观测因素导致的就业对前沿就业量的偏离程度；由于复合残差项ε_{it}的条件期望可能并不等于 0，将导致 OLS 估计结果有偏差。当 OLS 估计结果有偏时，使用的 MLE 方法可以得到有效的结果。故在极大似然估计法(MLE)估计的基础上，通过式(10-7)分解出ω_{it}、u_{it}，分别用以反映在最优情形下的上偏和下偏效应。在式(10-7)中，当$\omega_{it}\geqslant 0$，则表示环境规制对就业的创造效应；当$u_{it}\leqslant 0$，则表示环境规制对就业的破坏效应；当$u_{it}\leqslant 0$，$\omega_{it}=0$ 或$\omega_{it}\geqslant 0$，$u_{it}=0$ 时，模型为单边随机前沿模型，即环境规制对就业仅存在单边效应。当$\omega_{it}=u_{it}=0$ 时，模型为 OLS 模型。若二者皆不为 0，则表示环境规制对就业存在双边效应。由于ξ_{it}可能不为 0，这将导致 OLS 模型估计有偏差。

根据式(10-7)可知，实际就业最终是环境规制的创造效应和破坏效应双边共同作用的结果：环境规制对就业的创造效应使就业高于前沿就业量，而环境规制对就业的破坏效应使就业低于前沿就业量，通过计算二者共同影响的净效应来衡量实际就业的偏离程度。此外，考虑 OLS 估计所得结果有偏差，而使用极大似然估计法(MLE)可得到有效的估计结果。为此，不妨对残差分布做如下假设：随机误差项ε_{it}服从均值为零，方差为σ_ε^2的正态分布，即$\varepsilon_{it}\sim iddN(0,\sigma_\varepsilon^2)$，$\omega_{it}$、$u_{it}$均服从指数分布，即$\omega_{it}\sim iddEXP(\sigma_\omega,\sigma_\omega^2)$、$u_{it}\sim iddEXP(\sigma_u,\sigma_u^2)$，且误差项间满足独立假设条件，不与省际特征变量存在相关性。基于如上假设分布，进一步推导ξ_{it}的概率密度函数：

$$
\begin{aligned}
f(\xi_{it}) &= \frac{\exp(\alpha_{it})}{\sigma_u+\sigma_\omega}\Phi(\gamma_{it})+\frac{\exp(\beta_{it})}{\sigma_u+\sigma_\omega}\int_{-\eta_{it}}^{\infty}\varphi(x)\mathrm{d}x \\
&= \frac{\exp(\alpha_{it})}{\sigma_u+\sigma_\omega}\Phi(\gamma_{it})+\frac{\exp(\beta_{it})}{\sigma_u+\sigma_\omega}\varphi(\eta_{it})
\end{aligned}
\tag{10-8}
$$

在式(10-8)中，$\Phi(\cdot)$与$\varphi(\cdot)$分别为标准正态累积分布函数(CDF)和标准正态分布概率密度函数(PDF)，对其他参数做如下设定：

$$
\begin{aligned}
&\alpha_{it}=\frac{\sigma_v^2}{2\sigma_\omega^2}+\frac{\xi_i}{\sigma_\omega} \quad \beta_{it}=\frac{\sigma_v^2}{2\sigma_u^2}-\frac{\xi_i}{\sigma_u} \\
&\gamma_{it}=-\frac{\xi_{it}}{\sigma_v}-\frac{\sigma_v}{\sigma_u} \quad \eta_{it}=\frac{\xi_{it}}{\sigma_v}-\frac{\sigma_v}{\sigma_\omega}
\end{aligned}
\tag{10-9}
$$

基于式(10-9)参数估计，构建极大似然函数(MLE)表达式如下：

$$
\ln L(X;\pi)=-n\ln(\sigma_\omega+\sigma_u)+\sum_{i=1}^{n}\ln[e^{\alpha_{it}}\Phi(\gamma_{it})+e^{\beta_{it}}\Phi(\eta_{it})] \tag{10-10}
$$

其中，$\pi=[\beta,\sigma_v,\sigma_\omega,\sigma_u]$。进一步最大化似然函数(10-10)，最终得出极大似然估计的所有参数值。此外，还需估计出ω_{it}和u_{it}，因此，进一步推导两者的条件密度函数：

$$
f(\omega_{it}\mid\xi_{it})=\frac{\left(\frac{1}{\sigma_u}+\frac{1}{\sigma_\omega}\right)\exp\left[-\left(\frac{1}{\sigma_u}+\frac{1}{\sigma_\omega}\right)\omega_{it}\right]\Phi\left(\frac{\omega_{it}}{\sigma_v}+\eta_{it}\right)}{\exp(\beta_{it}-\alpha_i)[\Phi(\eta_{it})+\exp(\alpha_{it}-\beta_{it})\Phi(\gamma_{ii})]} \tag{10-11}
$$

$$
f(u_{it}\mid\xi_{it})=\frac{\left(\frac{1}{\sigma_u}+\frac{1}{\sigma_\omega}\right)\exp\left[-\left(\frac{1}{\sigma_u}+\frac{1}{\sigma_\omega}\right)u_{it}\right]\Phi\left(\frac{u_{it}}{\sigma_v}+\eta_{it}\right)}{\Phi(\eta_{it})+\exp(\alpha_{it}-\beta_{it})\Phi(\gamma_{it})} \tag{10-12}
$$

基于式(10-11)和式(10-12)，可以估计出ω_{it}和u_{it}的条件期望：

$$
E(\omega_{it}\mid\xi_{it})=\frac{1}{\left(\frac{1}{\sigma_u}+\frac{1}{\sigma_\omega}\right)}+\frac{\sigma_v[\Phi(-\eta_{it})+\eta_{it}\Phi(\eta_{ii})]}{\exp(\beta_{it}-\alpha_{it})[\Phi(\eta_{it})+\exp(\alpha_{it}-\beta_{it})\Phi(\gamma_{it})]} \tag{10-13}
$$

$$
E(u_{it}\mid\xi_{it})=\frac{1}{\left(\frac{1}{\sigma_u}+\frac{1}{\sigma_\omega}\right)}+\frac{\exp(\alpha_{it}-\beta_{it})\sigma_v[\Phi(-\gamma_{it})+\eta_{it}\Phi(\gamma_{ii})]}{\Phi(\eta_{it})+\exp(\alpha_{it}-\beta_{it})\Phi(\gamma_{it})} \tag{10-14}
$$

利用式(10-13)和式(10-14)可以估计面临创造效应和破坏效应的就业偏离前沿就业的绝对程度。为了方便比较，需要进一步将环境规制影响就业偏离程度的绝对程度值转化为高于或者低于前沿水平的百分比，具体转换公式如下：

$$
\begin{aligned}
&E(1-e^{-\omega_{it}}\mid\xi_{it})=1- \\
&\frac{\left(\frac{1}{\sigma_u}+\frac{1}{\sigma_\omega}\right)\left[\Phi(\gamma_{it})+\exp(\beta_{it}-\alpha_{it})\exp\left(\frac{\sigma_v^2}{2}-\sigma_v\eta_{it}\right)\Phi(\eta_{it}-\sigma_v)\right]}{\left[1+\left(\frac{1}{\sigma_u}+\frac{1}{\sigma_\omega}\right)\right]\exp(\beta_{it}-\alpha_{it})[\Phi(\eta_{it})+\exp(\alpha_{it}-\beta_{it})\Phi(\gamma_{it})]}
\end{aligned}
\tag{10-15}
$$

$$E(1-e^{-u_{it}}\mid\xi_{it})=1-\frac{\left(\frac{1}{\sigma_u}+\frac{1}{\sigma_\omega}\right)\left[\Phi(\eta_{it})+\exp(\alpha_{it}-\beta_{it})\exp\left(\frac{\sigma_v^2}{2}-\sigma_v\gamma_{it}\right)\Phi(\gamma_{it}-\sigma_v)\right]}{\left[1+\left(\frac{1}{\sigma_u}+\frac{1}{\sigma_\omega}\right)\right][\Phi(\eta_{it})+\exp(\alpha_{it}-\beta_{it})\Phi(\gamma_{it})]} \tag{10-16}$$

进一步，基于式(10-15)和式(10-16)推导出环境规制对就业影响的净效应，计算公式如下：

$$\mathrm{NE}=E(1-e^{-\omega_{it}}\mid\xi_{it})-E(1-e^{-u_{it}}\mid\xi_{it})=E(e^{-u_{it}}-e^{-\omega_{it}}\mid\xi_{it}) \tag{10-17}$$

其中，NE代表创造效应与破坏效应的差值。若NE>0，则说明创造效应强于破坏效应，即创造效应起主导作用；若NE<0，则表明破坏效应强于创造效应，即破坏效应发挥主导作用。

10.3.2 数据来源与变量说明

参照上述理论和实证模型设定，同时兼顾数据的可得性，本章的研究选取中国2011—2020年省际层面的面板数据分析环境规制对省份就业的影响，考虑中国西藏及中国港澳台地区的数据缺失，故作剔除处理。研究所选变量的数据源于《中国统计年鉴》《中国环境统计年鉴》《中国科技统计年鉴》、ESP全球数据库及国家统计局等。具体所涉及的变量设定如下。

(1) 劳动就业数量(ln LABOR)

本章借鉴周五七和陶靓[236]的做法，选取第二、第三产业的就业人数作为研究重点考察对象，对其进行取对数处理后，记为ln LABOR。

(2) 环境规制(ln EG)

参照谢乔昕[237]的做法，首先对地区废水排放总量、废气排放总量、烟粉尘产生量进行标准化处理，转换为0～100的值，然后计算得到地区污染物排放指标的算术平均值，最后利用100减去算术平均值得到合成指标EG。

(3) 省际特征变量

关于控制变量，本章参照了王晓娟等[141]、Acemoglu和Restrepo[149]的做法。其中，实际利用外资主要用于观察外商投资对就业的影响，记为ln FDI；以专利申请授权数件表征制造业创新水平，记为ln PAT；在研发因素上选用规模以上工业企业R&D经费表征，记为ln RDD；将技术市场成交额用来说明技术引进对就业的影响，记为ln TEM；利用政府财政支出表示政府对就业的支持力度，记作ln GOVP；选用进出口额用于观察地区的对外贸易对就业的影响，记为ln ION；人力资本与就业有着密切联系，这里选用平均受教育年限表示，用ln EDU表示；经济发展水平参照邝嫦娥等[163]的做法采用人均GDP

表示，对其进行取对数处理后，记为 ln PGDP；城镇化借鉴徐维祥等[164]的研究采用非农人口占比来表示，记为 ln CITY，最后对上述变量进行取对数处理。此外，涉及价格因素的变量，本章的研究均以 2011 年为基期做了平减。主要变量的描述性统计结果见表 10-1。

表 10-1　主要变量的描述性统计结果

变量名	符号	样本量	均值	方差	最小值	最大值
劳动就业数量	ln LABOR	300	6.070	0.784	4.064	7.642
环境规制	ln EG	300	99.474	0.537	97.415	100.000
实际利用外资	ln FDI	300	14.539	1.949	6.702	17.602
城镇化	ln CITY	300	4.046	0.199	3.555	4.495
专利申请授权数件	ln PAT	300	10.105	1.439	6.219	13.473
规模上工业企业 R&D 经费	ln RDD	300	10.618	1.373	7.054	13.459
技术市场成交额	ln TEM	300	4.730	1.790	−0.562	8.751
政府财政支出	ln GOVP	300	4.300	1.044	1.324	7.064
进出口额	ln ION	300	6.950	1.943	1.128	11.226
平均受教育年限	ln EDU	300	9.229	0.911	7.514	12.718
人均 GDP	ln PGDP	300	1.631	0.436	0.495	2.803

10.4　实证分析

10.4.1　双边随机前沿模型估计

1. 基准回归模型

在 MLE 估计的基础上，结合计量模型(10-7)，将环境规制影响就业的双边效应进行分解，估计结果如表 10-2 所示。其中，模型(1)不考虑偏离效应的 OLS 估计结果；模型(2)不控制时间固定效应与地区固定效应；模型(3)和模型(4)分别为仅控制地区和时间的固定效应；模型(5)既控制了地区固定效应，又控制了时间固定效应；模型(6)只考虑环境规制对就业的破坏效应的单边估计结果，即模型残差项u_{it}；模型(7)只考虑环境规制对就业的创造效应的单边估计结果，即模型残差项ω_{it}；模型(8)同时考虑环境规制对就业的破坏和创造两种效应的估计结果，即模型残差项ω_{it}和u_{it}。根据模型似然比检验(LR)，加入偏离效应后，模型(8)相比OLS估计以及剩余模型更为合理，综合比较后，最终确定后文分析以模型(8)为基础进行后续环境规制的双边效应分解测度分析。

从模型(8)估计结果可知，环境规制对就业的创造效应估计系数显著为正，这表明环境规制的创造效应增加了就业量。而环境规制的破坏效应估计系数显著为负，这表明环境规制的破坏效应显著抑制就业量的增加。据此，本章理论假设中环境规制对就业的两种效应同时存在的假设在模型(8)的估计结果中得到了初步验证。

表10-2　环境规制的双边随机前沿模型基本估计结果

变量	模型(1) LABOR	模型(2) LABOR	模型(3) LABOR	模型(4) LABOR	模型(5) LABOR	模型(6) LABOR	模型(7) LABOR	模型(8) LABOR
ln FDI	−0.006	−0.015***	0.012***	−0.009***	0.015***	0.003***	0.002***	0.016***
	(−0.61)	(−4.31)	(939.91)	(−141.75)	(828.80)	(108.40)	(34.26)	(736.36)
ln CITY	−1.822***	−1.628***	0.045***	−1.645***	0.469***	0.661***	0.638***	0.479***
	(−14.27)	(−77.04)	(119.91)	(−206.30)	(557.65)	(410.01)	(226.82)	(238.06)
ln PAT	0.154***	0.186***	0.023***	0.187***	0.064***	0.045***	0.025***	0.061***
	(4.30)	(39.43)	(303.65)	(515.04)	(1 159.97)	(132.78)	(69.94)	(387.89)
ln RDD	0.355***	0.363***	0.056***	0.306***	0.004***	0.066***	0.076***	0.004***
	(12.77)	(88.58)	(450.79)	(2 693.63)	(24.08)	(311.32)	(218.42)	(21.24)
ln GOVP	0.028	0.024***	0.059***	0.020***	0.048***	0.112***	0.108***	0.043***
	(0.76)	(2.78)	(666.11)	(51.30)	(431.32)	(683.02)	(454.84)	(487.91)
ln ION	0.062***	0.041***	−0.014***	0.086***	−0.005***	0.002***	0.007***	−0.006***
	(4.43)	(42.61)	(−685.57)	(564.05)	(−298.71)	(17.74)	(65.73)	(−218.77)
ln EDU	0.213***	0.234***	0.016***	0.188***	0.019***	−0.022***	−0.034***	0.013***
	(7.83)	(52.14)	(264.70)	(1 083.53)	(185.53)	(−265.38)	(−155.27)	(125.69)
ln PGDP	0.083**	0.063***	0.007***	−0.000	0.000***	−0.007***	−0.023***	−0.004***
	(2.50)	(29.57)	(190.67)	(−0.46)	(3.66)	(−69.29)	(−139.01)	(−41.63)
_cons	5.463***	4.557***	5.376***	5.315***	3.129***	0.310***	0.719***	3.180***
	(13.43)	(74.17)	(2 473.25)	(966.94)	(1 164.30)	(59.40)	(81.65)	(380.74)

续表

变量	模型(1)	模型(2)	模型(3)	模型(4)	模型(5)	模型(6)	模型(7)	模型(8)
	LABOR	LABOR	LABOR	LABOR	LABOR	LABOR	LABOR	LABOR
sigma_v								
_cons	—	−16.883	−18.901	−16.858	−22.426	−17.768	−17.437	−19.292
		(−0.01)	(−0.06)	(−0.04)	(−0.02)	(−0.06)	(−0.07)	(−0.04)
sigma_u								
EG	—	—	—	—	—	−0.523***	—	−0.568***
						(−3.91)		(−4.45)
_cons	—	—	−2.444***	−1.745***	−2.959***	49.421***	−2.543***	53.464***
			(−40.82)	(−26.60)	(−45.03)	(3.72)	(−38.03)	(4.21)
sigma_w								
EG	—	—	—	—	—	—	−0.380**	0.139***
							(2.47)	(4.82)
_cons	—	—	−4.339***	−2.286***	−3.486***	−2.855***	−40.761***	10.421
			(−36.13)	(−29.04)	(−44.43)	(−38.74)	(−2.66)	(0.62)
地区固定	NO	NO	YES	NO	YES	YES	YES	YES
时间固定	NO	NO	NO	YES	YES	YES	YES	YES
样本量	300	300	300	300	300	300	300	300

注：*、** 和 *** 分别表示 $p<0.1$、$p<0.05$ 和 $p<0.01$，括号上方为估计值，括号内为 t 统计量值。

2. 方差分解:环境规制对就业的双边效应测算

为深入分析环境规制对就业的两种效应究竟哪种效应占据主导位置,需要在表10-2中模型(8)基础上将环境规制对就业的创造效应与破坏效应分解。分解结果如表10-3所示。环境规制对就业的创造、破坏效应分别为0.032 9、0.049 1,这使得环境规制对就业的净效应为 $E(\omega-u)=\sigma_\omega-\sigma_u=-0.0162$。通过分解结果可知,环境规制对就业的净效应表现为抑制了就业量的增加。从总体上来看,由于环境规制对就业同时存在破坏和创造两种效应,且破坏效应占据主导位置,最终导致省(区、市)实际就业量低于最优水平,即环境规制对就业量的增加起到抑制作用。

进一步依据分解模型对环境规制影响就业的破坏效应和创造效应的比重大小进行分解,以更为准确对环境规制的净效应进行比较。从表10-3中结果可知,环境规制抑制就业量增加的破坏效应占比为68.98%,而促进就业的创造效应占比为31.02%,此结果表明,环境规制对就业的破坏效应占比明显大于创造效应,这表明环境规制对就业的破坏效应占据主导地位，从而再次证明上述估计结果的正确性，即环境规制通过对就业的破坏效应显著抑制了就业增长。

表 10-3　方差分解：环境规制对就业的创造、破坏效应

变量	变量含义	符号	测度系数
环境规制的双重效应	随机误差项	sigma_v	0.000 0
	创造效应	sigma_w	0.032 9
	破坏效应	sigma_u	0.049 1
方差分解	随机总误差项	Total sigma_sqs	0.003 5
	创造破坏效应共同影响比重	(sigu2＋sigw2)/Total	1.000 0
	创造效应比重	sigw2/(sigu2＋sigw2)	0.310 2
	破坏效应比重	sigu2/(sigu2＋sigw2)	0.689 8
	净效应	sig_u－sig_w	0.016 2

3. 环境规制的创造效应与破坏效应对就业的影响程度

在分析环境规制对就业的影响效应后，再进一步计算地区就业相较于最优就业水平的偏离程度，具体计算公式依据模型中的式(10-15)～式(10-17)进行估计。此计算公式表明环境规制在影响就业后，实际就业偏离就业前沿水平的百分比及最终净效应比重，并在此基础上，对比创造效应与破坏效应百分比的净效应大小，从而最终判定环境规制对就业的真实影响效应。由表 10-4 结果可知，环境规制的创造效应使得就业高于前沿水平 3.18%，而环境规制的破坏效应使得就业低于前沿水平 4.58%，最终在两种效应的综合作用下使得就业低于前沿水平 1.40%。这说明，由于环境规制的双边效应的不对称，使得环境规制对就业水平整体呈现破坏效应的特征。

表 10-4　环境规制对就业的净效应估计　　/%

效应类型	均值	方差	Q_1	Q_2	Q_3
创造效应	3.18	2.81	1.74	1.99	2.97
破坏效应	4.58	5.24	1.77	2.45	5.55
净效应	−1.40	6.43	−3.74	−0.04	0.89

注：净效应＝创造效应－破坏效应，对于一个特定的观察。Q_1、Q_2、Q_3 分别表示第一、第二和第三分位，四分位数的数值是基于相应影响的变化，按升序排列。

为直观呈现环境规制的创造效应、破坏效应及净效应的分布情况,图 10-2 分别给出了环境规制对就业的创造效应、破坏效应及净效应的频数分布图。从图 10-2 中可以看出,环境规制对就业的破坏效应呈现出右拖尾的特征,在 40%左右破坏效应仍然存在,这表明部分省(区、市)的就业对环境规制发展水平的变化较为敏感,易受环境规制发展水平的影响;环境规制促进就业的创造效应在 15%左右的位置即结束了,明显低于破坏效应,这表明部分省(区、市)就业较少受环境规制的创造效应影响;从净效应分布情况可知,大部分省(区、市)受环境规制的破坏效应的影响,部分城市受创造效应的影响。以上分析结果表明,环境规制会降低就业,这与理论分析相吻合。

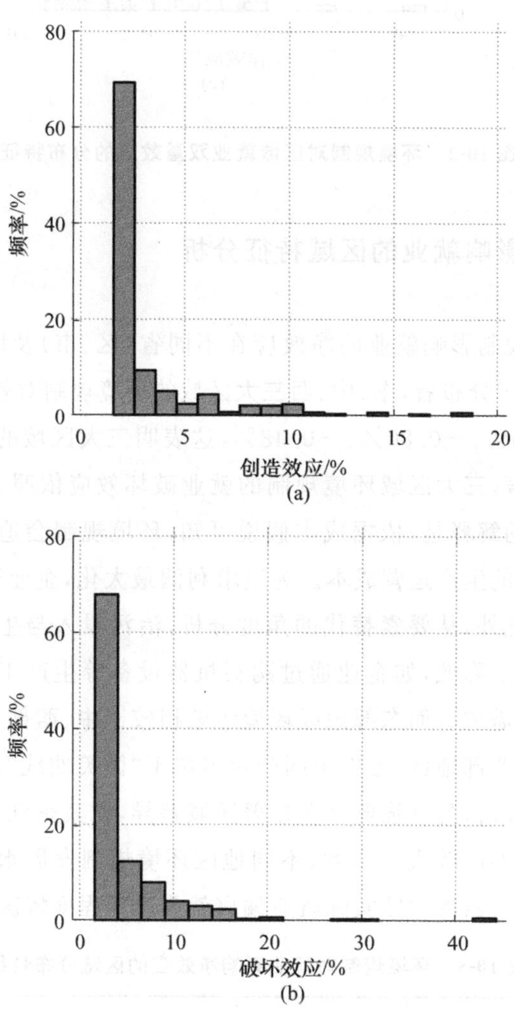

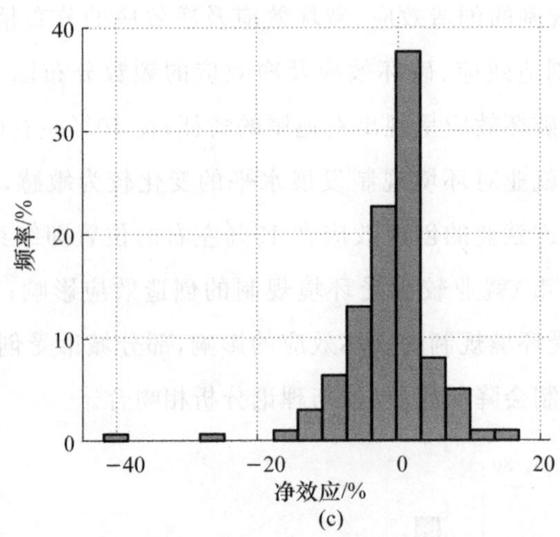

图 10-2　环境规制对区域就业双重效应的分布特征

10.4.2　环境规制影响就业的区域特征分析

进一步考察环境规制影响就业的净效应在不同省(区、市)及区域的分布特征,结果如表 10-5 所示。从地区分布看,东、中、西三大区域的环境规制对就业的净效应均值均为负,其值分别为−2.76%、−0.80%、−0.48%,这表明三大区域的环境规制对就业均起到破坏作用。具体而言,三大区域环境规制的就业破坏效应依照大小排序为:东部>中部>西部。对此可能的解释是,依据成本假说可知,环境规制会迫使企业增加大量的治污投入,这将增加企业的生产运营成本。为追求利润最大化,企业通常会缩减生产规模,减少劳动力的需求。此外,从要素替代的角度分析,治污投入与生产要素投入可能会形成替代关系,使劳动需求降低,如企业通过购买机器设备等生产工具可能会减少劳动力的支出,降低劳动力的需求。而东部地区环境污染相较于中、西部地区较为严重,相对应的环境规制也强于中、西部地区,考虑中国产业多位于“微笑曲线”两端,环境规制势必对现有的劳动市场造成冲击,且其强弱存在显著区域差异,尤其是江苏、广东等东部工业大省(区、市)受到的就业冲击较大。因此,不同地区环境规制发展水平的差异导致就业的空间格局呈现出“东、中、西部地区实际就业偏离就业边界程度依次减弱”的特征。

表 10-5　环境规制对就业影响净效应的区域分布特征　/%

省(区、市)	净效应均值	标准差	Q_1	Q_2	Q_3
北京市	−1.27	5.40	−3.61	−0.76	2.91
天津市	0.51	3.71	−1.86	0.00	0.35

续 表

省(区、市)	净效应均值	标准差	Q_1	Q_2	Q_3
河北省	−5.21	8.94	−13.96	−1.69	0.08
山西省	0.27	3.51	−1.82	−1.18	0.90
内蒙古自治区	0.15	1.47	−0.36	0.00	0.10
辽宁省	−4.75	6.10	−10.56	−2.82	0.47
吉林省	−2.30	4.14	−4.39	−1.37	0.67
黑龙江省	−0.12	6.26	−2.69	−0.32	0.23
上海市	−0.61	5.04	−4.59	0.00	0.48
江苏省	−10.70	16.55	−10.31	−4.04	0.41
浙江省	−0.06	4.21	−1.95	0.04	0.23
安徽省	2.41	6.19	−0.52	0.00	9.31
福建省	−0.20	5.24	−4.51	−1.11	4.71
江西省	−1.32	3.85	−5.16	−0.07	1.91
山东省	−2.50	4.40	−4.08	−0.69	0.00
河南省	−4.41	7.99	−10.71	−4.10	2.83
湖北省	−1.21	3.91	−4.33	0.00	2.19
湖南省	0.24	5.31	−3.11	−0.88	1.32
广东省	−4.61	12.04	−2.22	−0.39	2.54
广西壮族自治区	−0.38	2.54	−1.15	−0.03	1.33
海南省	−0.98	5.77	−6.70	−1.01	3.28
重庆市	−0.39	2.95	−1.37	−0.28	2.16
四川省	−0.45	5.13	−1.43	−0.34	1.36
贵州省	0.43	2.45	−1.37	0.00	1.84
云南省	−2.57	6.07	−3.70	−0.29	0.39
陕西省	−1.16	2.80	−0.68	−0.02	0.00
甘肃省	−1.25	2.34	−2.23	−0.05	0.37

续 表

省(区、市)	净效应均值	标准差	Q_1	Q_2	Q_3
青海省	0.30	3.49	−1.74	0.00	0.00
宁夏回族自治区	−2.36	4.60	−6.16	−1.96	0.72
新疆维吾尔自治区	2.39	9.84	−4.89	−1.98	11.95
东部地区	−2.76	8.26	−4.60	−0.60	0.79
中部地区	−0.80	5.45	−3.89	−0.07	1.17
西部地区	−0.48	4.55	−2.23	0.00	0.84

注：Q_1、Q_2、Q_3 分别表示第一、第二和第三分位。

10.4.3 环境规制影响就业的时间特征分析

为更进一步识别环境规制影响就业的时间特征，接下来将依据时间变量分析环境规制对就业影响效应的差异，结果如图 10-3 所示。在大部分年份样本内，环境规制的破坏效应占据主导地位，其作用大小在−2.57%～−0.23%之间。整体而言，随着时间的推移，环境规制对就业的净效应为负，换言之，就业破坏效应始终占据主导位置，这可能与目前中国环境规制的强度整体还较弱有关。此外，从结果可知，2012 年之前与 2018 年之后环境规制对就业的创造效应与破坏效应的差距不断拉大，而 2012—2018 年环境规制的两种效应的差距呈缩小趋势。最终，环境规制的就业净效应呈现先减弱后增强的变化特点，即“倒 U”形。

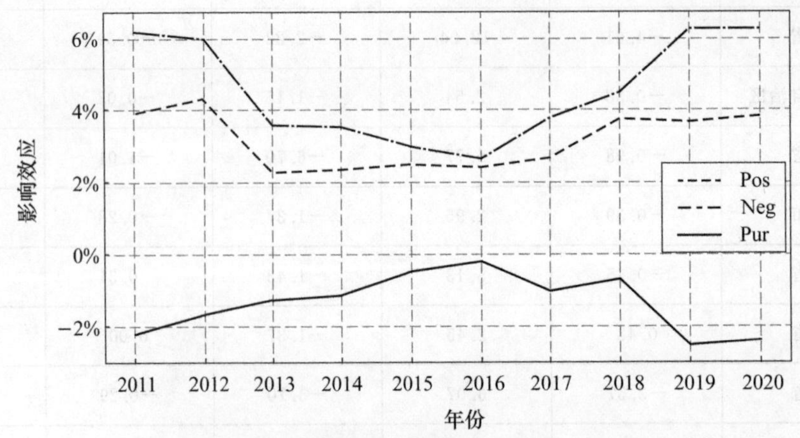

注： Pos代表创造效应，Neg代表破坏效应，Pur代表净效应。

图 10-3 环境规制对就业影响效应的年度分布特征

10.4.4　不同环境规制发展水平影响区域就业的差异分析

由前文分析可知,环境规制对就业整体呈破坏效应的特征。接下来,通过对环境规制发展水平按照三分之一分位数分为低、中、高三组,分析在不同环境规制发展水平下双边效应的分布情况,其结果如表 10-6 所示。随着环境规制发展水平的提升,环境规制对就业的创造效应均值分别从低水平组的 3.45%增长为高水平组的 2.67%,其破坏效应均值分别从低水平组的 6.25%降至高水平组的 3.72%,且两者的综合作用是净效应的均值始终为负且存在差异,这表明在不同的环境规制发展水平下,环境规制对就业的影响存在显著异质性。究其原因可能为,在环境规制发展水平较低时,成本效应大于要素互补效应以及创新补偿效应,此时表现为环境规制对就业的破坏效应。而随着环境规制发展水平的不断提升,环境规制可以引发企业通过产品或流程创新来弥补遵循成本,这能降低边际成本,提高产出,并拉动就业,但是目前中国环境规制发展水平仍有待加强与完善,遵循成本效应仍大于创新补偿效应,最终,环境规制仍表现为环境规制对就业的破坏效应。

表 10-6　不同环境规制发展水平下就业的效应差异　　/%

环境规制(EG)	效应分解	均值	标准差	Q_1	Q_2	Q_3
低水平组	创造效应	3.45	2.39	2.09	2.47	3.25
	破坏效应	6.25	7.78	2.14	2.83	6.50
	净效应	−2.80	8.67	−4.26	−0.47	0.81
中水平组	创造效应	3.42	3.62	1.77	1.80	2.97
	破坏效应	3.77	3.02	1.78	1.88	5.64
	净效应	−0.35	5.35	−3.85	0.00	1.21
高水平组	创造效应	2.67	2.13	1.61	1.66	2.34
	破坏效应	3.72	3.01	1.62	1.71	5.29
	净效应	−1.05	4.23	−3.65	0.00	0.70

注:Q_1、Q_2、Q_3 分别表示第一、第二和第三分位。

10.4.5　不同人力资本水平下环境规制影响区域就业的差异分析

环境规制对人力资本提出了更高的需求,当地区人力资本足够大时,其产业结构、人口结构等也会相应提高，同时，人力资本的集聚效应可在一定程度上缓冲环境规制所带来的失业等负面影响。为验证这一猜想，选取平均受教育年限表征人力资本，按照平均教育年限 9 年、16 年作为分界点分为高、中、低三组，当人力资本(EDU)≤9 年为低技能组；当 9＜人力资本(EDU)≤16 时为中技能组；人力资本(EDU)＞16 为高技能组，其结果如表 10-7 所示。环境规制对就业的创造效应从低技能组的 3.35％升至高技能组的 3.00％，其破坏效应则从低水平组的 3.40％升至高水平组的 4.28％，在两者的综合作用下净效应始终为负。由于在低教育水平地区非技术劳动力占总人口的比重较大，治污设备购买、治污活动的开展都需要劳动力，环境规制也使某些企业倾向于采用劳动力代替能源等造成污染的要素，这使治污与劳动力需求形成互补关系，进而在一定程度上缓解环境规制对就业的破坏效应。另外，环境规制增加了对高技能和低技能的就业需求而减少了对中技能的就业需求，进而产生就业“极化”现象。

表 10-7　不同人力资本水平下环境规制对就业的影响差异 /％

人力资本(EDU)	效应分解	均值	标准差	Q_1	Q_2	Q_3
低技能组	创造效应	3.35	2.98	1.72	1.79	3.13
	破坏效应	3.40	2.73	1.75	1.98	3.88
	净效应	−0.04	4.58	−2.07	0.00	1.42
中技能组	创造效应	3.19	2.86	1.79	2.14	3.10
	破坏效应	6.07	7.57	1.86	2.88	7.79
	净效应	−2.88	8.59	−5.96	−0.49	0.83
高技能组	创造效应	3.00	2.59	1.71	2.01	2.66
	破坏效应	4.28	3.80	1.70	2.44	5.06
	净效应	−1.28	5.11	−3.46	0.00	0.49

注：1. 人均受教育年限＝小学文化人口占比×6＋ 初中文化人口占比×9＋高中文化人口占比×12＋大专及以上文化人口占比×16

2. Q_1、Q_2、Q_3 分别表示第一、第二和第三分位。

10.4.6　稳健性检验

由于环境污染具有一定的负外部性，这就导致了市场无法有效处理环境污染带来的种种问题[238]，这就需要政府介入进行调节，实施各项环境规制政策和措施来应对环境污染。可见,环境规制是政府治理环境污染的一种强制性手段,本章用政府的环境污染治理投资额占 GDP 的比重来衡量各省(区、市)的环境规制强度[239],并将其用于稳健性检验。在此基础上,再次估算环境规制对就业的创造效应、破坏效应及净效应,其结果如表 10-8 所示。结果表明,环境规制对区域就业的创造效应为 0.012 7,破坏效应为 0.068 1,这与前文结果一致。这说明环境规制对区域就业的影响存在双边效应。从净效应看,环境规制的创造效应占比约为 3.4%,破坏效应占比约为 96.6%,这说明在环境规制对就业的影响中,由于环境规制的破坏效应占据主导作用,从而使就业相对偏离其前沿水平,故而可以进一步验证结果的稳健性。

表 10-8　影响效应与方差分解

变量	变量含义	符号	测度系数
环境规制的双重效应	随机误差项	sigma_v	0.000 0
	创造效应	sigma_w	0.012 7
	破坏效应	sigma_u	0.068 1
方差分解	随机总误差项	Total sigma_sqs	0.009 4
	创造破坏效应共同影响比重	(sigu2+sigw2)/Total	0.004 8
	创造效应比重	sigw2/(sigu2+sigw2)	0.033 7
	破坏效应比重	sigu2/(sigu2+sigw2)	0.966 3
	净效应	sig_u − sig_w	0.055 4

进一步估计环境规制对就业的破坏效应、创造效应和二者相互作用的净效应,结果如表 10-9 所示。结果显示,随着环境规制发展水平的提高,其创造效应使区域就业提高 1.24%,而破坏效应使区域就业降低 6.28%,净效应使实际区域就业相对低于前沿水平 5.04%,与前文估计结果大致相同。

表 10-9　环境规制影响效应导致就业的偏离程度　/%

效应类型	均值	标准差	Q_1	Q_2	Q_3
创造效应	1.24	1.07	0.92	0.93	0.97
破坏效应	6.28	6.82	1.30	3.84	9.20
净效应	−5.04	7.00	−8.04	−2.80	−0.06

注:Q_1、Q_2、Q_3 分别表示第一、第二和第三分位。

10.5 研究结论与政策启示

10.5.1 研究结论

本章利用中国2011—2020年省际层面的面板数据，基于双边随机前沿模型测算了环境规制对各省(区、市)就业的创新效应、破坏效应以及两者共同影响的净效应的大小。在已有文献的基础上，本章通过理论模型识别出环境规制对就业的双边影响，进一步用计量模型实证检验双边效应是否存在，结果表明。

(1) 环境规制的创造效应使得就业高于前沿水平3.18%，而环境规制的破坏效应使得就业低于前沿水平4.58%，最终在两种效应的综合作用下使得就业低于前沿水平1.40%，以破坏效应为主导。

(2) 从地区分布特征来看，环境规制对就业的破坏效应具有区域异质性的特点，呈东、中、西部依次减弱的特点。

(3) 环境规制对就业的净效应也在不同时间条件下存在差异，在样本年份的十年期内，环境规制对就业的净效应呈现“倒U”形关系。

(4) 从环境规制实施的不同强度来看，在中等水平和高等水平下，环境规制对就业的破坏效应较小，而在低水平下，环境规制对就业的破坏效应更大；环境规制对低技能组的破坏效应最小，高技能组次之，对中等技能组的影响最大。

(5) 从不同的人力资本角度来看，环境规制会提高对高技能员工与低技能员工的需求，而降低对中等技能员工的需求。

10.5.2 政策启示

政策制定者制定政策的最终目标是实现经济发展与生态保护的双赢局面。除非关注环境规制对就业的影响，否则中国政府将无法实现可持续发展的政策目标。因此，为了更好地发挥环境规制对就业的创造效应，抑制其破坏效应，本章的研究提出如下政策建议：

首先，虽然环境规制对就业的破坏效应占据主导地位，但加强环境规制与促进就业之间并不矛盾。环境规制强度的不断提高有利于促进企业产品或流程的创新，降低边际成本。因此企业要加快技术创新和产业结构升级，促进清洁生产行业和新兴行业的扩张，大力增强这些行业的创造效应，以弥补不断强化的环境规制导致污染密集型行业的就业损失。

其次,政府在制定环境规制的过程中,要考虑当地经济发展水平,因地制宜地做好环境规制,合理引导环境规制下的劳动力再配置。中、西部地区在承接东部地区产业转移的过程中,要利用环境规制驱动技术创新和产业升级带来的创造效应来弥补因环境规制导致污染性产业减少而带来的就业损失。

最后,通过职业教育、职业技能培训、再就业培训等方式,促进劳动力结构优化调整,使东部地区产业升级能获得高素质劳动力的支撑,中、西部地区在承接产业转移中实现充分就业,最终实现环境规制在环保和就业方面的双重红利。

10.5.3　研究局限与展望

本章还存在以下几个方面可在未来继续进行探讨:一方面,目前现有的研究多集中于宏观层面的环境规制,尚未关注微观层面的环境规制对就业的影响,如排污政策收费政策、征税制度以及排污权交易制度等对区域就业产生的影响;另一方面,由于数据限制,本章并未以就业者性别为准对样本数据进行划分,即本章并未考察环境规制对就业者性别、学历、所处行业的影响。

第11章 数字经济对区域碳排放的双边影响：抑制效应还是促进效应？

为识别数字经济发展对区域碳排放的影响效应，本章基于2011—2020年中国30个省（区、市）面板数据，运用双边随机前沿模型测算数字经济对区域碳排放的抑制效应、促进效应及净效应。研究结果表明：数字经济发展对区域碳排放的抑制效应强于促进效应，抑制效应使区域碳排放降低13.38%，促进效应使区域碳排放增加12.11%，两种效应呈反向联动特征，综合作用使区域碳排放低于前沿边界1.27%；随着数字经济发展，抑制效应占据主导地位，总体上数字经济水平提升有利于降低区域碳排放；数字经济对区域碳排放影响的净效应呈现不断减弱的时间分布特征；数字经济对碳排放的抑制效应呈现东部＞中部＞西部的区域特征；数字经济、经济发展水平、人力资本提升强化了数字经济的抑制效应。本研究从数字经济角度为重新审视如何降低碳排放提供了一个视角，研究结论可以为理解数字经济与碳排放的关系提供新的视角和经验证据，也为数字经济、碳减排、碳达峰与碳中和战略目标的实现提供一定的政策启示。

11.1 引　言

全球变暖是全人类共同面临的重大挑战[164]。近年来，因二氧化碳为主的温室气体持续增加造成的全球冰川加速消融、海平面上升、旱涝两极化等极端现象频发[240]，已对农业生产、人类生活和社会经济活动造成严重影响，并最终阻碍全球可持续发展的进程。在此背景下，促进低碳发展已然成为全球共识[241]。中国在应对全球气候治理方面积极探索，主动承担碳减排责任并在联合国大会上做出自主减排承诺，提出努力争取在 2030 年前实现碳达峰与 2060 年前实现碳中和的战略目标。然而，中国长期以来以要素驱动为特征的粗放型发展方式引致了大量的能源消耗和碳排放，加之工业化和城市化进程带来的能源消耗还在不断增加[242]，这也导致中国将长期面临碳减排的压力[243]。据《世界能源统计年鉴 2021》的统计数据显示，2011—2020 年中国的碳排放量由 88.3 亿吨增长至 99.0 亿吨，可见中国的减排形势相当严峻。如何降低碳排放，成为当前摆在学术界与社会各界的重要命题。

随着网络信息技术的持续创新，数字经济凭借其高渗透性、规模效应及网络效应成为在新发展格局中对经济体内部禀赋及外部环境巨大变化的直接回应[244]，发展迅速。根据《中国数字经济发展白皮书(2021 年)》[245]中发布的数据显示，中国数字经济规模不断上升，从 2011 年的 9.5 万亿元上升到 2020 年 39.2 万亿元，数字经济规模占 GDP 的比例也不断提高，2020 年的比例为 38.6%，增速达 9.7%，远高于同期 GDP 的名义增速。数字经济高速发展受到了社会各界的持续关注，其中数字经济的环境改善效应是学界聚焦的重点之一[240]。一方面，部分学者认为数字经济推动生产、生活和治理方式的深刻变革，催生了新业态和新产业等，加之数字经济自身的环境友好特性，能够通过挤出效应挤压高耗能、高排放产业发展的空间，优化城市产业结构[246]，为碳减排提供新的机遇和助力[164]；另一方面，数字经济发展成了推动环境治理的重要驱动力，其产生的非正式环境规制效应对城市空气质量改善，而且数字信息传播能够引导公众形成绿色环保理念，进而缓解空气污染。

那么，一个亟待回答的问题是，不断发展的数字经济是否能够减少城市碳排放？自“双碳”目标提出以来，碳减排问题已然成为中国社会各界关注的热点话题 。近年来，数字经济与碳排放的关系已成为学界关注的热点议题之一，并且学界就两者之间的关系进行了诸多有益探讨。但数字经济与碳排放的关系究竟如何，学界尚存在争议。目前，大致形成了三类观点。第一类认为数字经济会增加碳排放。Salahuddin 和 Alam[247]指出，信息技术作为数字经济重要组成部分，信息技术的发展导致电力消耗增加，从而使本地碳排放有所增加。徐维祥等[164]的研究发现数字经济会增加中部城市的碳排放。第二类认为数字经济会抑制碳排放。邬彩霞和高媛[248]指出，数字经济可以通过能源流、资源流两个渠道显著驱动低碳产业的发展。谢云飞[249]进一步研究发现数字经济会通过能源结构的改善和技术的进步来降低碳排放强度，且对中国中、西部地区的表现更明显。徐维祥等[164]从空间效应视角发现，数字经济能显著降低中国东部城市的碳排放，但对西部城市的作用效果不明显。苏科和周超[250]从产业结构层面提出数字技术渗透可促进能源效率的提升和碳排放的降低。郭丰等[251]从城市层面构建数字经济发展指数，实证考察了数字经济发展能够显著降低城市碳排放水平。Wang 等[252]从省级层面的利用系统广义矩量法(SYS-GMM)估算方法得出数字经济能够降低二氧化碳排放。Lyu [253]进一步验证数字经济对碳排放仅存在抑制作用，不存在"倒 U"形。Chen[254]以金砖国家经济为研究对象，运用 ARDL 方法得出在印度、巴西和中国数字化降低碳排放。第三类认为数字经济对碳排放的影响呈非线性特征。Li 和 Wang[255]指出数字经济与碳排放呈"倒 U"形关系。同样，数字经济对碳排放的空间溢出效应也呈"倒 U"形。缪陆军等[240]的研究所得结论与 Li 和 Wang[255]保持一致。

总体而言，关于数字经济与碳排放的关系是学术界研究的焦点之一。现有文献虽做了很多有益探索，但研究结论尚未达成一致。究其原因是现有文献仅关注数字经济对碳排放存在促进或者抑制的双重影响机制，但却未在方法上对这两种效应进行定量估计，割裂了这两种效应对碳排放的综合影响，使研究往往得出非正即负的结论，而仅关注数字经济的一面效应势必会导致估计结果有偏差。此外，对数字经济影响碳排放的净效应是否存在异质性及其原因均未给予完整解答。鉴于此，本章的研究的边际贡献可能为：第一，研究以数字经济的双重属性为基础，提出数字经济对碳排放的双边影响命题，同时研究了数字经济对碳排放的促进效应、抑制效应及净效应，从而从理论和实证上拓展了碳排放的研究视角；第二，本章在考虑数字经济双边效应的同时，基于双边随机前沿模型具体测度了数字经济对碳排放的促进效应、抑制效应及净效应，并进一步分析了数字经济对碳排放的双边效应的时间和空间分布特征与变动规律，弥补了现有文献的不足，为深入理解数字经济对碳排放内在联系提供经验参考；第三，探究了数字经济对碳排放的抑制效应得以强化的条件，即在不同数字经济、人力资本、经济发展水平条件下，数字经济对碳排放净效应的异质性变化特征，有利于客观全面地把握数字经济影响碳排放的一般规律，对如何在数字经济背景下实现碳中和提供政策启示。

11.2 机理分析

11.2.1 数字经济对碳排放的抑制效应分析

1. 数字经济的结构优化效应

数字经济利用技术渗透和产业融合推动传统产业升级[255-257]。数字网络平台能够通过规模效应和竞争效应，推动跨行业及跨领域的资源共享，实现产业间的深度融合，优化传统产业的生产方式、供应链和价值链，提升产业组织运行效率，倒逼落后低端产业升级，改变能源结构，有效地减少碳排放[258-260]。数字技术可以完善碳交易市场，能源利用效率较高的企业可以将多余的排放权卖给其他企业，碳交易可以鼓励企业主动地进行节能减排[261-262]。

2. 数字经济的技术创新效应

数字经济通过技术创新影响碳排放，物联网、工业互联网等技术实时动态采集与企业排污活动密切相关的各类要素及能源等信息，优化能源结构及使用效率，实现节能减排[263-264]。数字技术在能源行业的深入应用有助于更好地把握能源市场趋势和价格变化，保证能源供应，促进清洁能源生产和碳减排[265]。技术溢出效应促进区域低碳转型，数字经济的规模效应迫使其他地区降低能源强度，提高能源效率[266-268]。

3. 数字经济的资源配置效应

数字经济基于网络效应增加有效供需信息，完善价格机制，实现了供需双方的匹配，改变交易以及流通活动，提升了资源配置效率[269-270]。企业生产者可以基于数字技术优化生产流程，优化资源配置及能源使用结构，提升资源利用效率，从而减少碳排放[271]。此外，数字金融可以降低企业融资约束和缓解资源错配，进而提高能源利用效率，促进绿色全要素生产率的提升[272-273]。

11.2.2　数字经济对碳排放的促进效应分析

数字经济并非只有单纯的减碳效应，还存在一定的“绿色盲区”，对环境产生负外部性作用，导致碳排放量增加。这种影响主要表现在三个方面。一是随着数字技术广泛运用到采矿业，加大了对稀有金属和矿产的开采规模，造成资源的过度消耗并衍生出负面的环境问题[240]。二是数字经济促进了技术进步，但以生产为导向的技术进步虽然提高了能源效率，但生产效率的提高也加速了生产规模的扩大，造成能源反弹，加之绿色技术的开发和应用往往具有时间差，绿色技术进步的环保效应周期相对较长，具有更多经济增长效应的非绿色技术进步往往更受青睐，最终增加碳排放[258]。三是以电信业、软件和信息技术服务业、互联网业等为主要行业发展的数字经济，电力密集程度高，占全球发电量的 10%，在数字产业化的过程中，需要消耗大量的电力资源，而我国目前煤电比例较高，电力消费上升意味着增加了煤炭消费，从而加大碳排放的产生[256]。数字经济带来的技术进步，会使企业在经济发展初期重置生产设备，通过加大对资源的开采和能源的消耗而增加产量，从而促使碳排放量增加[274]。

综上所述，本章将数字经济对碳排放同时存在促进、抑制效应定义为数字经济对碳排放的双边效应。

11.3 研究设计

11.3.1 模型构建

根据前文分析，数字经济对碳排放存在促进效应和抑制效应。因此，本章的研究借鉴 Kumbhakar 等[161]的思路，构建双边随机前沿模型：

$$\ln CO2_{it}=i(x_{it})+\omega_{it}-u_{it}+\varepsilon_{it}=i(x_{it})+\xi_{it}=x_{it}\delta+\xi_{it} \tag{11-1}$$

其中，$\ln CO2_{it}$为碳排放；x_{it}为影响碳排放的一系列控制变量，具体为人口密度、政府财政支出、工业化程度、人均 GDP、城镇化、环境规制、能源结构、能源强度等；δ为待估参数向量；$i(x_{it})$为前沿碳排放，ξ_{it}为复合残差扰动项，$\xi_{it}=\omega_{it}-u_{it}+\varepsilon_{it}$，其中，$\varepsilon_{it}$为随机误差项，反映不可观测因素导致的碳排放对前沿碳排放的偏离程度；由于复合残差项ε_{it}的条件期望可能并不等于 0，将导致 OLS 估计结果有偏差。当 OLS 估计结果有偏差时，使用的 MLE 方法可以得到有效结果。故在极大似然估计法(MLE)估计的基础上，通过式(11-1)分解出ω_{it}、u_{it}，分别用以反映在最优情形下的上偏和下偏效应。在式(11-1)中，当$\omega_{it}\geqslant 0$，则表示数字经济对碳排放的促进效应；当$u_{it}\leqslant 0$，则表示数字经济对碳排放的抑制效应；当$u_{it}\leqslant 0,\omega_{it}=0$或$\omega_{it}\geqslant 0,u_{it}=0$时，模型为单边随机前沿模型，即数字经济对碳排放仅存在单边效应。当$\omega_{it}=u_{it}=0$时，模型为 OLS 模型。若二者皆不为 0，则表示数字经济对碳排放存在双边效应。由于ξ_{it}可能不为 0，这将导致 OLS 模型估计有偏差。

根据式(11-1)可知，实际碳排放最终是数字经济的促进、抑制效应双边共同作用的结果：数字经济对碳排放的促进效应使碳排放高于前沿碳排放，而数字经济对碳排放的抑制效应使碳排放低于前沿碳排放，通过计算二者共同影响的净效应衡量实际碳排放的偏离程度。此外，考虑 OLS 估计所得结果有偏差，而使用极大似然估计法(MLE)可得到有效的估计结果。为此，不妨对残差分布做如下假设：随机误差项ε_{it}服从均值为零，方差为σ_ε^2的正态分布，即$\varepsilon_{it}\sim \mathrm{iddN}(0,\sigma_\varepsilon^2)$，$\omega_{it}$、$u_{it}$均服从指数分布，即$\omega_{it}\sim \mathrm{iddEXP}(\sigma_\omega,\sigma_\omega^2)$、$u_{it}\sim \mathrm{iddEXP}(\sigma_u,\sigma_u^2)$，且误差项间满足独立假设条件，不与省际特征变量存在相关性。基于如上假设分布，进一步推导ξ_{it}的概率密度函数：

$$\begin{aligned} f(\xi_{it}) &= \frac{\exp(\alpha_{it})}{\sigma_u+\sigma_\omega}\Phi(\gamma_{it})+\frac{\exp(\beta_{it})}{\sigma_u+\sigma_\omega}\int_{-\eta_{it}}^{\infty}\varphi(x)\,\mathrm{d}x \\ &= \frac{\exp(\alpha_{it})}{\sigma_u+\sigma_\omega}\Phi(\gamma_{it})+\frac{\exp(\beta_{it})}{\sigma_u+\sigma_\omega}\varphi(\eta_{it}) \end{aligned} \tag{11-2}$$

其中，$\Phi(\cdot)$与$\varphi(\cdot)$分别为标准正态累计分布函数(CDF)和标准正态分布概率密度函数(PDF)，对其他参数做如下设定：

$$\begin{aligned} &\alpha_{it}=\frac{\sigma_v^2}{2\sigma_\omega^2}+\frac{\xi_i}{\sigma_\omega} \quad \beta_{it}=\frac{\sigma_v^2}{2\sigma_u^2}-\frac{\xi_i}{\sigma_u} \\ &\gamma_{it}=-\frac{\xi_{it}}{\sigma_v}-\frac{\sigma_v}{\sigma_u} \quad \eta_{it}=\frac{\xi_{it}}{\sigma_v}-\frac{\sigma_v}{\sigma_\omega} \end{aligned} \tag{11-3}$$

基于式(11-3)参数估计，构建极大似然函数(MLE)表达式如下：

$$\ln L(X;\pi)=-n\ln(\sigma_\omega+\sigma_u)+\sum_{i=1}^{n}\ln[e^{\alpha_{it}}\Phi(\gamma_{it})+e^{\beta_{it}}\Phi(\eta_{it})] \tag{11-4}$$

其中，$\pi=[\beta,\sigma_v,\sigma_\omega,\sigma_u]$。进一步最大化似然函数(11-4)，最终得出极大似然估计的所有参数值。此外，还需估计出ω_{it}和u_{it}，因此，进一步推导两者的条件密度函数：

$$f(\omega_{it}\mid\xi_{it})=\frac{\left(\frac{1}{\sigma_u}+\frac{1}{\sigma_\omega}\right)\exp\left[-\left(\frac{1}{\sigma_u}+\frac{1}{\sigma_\omega}\right)\omega_{it}\right]\Phi\left(\frac{\omega_{it}}{\sigma_v}+\eta_{it}\right)}{\exp(\beta_{it}-\alpha_i)[\Phi(\eta_{it})+\exp(\alpha_{it}-\beta_{it})\Phi(\gamma_{ii})]} \tag{11-5}$$

$$f(u_{it}\mid\xi_{it})=\frac{\left(\frac{1}{\sigma_u}+\frac{1}{\sigma_\omega}\right)\exp\left[-\left(\frac{1}{\sigma_u}+\frac{1}{\sigma_\omega}\right)u_{it}\right]\Phi\left(\frac{u_{it}}{\sigma_v}+\eta_{it}\right)}{\Phi(\eta_{it})+\exp(\alpha_{it}-\beta_{it})\Phi(\gamma_{it})} \tag{11-6}$$

基于式 (11-5) 和式 (11-6)，可以估计出ω_{it}和u_{it}的条件期望：

$$E(\omega_{it}\mid\xi_{it})=\frac{1}{\left(\frac{1}{\sigma_u}+\frac{1}{\sigma_\omega}\right)}+\frac{\sigma_v[\Phi(-\eta_{it})+\eta_{it}\Phi(\eta_{ii})]}{\exp(\beta_{it}-\alpha_{it})[\Phi(\eta_{it})+\exp(\alpha_{it}-\beta_{it})\Phi(\gamma_{it})]} \tag{11-7}$$

$$E(u_{it}\mid\xi_{it})=\frac{1}{\left(\frac{1}{\sigma_u}+\frac{1}{\sigma_\omega}\right)}+\frac{\exp(\alpha_{it}-\beta_{it})\sigma_v[\Phi(-\gamma_{it})+\eta_{it}\Phi(\gamma_{ii})]}{\Phi(\eta_{it})+\exp(\alpha_{it}-\beta_{it})\Phi(\gamma_{it})} \tag{11-8}$$

利用式(11-7)和式(11-8)可以估计面临促进效应和抑制效应的碳排放偏离前沿碳排放的绝对程度。为了方便比较，需要进一步将数字经济影响碳排放偏离程度的绝对程度值转化为高于或者低于前沿水平的百分比，具体转换公式如下：

$$E(1-e^{-\omega_{it}}\mid\xi_{it})=1-\frac{\left(\frac{1}{\sigma_u}+\frac{1}{\sigma_\omega}\right)\left[\Phi(\gamma_{it})+\exp(\beta_{it}-\alpha_{it})\exp\left(\frac{\sigma_v^2}{2}-\sigma_v\eta_{it}\right)\Phi(\eta_{it}-\sigma_v)\right]}{\left[1+\left(\frac{1}{\sigma_u}+\frac{1}{\sigma_\omega}\right)\right]\exp(\beta_{it}-\alpha_{it})[\Phi(\eta_{it})+\exp(\alpha_{it}-\beta_{it})\Phi(\gamma_{it})]} \tag{11-9}$$

$$E(1-e^{-u_{it}}\mid\xi_{it})=1-\frac{\left(\frac{1}{\sigma_u}+\frac{1}{\sigma_\omega}\right)\left[\Phi(\eta_{it})+\exp(\alpha_{it}-\beta_{it})\exp\left(\frac{\sigma_v^2}{2}-\sigma_v\gamma_{it}\right)\Phi(\gamma_{it}-\sigma_v)\right]}{\left[1+\left(\frac{1}{\sigma_u}+\frac{1}{\sigma_\omega}\right)\right][\Phi(\eta_{it})+\exp(\alpha_{it}-\beta_{it})\Phi(\gamma_{it})]} \tag{11-10}$$

进一步，基于式(11-9)和式(11-10)推导出数字经济对碳排放影响的净效应，计算公式如下：

$$\mathrm{NE}=E(1-e^{-\omega_{it}} \mid \xi_{it})-E(1-e^{-u_{it}} \mid \xi_{it})=E(e^{-u_{it}}-e^{-\omega_{it}} \mid \xi_{it}) \tag{11-11}$$

其中，NE代表促进效应与抑制效应的差值。若NE>0，则说明促进效应强于抑制效应，即促进效应起主导作用；若NE<0，则表明抑制效应强于促进效应，即抑制效应发挥主导作用。

11.3.2 数据来源与变量说明

参照上述理论和实证模型设定，同时兼顾数据的可得性，本章的研究选取中国2011—2020年省际层面的面板数据分析数字经济对省(区、市)碳排放的影响，考虑西藏及港澳台地区的数据缺失，故作剔除处理。研究所选变量的数据源于《中国统计年鉴》《中国科技统计年鉴》、ESP全球数据库及国家统计局等。具体所涉及的变量设定如下。

1. 碳排放量(ln CO2)

鉴于官方未统计、公布碳排放数据，通常采用联合国政府间气候变化专门委员会(IPCC)提供的公式计算温室气体排放数据。以此为依据，本章借鉴邝嫦娥等[163]的方法，考虑生产端能源消费所产生的温室气体排放，选择原煤、焦炭、原油、汽油、煤油、柴油、燃料油、天然气等八种能源，将其作为终端消费并根据消费量计算碳排放量，计算公式如下：

$$\mathrm{CE}=\sum_{i=1}^{8}\mathrm{CO}_{i_{i,jjt}}=\sum_{i=1}^{\varepsilon}M_{ijt}\times K_j \tag{11-12}$$

其中，t为年份；i为地区；j为能源；M为能源消耗量；CE为CO_2排放量；K_j为CO_2排放系数。

2. 数字经济(SDIG)

本章的研究借鉴赵涛[61]的做法，并结合刘军等[9]、黄群慧等[12]的研究，选取分别用百人中互联网宽带接入用户数、计算机服务和软件业从业人员占城镇单位从业人员的比重、人均电信业务总量以及百人中移动电话用户数来表示。同时，数字普惠金融是数字经济发展的一个重要体现。数字金融普惠的测度，采用郭峰等[13]编制的我国省级数字普惠金融指数进行衡量，该指数主要从数字金融覆盖广度、使用深度以及数字化程度三个方面进行了测度。根据上述测度指标，采用熵权法测算区域数字经济发展水平。

3. 省际特征变量

人力资本参照邝嫦娥等[163]的做法，使用人口密度(ln PM)衡量人力资本，并对其进行取对数处理；政府财政支出(ln GOF)参照康鹏辉和茹少峰[275]的研究，以政府财政支出占 GDP 比重表征，并对其进行取对数处理；工业化程度(ln IND)采用第二产业增加值占 GDP 的比重代表，并对其进行取对数处理；经济发展水平(ln PGDP)采用人均 GDP 表示[106]，并对其进行取对数处理；城镇化(ln CITY)借鉴徐维祥等[164]的研究，采用非农人口占比来表示，并对其进行取对数处理；环境规制(EG)采用环境污染治理投资额占 GDP 的比重表征；能源结构(ENS)借鉴邵帅等[276]的研究，以煤炭消耗总量占能源消耗总量的比重表征；能源强度(EQ)借鉴 Ren 等[277]的研究，采用单位 GDP 能源消耗量表示。其中，涉及价格因素的变量，本章的研究均以 2011 年为基期做了平减。主要变量的描述性统计结果见表 11-1。

表 11-1　主要变量的描述性统计

变量	符号	样本量	均值	方差	最小值	最大值
碳排放	ln CO2	300	10.430	0.741	8.494	12.180
数字经济	SDIG	300	0.327	0.142	0.125	0.937
人口密度	ln PM	300	7.892	0.410	6.639	8.710
政府财政支出	ln GOF	300	3.147	0.376	2.400	4.160
工业化程度	ln IND	300	3.064	0.409	1.678	4.019
人均 GDP	ln PGDP	300	10.840	0.436	9.706	12.010
城镇化	ln CITY	300	4.046	0.199	3.555	4.495
环境规制	EG	300	0.049	0.090	0.016	0.767
能源结构	ENS	300	0.387	0.148	0.008	0.687
能源强度	EQ	300	0.825	0.485	0.207	2.327

11.4　实证分析

11.4.1　双边随机前沿模型估计

1. 基准回归模型

在 MLE 估计的基础上，结合计量模型(11-1)，将数字经济影响碳排放的双边效应进行分解，估计结果如表 11-2 所示。其中，第二列为不考虑偏离效应的 OLS 的估计结果；模型(2)不控制时间固定效应与地区固定效应；模型(3)仅控制地区固定效应；模型(4)既控制了地区固定效应，又控制了时间固定效应；模型(5)只考虑数字经济对碳排放的抑制效应的单边估计结果，即模型残差项u_{it}；模型(6)只考虑数字经济对碳排放的促进效应的单边估计结果，即模型残差项ω_{it}；模型(7)同时控制数字经济对碳排放的促进和抑制效应的估计结果，即模型残差项ω_{it}和u_{it}。根据模型似然比检验(LR)，加入偏离效应后，模型(7)相比 OLS 估计以及剩余模型更为合理，综合比较后，最终确定后文分析以模型(7)为基础进行后续数字经济的双边效应分解测度分析。

从模型(7)估计结果可知，数字经济的促进效应估计系数显著为正，这表明数字经济的促进效应促进碳排放的增加；而数字经济的抑制效应估计系数显著为负，这表明数字经济的抑制效应显著抑制碳排放的增加。据此，本章理论假设中数字经济对碳排放的促进和抑制效应同时存在的假设在模型(7)的估计结果中得到了初步验证。

表 11-2　数字经济的双边随机前沿模型基本估计结果

变量	OLS ln CO2	模型(2) ln CO2	模型(3) ln CO2	模型(4) ln CO2	模型(5) ln CO2	模型(6) ln CO2	模型(7) ln CO2
ln PM	−0.392** (−2.33)	−0.039*** (−4.94)	0.024*** (24.56)	−0.079*** (−2.60)	−0.118*** (−232.74)	0.008*** (60.02)	−0.111*** (−238.58)
ln GOF	−0.112 (−0.82)	0.409*** (47.33)	0.029*** (41.68)	−0.003*** (−12.26)	0.076*** (743.92)	0.025*** (148.15)	0.017*** (131.62)
ln IND	0.670** (2.59)	0.753*** (302.72)	0.041*** (18.09)	0.330*** (7.81)	0.346*** (937.37)	0.226*** (293.64)	0.320*** (333.07)
ln PGDP	−0.072 (−0.74)	0.077*** (7.13)	0.017*** (48.95)	−0.001 (−0.37)	0.028*** (397.63)	0.015*** (215.44)	−0.004*** (−73.89)
ln CITY	1.592* (1.84)	0.993*** (160.45)	1.094*** (516.33)	0.962*** (37.80)	0.546*** (444.37)	0.469*** (320.05)	0.315*** (138.29)
EG	−0.395 (−0.82)	−1.386*** (−91.44)	−0.117*** (−59.02)	−0.427*** (−5.57)	−0.351*** (−1 933.87)	−0.281*** (−1 104.69)	−0.336*** (−775.20)
ENS	1.835** (2.34)	1.758*** (71.11)	0.500*** (54.28)	0.767*** (61.37)	0.135*** (259.98)	0.594*** (773.56)	0.498*** (726.20)
EQ	−0.358 (−1.08)	0.028*** (3.90)	0.153*** (90.60)	0.300*** (7.11)	0.556*** (3 551.95)	0.525*** (1 175.77)	0.407*** (1 154.67)

续表

变量	OLS ln CO2	模型(2) ln CO2	模型(3) ln CO2	模型(4) ln CO2	模型(5) ln CO2	模型(6) ln CO2	模型(7) ln CO2
常数项	5.172 (1.09)	1.625*** (9.86)	4.425*** (583.63)	4.948*** (94.34)	7.754*** (1 114.33)	4.329*** (1 106.38)	7.236*** (689.01)
随机误差							
常数项	—	−32.807 (−0.00)	−17.179 (−0.03)	−20.220 (−0.01)	−18.855 (−0.05)	−18.373 (−0.05)	—
抑制效应							
SDIG	—	—	—	—	−13.269*** (−19.40)	—	−6.608*** (−14.57)
常数项	—	—	−1.713*** (−23.92)	−1.661*** (−23.78)	−6.977*** (−24.85)	−3.246*** (−36.64)	−4.349*** (−27.78)
促进效应							
SDIG	—	—	—	—	—	10.771*** (20.10)	9.410*** (16.19)
常数项	—	—	−1.641*** (−23.48)	−1.736*** (−24.24)	−2.549*** (−35.42)	−5.529*** (−27.80)	−5.639*** (−26.00)
地区固定	NO	NO	YES	YES	YES	YES	YES
年份固定	NO	NO	NO	YES	YES	YES	YES
样本量	300	300	300	300	300	300	300
R^2	0.757	—	—	—	—	—	—

注：*、** 和 *** 分别表示 $p<0.1$、$p<0.05$ 和 $p<0.01$，括号上方为估计值，括号内为 t 统计量值。

2. 方差分解：数字经济对碳排放的双边效应测算

为深入分析数字经济对碳排放的两种效应究竟哪种效应占据主导地位，需要在表 11-2 中模型(7)的基础上将数字经济对碳排放的促进效应与抑制效应进行分解。分解结果如表 11-3 所示。数字经济对碳排放的促进、抑制效应程度分别为 0.205 0、0.302 4，这使得数字经济对碳排放的净效应为 $E(\omega-u)=\sigma_{\omega}-\sigma_{u}=-0.0974$。通过分解结果可知，数字经济对碳排放的净效应表现为抑制了碳排放量的增加。从总体上来看，由于数字经济同时存在促进和抑制两种效应，且抑制效应较大，最终导致省(区、市)实际碳排放量低于最优水平，即数字经济抑制了省(区、市)碳排放量的增加。

进一步依据分解模型对数字经济影响碳排放促进和抑制效应的比重大小进行分解，以更为准确地对数字经济的净效应进行比较。从表 11-3 中结果可知，数字经济抑制碳排放增加的抑制效应占比为 68.52%，而促进碳排放的促进效应占比为 31.48%，此结果表明，数字经济的抑制效应占比明显大于促进效应，这表明数字经济的抑制效应占据主导，从而再次证明上述估计结果的正确性，即数字经济通过抑制效应显著地抑制了省(区、市)碳排放的增长。

表 11-3　方差分解：数字经济对碳排放的促进、抑制效应

变量	变量含义	符号	测度系数
数字经济的双重效应	随机误差项	sigma_v	0.000 0
	促进效应	sigma_w	0.205 0
	抑制效应	sigma_u	0.302 4
方差分解	随机总误差项	Total sigma_sqs	0.133 4
	促进抑制效应共同影响比重	(sigu2＋sigw2)/Total	1.000 0
	促进效应比重	sigw2/(sigu2＋sigw2)	0.314 8
	抑制效应比重	sigu2/(sigu2＋sigw2)	0.685 2
	净效应	sig_u－sig_w	0.097 4

3. 数字经济的促进效应与抑制效应对碳排放的影响程度

在分析数字经济对碳排放的影响效应后，再进一步计算地区碳排放相较于最优碳排放水平的偏离程度，具体计算公式依据模型中的式(11-9)～式(11-11)进行估计。此计算公式表明数字经济在影响碳排放后，实际碳排放偏离碳排放前沿水平的百分比及最终净效应的比重，并在此基础上，对比促进效应与抑制效应百分比的净效应大小，从而最终判定数字经济对碳排放的真实影响效应。由表 11-4 结果可知，数字经济的促进效应使得碳排放高于前沿水平 12.11%，而数字经济的抑制效应使得碳排放低于前沿水平 13.38%，最终在两种效应的综合作用下使得碳排放的低于前沿面水平 1.27%。这说明，由于数字经济的双边效应的不对称，使得数字经济对碳排放呈抑制作用的特征。

在上述分析的基础上，进一步分析数字经济影响碳排放的促进效应、抑制效应及净效应的分布状况，表 11-4 分别呈现了在不同百分位水平上，数字经济影响碳排放的促进效应、抑制效应及净效应的差异。具体而言，在 p25、p50 分位数下，数字经济分别使碳排放减少 5.16%、0.23%，这表明数字经济对碳排放的抑制作用抵消了其促进作用，从而使得数字经济抑制碳排放的结论保持不变。但在 p75 分位数上,数字经济对碳排放的影响效应出现反转,促进效应明显超过了抑制效应,这表明在数字经济发展水平较高的地方,电力消耗过大,而中国的电力现在仍以火电为主,对电力可能存在能源回弹效应,这也造成煤炭消耗仍为碳排放的主要来源,进而促进地区碳排放的增加。

表 11-4　数字经济对碳排放的净效应估计　/%

效应类型	均值	方差	Q_1	Q_2	Q_3
促进效应	12.11	18.79	2.06	4.09	12.16
抑制效应	13.38	18.84	3.01	6.52	12.57
净效应	−1.27	19.23	−5.16	−0.23	1.15

注:Q_1、Q_2、Q_3 分别表示第一、第二和第三分位。

为直观呈现数字经济的促进效应、抑制效应及净效应的分布情况,图 11-1 分别给出了数字经济对区域碳排放双重效应的分布特征。从图 11-1 中可以看出,数字经济对碳排放的抑制效应呈现出右拖尾的特征,在 90%右侧抑制效应仍然存在,这表明部分省(区、市)的碳排放对数字经济发展水平的变化较为敏感,易受数字经济发展水平的影响;数字经济促进碳排放的促进效应在 90%左右的位置即结束了,明显低于抑制效应,这表明部分省(区、市)碳排放较少受数字经济的促进效应的影响;从净效应分布情况可知,大部分省(区、市)受数字经济的抑制效应的影响,部分城市受促进效应的影响。以上分析结果表明,数字经济会对降低碳排放、实现"双碳"目标产生有益影响。

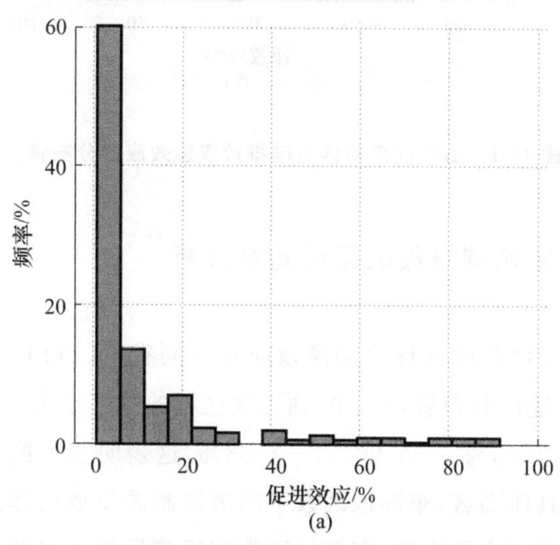

(a)

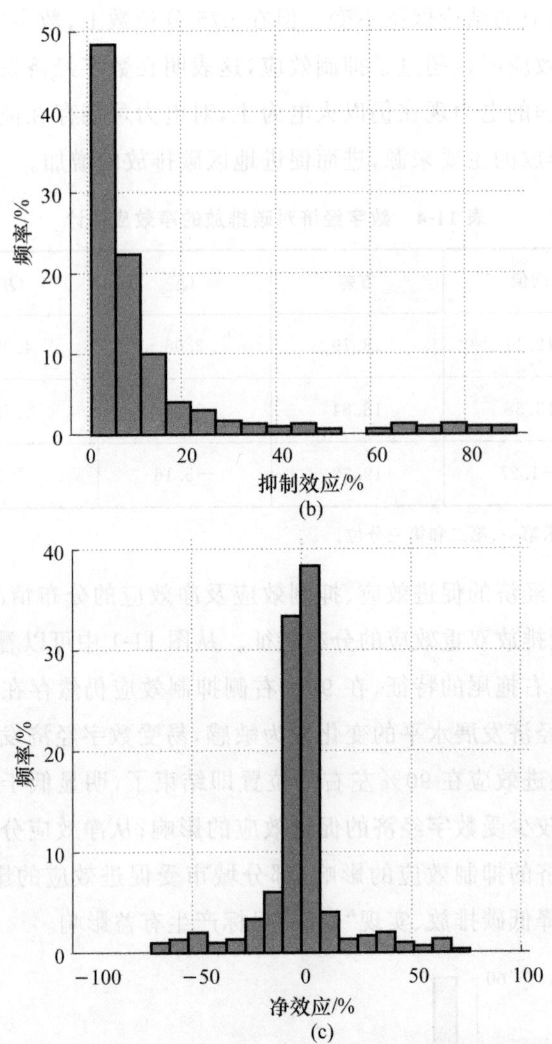

图 11-1 数字经济对区域碳排放双重效应的分布特征

11.4.2 数字经济影响碳排放的区域特征分析

进一步考察数字经济影响碳排放的净效应在不同省(区、市)及区域的分布特征,结果如表 11-5 所示。从地区分布看,东、中、西三大区域的数字经济对碳排放的净效应均值均为负,其值分别为−7.03%、−5.90%、−2.83%,这表明三大区域的数字经济均显著抑制碳排放的增加。具体而言,东部地区数字经济抑制碳排放的作用最大、中部次之、西部最小。从数字经济发展水平来看,东部地区数字经济发展水平明显高于中、西部地区,对应的数字经济对碳排放的抑制效应同样高于中、西部地区,主要因为东部地区数字基础设施及数字产业优势明显、数字经济红利得到释放,且东部地区集聚大量数字创新人才和创新资本,在诸多优势的加持下可更好地发挥数字赋能作用,致使东部地区数字经济对碳排放的抑制作用较强。中、西部地区数字经济处于初步发展阶段,此阶段数字基础设施、资源消耗产生的碳排放增多,与数字赋能产生的作用存在部分抵消,这导致中、西部地区数字经济对碳排放的抑制作用稍弱于东部地区。总体而看,不同地区数字经济发展水平的差异导致碳排放的空间格局呈现出东、中、西部地区实际碳排放偏离碳排放边界程度依次减弱的特征。

表 11-5　数字经济对碳排放影响净效应的区域分布特征

省(区、市)	净效应均值	省(区、市)	净效应均值	省(区、市)	净效应均值
河北	−7.18	黑龙江	−0.33	四川	−7.04
辽宁	−15.68	吉林	6.14	云南	−7.95
福建	7.99	山西	−4.09	内蒙古	−5.59
山东	−6.13	湖北	−1.1	宁夏	1.92
江苏	−8.47	湖南	−1.02	广西	2.66
浙江	−9.6	安徽	−8.54	新疆	3.25
广东	−7.15	江西	5.47	甘肃	12.64
海南	7.66	河南	3.8	贵州	5.96
北京	−4.68	—	—	重庆	−12.29
天津	10.04	—	—	陕西	−14.08
上海	4.59	—	—	青海	10.72
东部地区	−7.03	中部地区	−5.90	西部地区	−2.83

11.4.3　数字经济影响碳排放的时间特征分析

为更进一步识别数字经济影响碳排放的时间特征,接下来将依据时间变量分析不同年份的数字经济对碳排放影响效应的差异,结果如图 11-2 所示。在大部分年份样本内,数字经济的抑制效应占据主导地位,其作用大小在−4.0%~−0.2%之间。整体而言,随着时间的推移,数字经济对碳排放的增加起到抑制作用,且抑制效应有减弱趋势。从分位数结果看,在不同年份,25%分位数、75%分位数下的数字经济依然是抑制效应起主导作用,而在高分位数下的数字经济则是促进效应占据主导地位。产生这一结果的原因主要在于，在数字经济发展水平不断提升的同时往往伴随着能源需求的大幅提升，会增加能源消耗投入叠加，这说明其发展模式与服务目的均未摆脱以能源采集和消费为主要目的，并未改变要素与能源需求间的替代关系，反而固化了技术进步中的能源消费路径，进而反向刺激能源需求，增加了碳排放。

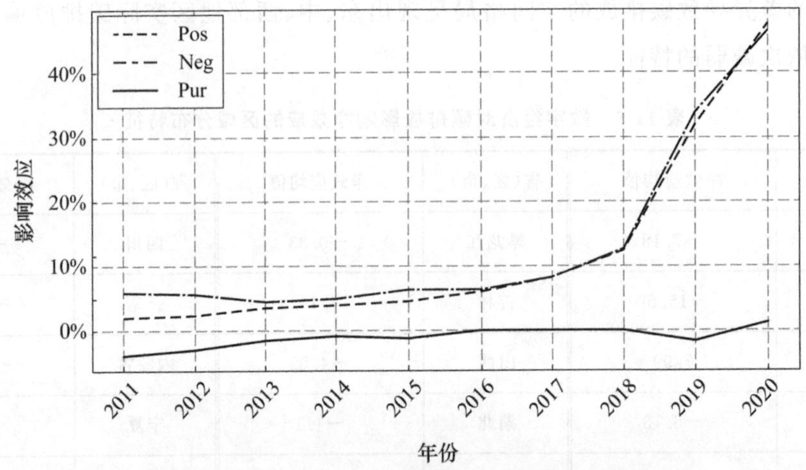

注：Pos代表促进效应，Neg代表抑制效应，Pur代表净效应。

图 11-2　数字经济对碳排放影响效应的年度分布特征

11.4.4　不同数字经济发展水平影响区域碳排放的差异分析

由前文分析可知，数字经济对碳排放呈抑制效应的特征。接下来，通过对数字经济发展水平按照 25%、50%、75%分位数进行分组，分析在不同数字经济发展水平下双边效应的分布情况，其结果如表 11-6 所示。随着数字经济发展水平的提升，数字经济对碳排放的促进效应均值分别从数字经济(SDIG)≤0.223 的 1.75%增长为数字经济(SDIG)＞0.408 的 34.09%，其抑制效应均值分别从数字经济(SDIG)≤0.223 的 5.33%增长为数字经济(SDIG)＞ 0.408 的 35.56%，且两者的综合作用是净效应的均值始终为负，这表明随着数字经济发展水平的提升，数字经济对碳排放的抑制效应始终占据主导地位，从而印证了地区数字经济发展水平的提升有利于降低碳排放的结论。

表 11-6　不同数字经济发展水平下碳排放净效应差异　/%

数字经济	效应分解	均值	标准差	Q_1	Q_2	Q_3
数字经济(SDIG)≤0.223	促进效应	1.75	1.19	1.12	1.49	1.74
	抑制效应	5.33	5.42	1.38	2.98	7.63
	净效应	−3.58	5.82	−6.12	−1.80	0.00

续 表

数字经济	效应分解	均值	标准差	Q_1	Q_2	Q_3
0.223<数字经济(SDIG)≤0.408	促进效应	6.30	8.06	2.46	3.81	6.93
	抑制效应	6.31	5.23	3.03	5.21	7.50
	净效应	−0.01	9.48	−3.54	−0.07	0.77
数字经济(SDIG)>0.408	促进效应	34.09	25.07	14.19	21.45	52.21
	抑制效应	35.56	26.15	13.33	26.12	59.81
	净效应	−1.48	35.65	−28.92	−0.08	20.85

注：Q_1、Q_2、Q_3 分别表示第一、第二和第三分位。

11.4.5　不同人力资本水平下数字经济影响区域碳排放的差异分析

数字经济的发展对人力资本提出了更高的需求，当地区人力资本足够大时，其产业结构、人口结构等也会相应提高，同时，人力资本的集聚效应可在一定程度上缓冲数字经济所带来的能源回弹等负面影响。为验证这一猜想，选取平均受教育年限表征人力资本，其中平均受教育年限的计算公式如下：人均受教育年限＝小学文化人口占比×6＋初中文化人口占比×9＋高中文化人口占比×12＋大专及以上文化人口占比×16。按照25%、50%、75%分位数将人力资本进行分组，结果如表11-7所示。当人力资本(EDU)≤8.725时为低水平组，数字经济的净效应的均值为0.76%；当8.725<人力资本(EDU)≤9.485时为中水平组，数字经济对碳排放的净效应为－1.62%；当人力资本(EDU)>9.485时为高水平组，数字经济影响碳排放的净效应为－2.59%。综上可知，随着人力资本水平的不断提升，数字经济对碳排放的净效应由正转负，即数字经济对碳排放的抑制效用逐渐占据主导位置，从而验证人力资本可加剧数字经济对碳排放的抑制作用，这与郭丰等的研究基本保持一致[251]。

表11-7　不同人力资本水平下数字经济对碳排放的影响差异　/%

人力资本(EDU)	效应分解	均值	标准差	Q_1	Q_2	Q_3
低水平组	促进效应	9.57	19.17	1.36	2.16	6.91
	抑制效应	8.82	9.83	2.01	6.03	10.25
	净效应	0.76	17.31	−7.08	−1.29	1.67

续表

人力资本(EDU)	效应分解	均值	标准差	Q_1	Q_2	Q_3
中水平组	促进效应	9.41	15.31	2.07	3.19	8.81
	抑制效应	11.03	16.54	2.81	5.52	10.88
	净效应	−1.62	16.63	−3.95	−0.63	0.64
高水平组	促进效应	20.05	22.42	4.41	10.91	22.34
	抑制效应	22.64	25.83	5.57	11.39	31.65
	净效应	−2.59	25.12	−6.62	0.00	3.45

注：Q_1、Q_2、Q_3 分别表示第一、第二和第三分位。

11.4.6 不同经济发展水平下数字经济影响区域碳排放的差异分析

一个地区的经济发展水平无疑会对当地的数字经济红利产生影响，当地区经济发展水平足够高时，其数字经济发展水平也相对较高，这些地区可利用数字技术降低污染治理成本，提升能源效率、增强地区碳排放监控和末端治理等，从而在一定程度上强化数字经济所带来的促进效应。据此，本章选取人均 GDP 表征经济发展水平，同样遵循上文的分组逻辑将经济发展水平分为三组，结果如表 11-8 所示。当经济发展水平(PGDP)≤3.717 时，数字经济影响碳排放的净效应为−1.07%；当3.717＜经济发展水平(PGDP)≤6.686 时，数字经济的净效应为−1.13%；当经济发展水平(PGDP)＞6.686 时，数字经济对碳排放的净效应为−1.75%。由此可见，随着经济发展水平的提升，数字经济对碳排放的抑制效应逐渐增强，从而验证了经济发展水平可促进数字经济对碳排放的控制作用。

表 11-8 不同经济发展水平下数字经济对碳排放影响的差异 /%

经济发展水平(PGDP)	效应分解	均值	标准差	Q_1	Q_2	Q_3
经济发展水平(PGDP)≤3.717	促进效应	18.91	23.82	3.39	8.90	20.27
	抑制效应	19.98	24.67	4.76	9.31	24.22
	净效应	−1.07	27.52	−7.40	−1.39	3.68
3.717＜经济发展水平(PGDP)≤6.686	促进效应	13.01	18.95	2.13	4.40	17.40
	抑制效应	14.14	18.52	3.27	7.20	16.36
	净效应	−1.13	18.89	−5.48	−0.02	2.24

续 表

经济发展水平(PGDP)	效应分解	均值	标准差	Q_1	Q_2	Q_3
经济发展水平(PGDP)＞6.686	促进效应	3.50	3.60	1.58	2.21	3.48
	抑制效应	5.26	4.71	2.12	3.35	7.23
	净效应	−1.75	4.22	−3.53	0.00	0.10

注：Q_1、Q_2、Q_3 分别表示第一、第二和第三分位。

11.4.7　稳健性检验

为检验结果的稳健性，本章借鉴郭丰等[251]的研究，采用碳排放强度为地区碳排放总量与城市国内生产总值(GDP)的比值，以此进行稳健性检验。在此基础上，再次估算数字经济对碳排放的促进效应、抑制效应及净效应，其结果如表 11-9 所示。结果表明，数字经济对区域碳排放的促进效应为 0.559 0，抑制效应为 0.948 6，这与前文结果一致。这说明数字经济对区域碳排放的影响存在双边影响。从净效应看，数字经济的促进效应占比 25.8%，抑制效应占比 74.2%，这说明在数字经济对区域碳排放的影响中，由于数字经济的抑制效应占据主导作用，从而使数字经济相对抑制偏离其前沿水平，故而可以进一步验证结果的稳健性。

表 11-9　影响效应与方差分解

变量	变量含义	符号	测度系数
数字经济的双重效应	随机误差项	sigma_v	0.000 0
	促进效应	sigma_w	0.559 0
	抑制效应	sigma_u	0.948 6
方差分解	随机总误差项	Total sigma_sqs	1.212 4
	促进抑制效应共同影响比重	(sigu2＋sigw2)/Total	1.000 0
	促进效应比重	sigw2/(sigu2＋sigw2)	0.257 7
	抑制效应比重	sigu2/(sigu2＋sigw2)	0.742 3
	净效应	sig_u−sig_w	0.389 6

进一步估计数字经济对区域碳排放的抑制效应、促进效应和二者相互作用的净效应，结果如表 11-10 所示。结果显示，随着数字经济发展水平的提高，其促进效应使区域

碳排放提高 3.04%，而抑制效应使区域碳排放降低 12.71%，净效应使实际区域碳排放相对低于前沿水平 9.670%，与前文估计结果大致相同。

表 11-10 数字经济影响效应导致区域碳排放的偏离程度 /%

效应分解	均值	标准差	Q_1	Q_2	Q_3
促进效应	3.04	5.51	0.67	1.06	2.60
抑制效应	12.71	11.25	3.72	9.05	19.44
净效应	−9.67	12.20	−17.86	−6.67	−0.57

注：Q_1、Q_2、Q_3 分别表示第一、第二和第三分位。

11.5 研究结论与政策启示

11.5.1 研究结论

本章采用中国 30 个省(区、市)2011—2020 年的面板数据，运用双边随机前沿模型测算了数字经济对碳排放的抑制效应、促进效应以及两者共同作用的净效应。本章通过理论模型识别出数字经济对碳排放的双边影响，并进一步用计量模型实证检验双边效应是否存在，结果表明。

(1) 数字经济的促进效应使得碳排放水平高于最优水平 12.11%，而抑制效应使得碳排放水平低于最优水平 13.38%。在这两种效应的共同作用下，数字经济对碳排放的净效应为 1.27%。总体来看，数字经济显著抑制了区域碳排放量。

(2) 从地区分布特征来看，东部地区数字经济发展水平明显高于中、西部地区，东部地区数字经济对碳排放的抑制效应同样高于中、西部地区，不同地区数字经济发展水平的差异导致碳排放的空间格局呈现出东、中、西部地区实际碳排放偏离碳排放边界的程度依次减弱的特征。

(3) 从时间分布特征和数字经济水平来看，在大部分年份内，数字经济对碳排放的抑制效应占主导地位，其净效应呈减弱趋势，随着数字经济发展水平的提升，数字经济对碳排放的抑制效应始终占据主导地位，有利于降低区域碳排放。

(4) 从社会经济水平和人力资本的集聚效应来看，区域经济发展水平的提升可以增强数字经济对碳排放的抑制效应。此外，区域人力资本的集聚也可加剧数字经济对碳排放的抑制作用。

11.5.2　政策启示

本章基于“30·60”双碳目标背景研究数字经济对碳排放的影响,基于以上研究结论,提出如下启示。

1. 夯实数字基础设施,推动数字赋能减排

一是推进新一代信息基础设施建设,为数字经济发展提供坚实的信息基础设施支撑,如 5G 网络基站、大数据中心、区块链服务、人工智能等,全面推动经济数字化转型,扩大数字经济对碳排放的促进效应;二是数字经济具有一定的能源消耗特性,国家在大力推进数字经济发展的同时,要避免粗放式增长,注重对节能减排技术的研制与运用普及,增强大众的节能意识和提高能源利用效率,促进数字经济内涵式增长;三是发展新能源经济,加快推动可再生能源产业的发展,逐步提高清洁能源供电,采用新能源替代传统的化石资源以及提高能源转化率来降低碳排放。

2. 立足区域发展差异,实施异质性治理策略

一是基于不同区域的禀赋差异以及数字经济对碳排放的影响差异,调整各地区数字经济发展步伐,破除新模式、新业态的行业壁垒和地域限制,提升各区域数字经济治理的差异性及协同性;二是考虑地区间资源禀赋、产业特征、市场化水平、环境规制等方面的差异,因地制宜地加快碳排放交易试点政策在全国各地区的推广,充分发挥碳排放交易制度的节能减排潜力。

3. 转变经济增长方式,促进经济发展、社会结构、能源使用和生态环境协调均衡发展

以“双碳”目标为靶向,加快经济发展模式转变,从过度依靠资源与能源投入的经济增长模式向资源与能源节约及可持续发展的经济增长模式转变,提高经济发展在社会、生态和环境等方面的长期效益。

4. 加强人才培养,夯实人力资本积累

一是加快构建高质量现代教育体系,进一步加大教育投入,完善人才培养模式,搭建数字化教育平台,推进绿色低碳人才培养提质行动,培养满足经济社会绿色低碳转型所需的各类人才。二是优化人才资源配置,数字要素与人才要素协调发展。数字经济调整产业结构的同时,各地区应致力于实现数据链、产业链、人才链的融合发展,打破结构失调造成的人才资源错配等问题。

11.5.3 研究展望

本章的研究重点分析了数字经济对碳排放的双边效应，对以往相关研究进行了一定的补充和延伸，为数字经济促进区域绿色可持续发展提供了理论参考，但是本章的研究仍存在一定的不足，需进一步完善。一方面囿于数据的可获得性，对于数字经济的测度仍然存在一定的缺陷；另一方面，本章的研究重点从宏观视角分析了数字经济对碳排放的双边效应，忽略了微观企业的数字化转型对企业节能减排效应的分析探讨，这将作为作者接下来的重点研究方向。

第12章
智慧城市建设对节能减排的影响：基于中国智慧城市试点的准自然实验

发展中国家不断面临着如何实现经济增长与环境保护共同进步的难题，而智慧城市建设可能是解决问题的关键。因此，揭示智慧城市建设对中国城市节能减排的影响具有重要意义。基于此，本章在探讨智慧城市建设促进城市节能减排的内在机理的基础上，以2012年以来推行智慧城市建设的三批次试点城市作为准自然实验对象，运用渐进性DID识别智慧城市建设对城市节能减排的影响。研究结果表明：①智慧城市建设使节能效应提高1.7%、减排效应降低5.3%，且随着时间的推移，节能减排效应不断增强，这一结论分别在进行安慰剂检验、双重差分倾向得分匹配法（PSM-DID）检验等多维情境下依旧稳健，此外，智慧城市建设节能减排效应具有显著的时间动态效应及空间溢出效应；②机制检验分析结果表明，智慧城市可通过源头预防（产业结构）、过程控制（能源利用效率提升）、末端治理（绿色技术创新）等实现节能减碳；③智慧城市试点政策的节能减排效应具有显著的边际效应递增特征；④进一步异质性分析显示，政策试点在中心城市、资源型城市、非老工业基地、高金融发展水平城市节能减排效应更加显著。本章的研究从低碳经济的角度论证了智慧城市等新型基础设施建设对实现节能减排目标的重要性，可为推动城市智慧、节能、低碳绿色协同发展提供有益思考。

12.1 引　言

改革开放以来，中国经济加速发展，取得巨大成就，中国已跃居世界第二大经济体[278]。但在经济快速发展的背后，是惨痛的环境代价[279-282]。2021 年，我国能源消费总量为 52.4 亿吨标准煤，比上年增长 5.2%。其中煤炭消费量占能源消费总量的56.0%[283]。现阶段，中国以煤炭等化石能源为主的能源消费结构，一方面带来了大量的资源消耗，另一方面导致了较为严重的环境污染问题[284]。根据国际能源署(IEA)，不断飙升的能源需求在一定程度上增加了煤炭的消耗，2021 年二氧化碳的排放总量达到 36.6 Gt。化石燃料在全球能源结构中的份额一直居高不下，约为 80%[285]。如何减少能源消耗和降低碳排放已成为世界各国在平衡经济发展与环境保护方面的首要考虑。中国也是非常重视节能减排，并为之付出重要努力的国家之一[286-287]。为了解决中国目前面临的能源消耗和碳排放问题，中国政府提出“十四五”节能减排综合工作方案，强调实施能源消费强度和总量双控、主要污染物排放总量的控制制度等，实现节能降碳减污协同增效，改善生态环境质量。

降低能源消耗同时减少碳排放已成为世界各国政府和学者们共同关注的议题。目前关于节能和减排的研究，主要聚焦影响因素和实施路径两个方面。要想实现节能减排，必须搞清楚节能减排的影响因素。关于节能或减排的影响因素研究，目前主要聚焦于产业结构、技术创新、环境规制、外商直接投资[288-291]。优化产业结构，促进技术进步等举措有助于实现节能减排。随着研究的深入，学者们发现中国能源的使用和需求情况存在明显的地区差异。同时，省际区域经济发展、节能、减排效率具有明显的空间相关性和地理空间集聚性[292]。

城市消耗了近 75%的自然资源，产生了全球 60%～80%的温室气体，是实现节能减排的重要单位[293]。如何促进城市的节能减排是一个学术界和政府都关心的重要议题。因此，需要开发一种新的城市治理模式，解决城市发展中的节能减排问题。由于城市生态环境是一个复杂的大系统，特别是信息不对称是环境管理困难的重要原因[294]。随着信息技术的快速发展和应用，互联网技术促进了能源效率的提升[295-296]，同时在环境治理和监督中的作用日益凸显[297]。因此，要想促进城市经济增长和节能减排的协调发展，智慧城市的建设显得尤为重要。智慧城市的本质就是信息化与城镇化的高度融合，体现了信息化发展的更高阶段[298]。以物联网、大数据和信息技术等为基础的智慧城市建设有助于提高能源资源的利用水平，提高技术创新水平，有助于实现生产过程的智能化控制和绿色转型[34]，有助于节约能源，降低环境污染排放。此外，智慧城市建设能够帮助不同行业、不同地区实现环境信息联动和资源共享，这将有助于提高环境监管的效率，降低监管成本[299]，促进节能减排。但也有学者持不同意见，认为互联网并没有对能源效率和能源消耗产生积极的作用[300-301]。因此,以信息技术、物联网、大数据等数字技术为支撑的智慧城市建设对节能减排协同效应的影响需要进一步讨论。

目前,少数学者关注政策实施对节能或者减排的影响。例如,一部分学者关注低碳城市试点计划[302-304]。许多研究试图从减排的角度来评估政策的有效性[261,305]。例如,Huang等[306]使用DID方法,检验了二氧化碳排放权交易试点对PM2.5和工业污染物排放的抑制作用。综上所述,已有文献考察了低碳试点城市政策的减排效果,为本章的研究提供了研究基础。但仍存在一些不足。多数学者对信息技术、互联网等与经济增长、碳排放或者能源消耗的关系进行了一定的研究,少数学者考察了低碳试点城市的政策效果,但没有综合考虑其对节能减排的影响,并且没有将以新型网络基础设施建设为基础的智慧城市建设与节能减排纳入统一的研究框架。目前关于智慧城市是否有助于节能减排依然没有定论,从中国城市层面检验智慧城市的节能减排效应的经验证据相对较少;此外,关于智慧城市建设对节能减排的空间溢出效应更是有待进一步讨论。综上,在当今数字经济蓬勃发展和中国政府谋求可持续发展的背景下,分析智慧城市建设与节能减排的关系,探索中国智慧城市试点政策实施对节能减排的影响,对于中国环境治理创新和环境政策的制定具有重要的理论和现实意义。

因此,本章的研究的主要贡献包括以下几个方面:首先,在研究视角上,本章将智慧城市建设与节能减排纳入统一的研究框架。研究结论有助于更深入地理解智慧城市建设的节能减排效应的内在机理。其次,在研究内容上,根据我国智慧城市建设的实际情况和数据的可获得性,依据住房和城乡建设部推行的智慧城市试点建设,考察其对节能减排的实际效果,以及智慧城市建设对节能减排的空间溢出效应。最后,在研究方法上,运用渐进DID模型以及空间计量方法,对智慧城市建设的节能减排效应及其空间溢出效应进行了实证检验,并采用安慰剂检验、双重差分倾向得分匹配法(PSM-DID)检验等多种方式进行稳健性检验。

12.2 机理分析和研究假设

12.2.1 智慧城市建设对节能减排的直接效应和空间溢出效应分析

1. 智慧城市建设的直接效应

智慧城市建设对节能减排产生了重要影响。

第一,智慧城市建设有助于缓解信息不对称的问题,促进技术创新,提高生产率和减少环境污染,促进生态环境保护和经济增长的协调发展[307]。以物联网、大数据和信息技术等为基础的智慧城市建设,能够高效集成各种信息资源,缓解信息不对称的问题,有效获取市场需求信息,合理利用能源和资源;同时,加快创新要素流动,提高绿色创新能力,技术进步能够降低污染排放的成本,从而减少环境污染[308]。此外,经济扩张可以通过增加对环境质量和资金来源的社会需求来加强环境保护。

第二,智慧城市建设促进了能源效率的提高和能源使用的减少。互联网和大数据技术能够帮助企业和政府更有效地管理资源,促进能源的智能化管理,提高能源利用水平和能源利用效率[309]。此外,智慧城市建设还推动了清洁能源和可再生能源的开发和利用,包括风能、太阳能和电动汽车[310]。

第三,智慧城市建设将有助于转变经济结构,促进经济绿色发展,降低环境的负面影响,促进生态环境保护[311]。一般而言,工业化的发展会导致污染排放,且工业在国民经济中的比重越大,产生的污染物排放可能就越多,因此产业结构对节能减排有重要影响[312]。由于智慧城市的建设,促进大数据、云计算、人工智能等数字技术的发展,促进数字产业的快速发展及其与传统产业的融合,淘汰落后产能,降低高耗能产业的比重,减少了工业生产对环境的影响[313]。

第四,智慧城市建设一方面为环境监测和管理提供了较为先进的设备和技术,能够使得企业和政府及时、高效、动态地掌握环境监测情况,迅速制定、实施和调整环境治理决策,另一方面,也为公众参与环境保护提供公共服务和政策信息,鼓励公民参与环境保护活动,扩大公民参与环境监管的力度,有助于节能减排[314]。

第五,智慧城市建设通过改善公共服务和普及环保技术,有助于促进节能减排。例如,智能交通系统可以增强交通流量并减少污染物和碳排放[315]。总的来说,通过以上五种方式,智慧城市建设对节能减排产生了显著的影响。基于此,本章提出了研究假设 H1。

假设 H1:智慧城市建设不仅有助于实现节能减排,而且能够通过空间溢出效应来促进邻近非试点城市的节能减排。

2. 智慧城市建设的空间溢出效应

由于区域节能、减排效率存在空间相关性和地理空间集聚性的特征,因此智慧城市建设在促进自身节能减排的同时,可能会对周边城市产生空间溢出效应,带动周边城市的节能减排。区域试点政策的实施对大气污染治理可能会产生空间溢出效应[316]。区域试点政策可能有助于周边城市的节能减排。周边城市企业通过效仿试点城市企业的节能减排行为,这种节能减排的示范效应有助于周边城市自身的节能减排。总之,智慧城市建设对节能减排具有空间溢出效应。因此,本章提出假设 H2。

假设 H2:智慧城市建设可以通过空间溢出效应来促进邻近非试点城市的节能减排。

12.2.2 智慧城市建设对节能减排的间接效应分析

为进一步探究智慧城市建设是通过何种路径实现对城市节能减排的影响,本章从源头预防、过程控制以及末端治理三个角度作为切入点进行深层次挖掘,阐释智慧城市建设对节能减排的影响机制,分别对应产业结构、能源利用效率和绿色技术创新三个方面。

1. 源头预防:产业结构

智慧城市建设与节能减排之间存在直接关系,从源头预防角度来看,智慧城市建设通过影响产业结构进而影响节能减排。

关于产业结构效应,智慧城市试点政策的实施提高了城市的网络基础设施建设水平,进一步通过促进新型产业发展、优化生产要素配置以及降低传统产业交易成本,推动产业结构升级[317]。首先,智慧城市建设促进城市新型网络基础设施建设,带动了以信息技术为基础的互联网、大数据以及人工智能等新兴产业的发展,有助于产业结构升级。其次,随着智慧城市建设的不断完善,依托互联网、大数据、云计算等数字技术的支持,加速信息传递,促进劳动、资本、创新要素的流动、联结和重组,加强数字产业与传统产业的有机融合,试点城市内外的资本、劳动力等要素资源自然会流向比较优势更强的绿色低碳产业[318],促进试点城市产业结构升级。最后,智慧城市建设具有连通性和共享性的特征,打破以往信息流动的时间和空间限制,促使产业及其内部的分工更加细致,提高协作程度,节省非必要的中间环节,降低传统产业的交易成本,实现产业结构升级。相关研究已证实产业结构升级有助于减少能源消耗和污染排放。具体而言,一方面。随着产业结构的优化升级,会进一步推动以互联网为基础的新型产业集聚,进而降低传统高污染产业的比重,减少能源消耗,缓解大气污染等环境污染问题[319];另一方面,产业结构的优化升级还会提升高污染产业的能源使用效率,从而降低能源使用的强度,减轻大气污染等环境的负面影响[320]。因此,本研究提出假设 H3。

假设 H3:智慧城市建设可以通过影响产业结构来实现节能减排。

2. 过程控制:能源利用效率

智慧城市建设与节能减排之间存在直接关系,从过程控制角度来看,智慧城市建设通过影响能源利用效率进而影响节能减排。

智慧城市建设通过提高能源利用效率,有助于实现节能减排。已有研究发现,智慧城市政策将能源效率提高了近 4.5%。首先,智慧城市建设使许多传统行业能够以更高效和更环保的方式进行改革和发展。例如,随着智慧城市建设的推进,许多传统的服务业务已经转变为网络服务,从而大大减少了能源消耗,提高了能源利用效率,有助于实现节能减排[321]。其次,智慧城市建设也产生许多新兴产业,这些产业往往更加强调能源利用效率和环境意识。随着云计算等新兴产业的兴起,众多企业开始积极开发节能环保的产品和技术,提高能源利用效率,实现节能减排[322]。智慧城市建设也将促进能源自动化管理业务的发展,推动上下游产业联动,加快能源领域的绿色发展。例如,大数据技术可以最大限度地降低开发自动能源管理系统的成本,并帮助企业实现能源自动化管理,提高能源利用效率和实现节能减排[323]。因此,能源利用效率提高是实施智慧城市建设进而实现节能减排的有效机制之一。因此,本研究提出假设 H4。

假设 H4:智慧城市建设可以通过提高能源利用效率来实现节能减排。

3. 末端治理:绿色技术创新

智慧城市建设与节能减排之间存在直接关系,从末端治理角度来看,智慧城市建设通过影响绿色技术创新进而影响节能减排。

智慧城市建设也可以通过推动绿色技术创新来实现节能减排。首先,智慧城市建设有助于提升城市的网络基础设施建设水平,推动数字技术的应用,有助于加速创新知识的扩散与溢出,提高绿色技术创新水平,促进节能减排。随着智慧城市建设的推进,许多企业已经开始采用数字技术来实时监测和分析能源消耗,从而增强其最小化污染和碳排放的能力[324]。绿色技术创新具有知识溢出和环境保护的双重正外部性[325]。其次,智慧城市建设也使得企业更加积极地研发节能和环保的产品和技术,促进绿色技术创新的发展,清洁生产技术和绿色工艺有助于减少传统燃料的使用,减少碳排放,实现可持续发展[326-327]。例如,智能电网和节能建筑等新兴技术的出现,有助于减少污染和碳排放[328]。最后,智慧城市建设提高了能源领域的绿色技术创新,进而实现节能减排。依靠云计算、大数据等技术,实现不同企业、不同地区的智能能源联动管理,实现能源使用的更高效分配和管理[329]。同时,这为企业节约了成本,使更多的资金能够投入技术研发,促进绿色技术创新,减少碳排放,减轻环境的负面影响[330]。因此,绿色技术创新是实施智慧城市建设促进节能减排的有效影响机制。因此,本章提出假设 H5。

假设 H5:智慧城市建设可以通过推动绿色技术创新来实现节能减排。

综合上述分析,本章从直接效应、间接效应和空间溢出效应三个方面构建智慧城市建设对节能减排影响的理论分析框架,如图 12-1 所示。

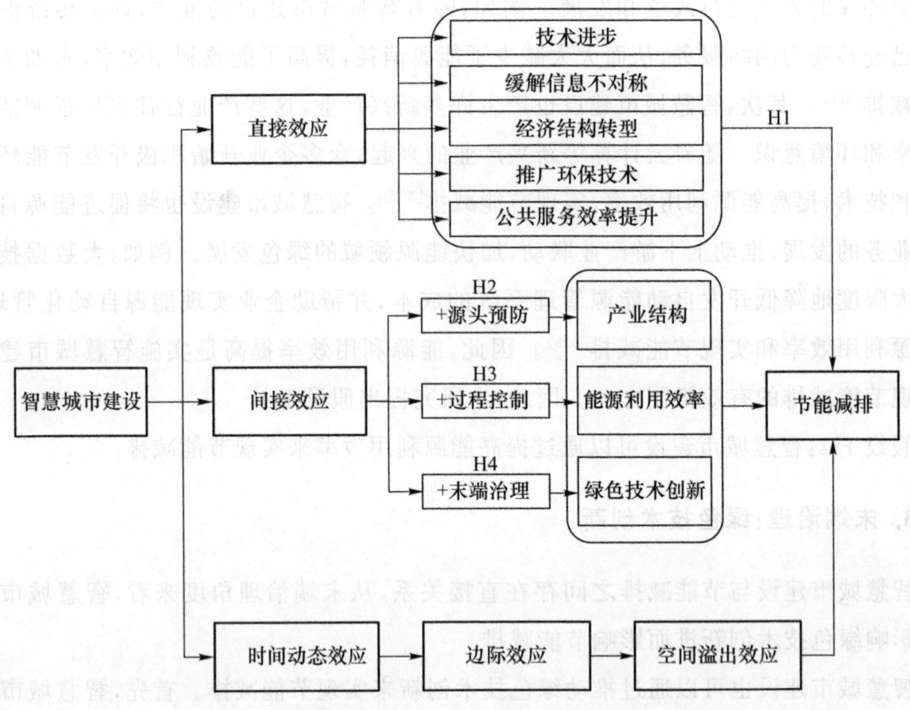

图 12-1 智慧城市建设对节能减排影响的理论分析框架

12.3 研究设计

12.3.1 模型设定

在理论分析基础上，本章以智慧城市试点政策作为准自然实验，运用多期 DID 模型识别智慧城市试点政策对节能减排的影响。

$$Y_{it} = \beta_0 + \beta_1 \mathrm{DID} + \sum_{j=2}^{N} \beta_j X_{it} + \nu_i + \varepsilon_{it} \tag{12-1}$$

其中：Y_{it} 表示 i 城市在第 t 年的能源强度和碳排放强度；DID 表示政策实施的净效应；X_{it} 为控制变量，具体包括：经济发展水平、人口规模、对外开放水平、城市基建水平、政府支持；υ_i、μ_t 和 ε_{it} 分别为个体固定效应、时间固定效应和随机扰动项。

进一步地，本章基于 PSM-DID 方法进行稳健性估计，具体步骤为：利用 PSM 找到与实验组特征最接近的控制组，并利用匹配后的实验组和控制组进行 DID 回归。具体模型如下：

$$Y_{it}^{\mathrm{PSM}} = \beta_0 + \beta_1 \mathrm{DID} + \sum_{j=2}^{N} \beta_j X_{it} + \nu_i + \mu_t + \varepsilon_{it} \tag{12-2}$$

12.3.2 变量说明

1. 被解释变量：能源强度和碳排放强度

能源消费强度。研究选取能源消耗总量(万吨煤)与地区生产总值(万元)比值的自然对数表征能源强度(ln ENYS)[331-332]。能源强度作为被解释变量之一，用以考察智慧城市的节能效应。此外，选取能源总量的自然对数衡量能源规模(ln ENY)实施稳健性检验。

碳排放强度。研究采用了政府间气候变化专门委员会(IPCC)给出的碳排放量计算公式，即根据 2006 年 IPCC《国家温室气体清单指南》第二卷参考方法中公布的二氧化碳排放量的计算方法，选取煤、焦炭、原油、汽油、煤油、柴油、天然气、燃油等 8 种化石燃料，综合计算各地区碳排放量。尽管近年来风能、太阳能和核能等新能源电力的应用在减少碳排放方面发挥了一定的作用，但消耗化石燃料的火电仍占中国发电量的很大比例，因此计算过程不包括用电量。

假设所有化石燃料都已完全燃烧，估算二氧化碳排放量的方法如下：

$$\mathrm{CO}_{2it} = \sum_{i=1}^{8} \mathrm{CO}_{2itj} = \sum_{i=1}^{8} E_{itj} \times K_j \times q_j \times \frac{44}{12} \tag{12-3}$$

其中：i 表示城市，t 表示年份，j 表示各种能源。CO_{2it} 代表各城市每年的二氧化碳排放量，即 i 城市 8 种能源的二氧化碳排放量之和；E_{itj} 代表 i 城市 j 种能源消耗的物理量；K_j 是 j 种能源转换为标准煤的参考系数，取自《中国能源统计年鉴》；q_j 为第 j 种能源的碳排放系数，数据来源为 IPCC 公布的数据；常数 44/12 是二氧化碳与碳的分子量比。在此基础上，选取碳排放强度(ln CO2S)作为主要被解释变量之一，另外，将碳排放规模(ln CO2)考察智慧城市减碳效应的稳健性[333-334]。

2. 解释变量：智慧城市试点政策(DID)

住房和城乡建设部于 2012 年正式推行智慧城市试点建设。首批试点城市共计 90 个，其中地级市 37 个，区(县)50 个，镇 3 个。2013 年 8 月，住房和城乡建设部确定北京经济技术开发区、阳泉市等新增的 103 个城市(区、县、镇)为第二批试点城市。次年，北京市门头沟区等 84 个城市(区、县、镇)被确定为 2014 年度新增的智慧城市试点。本章的核心解释变量为智慧城市试点政策(DID=treat×post)。其中,treat 为分组虚拟变量,若为试点城市,则设定为实验组且 treat 取值为 1,否则设定为控制组且 treat 取值为 0;post 为时间虚拟变量,政策实施当年及之后取值为 1,其余取值为 0。鉴于本章的研究对象为地级市,而部分智慧城市是县级市或者地级市,故将其删除,并剔除数据严重缺失的城市样本,最终得到 99 个试点城市样本。

3. 控制变量

经济发展水平(ln PGDP),以人均地区生产总值的自然对数表征[273];城市人口规模(ln PSCAL),用全市年末总人口的自然对数表示;对外开放水平(ln OPEN),用实际利用外资占 GDP 的比重测度[335];城市基建水平(ln ROAD),用城市人均道路面积来衡量[336];政府支持(ln GOV),用政府财政支出占 GDP 的比重表示[337],最后对上述变量进行取对数处理。上述涉及的主要变量的类别、符号、单位等如表 12-1 所示。

表 12-1 上述涉及的主要变量的类别、符号、单位等

类别	变量名	变量符号	变量说明	单位
被解释变量	能源强度	ln ENYS	能源消耗总量/GDP	吨/元
	碳排放强度	ln CO2S	碳排放/GDP	—
解释变量	智慧城市试点政策	DID	—	—
控制变量	经济发展水平	ln PGDP	采用真实人均 GDP 的对数	元/人
	对外开放水平	ln OPEN	实际利用外资额占 GDP 的比重	%
	城市人口规模	ln PSCAL	全市年末总人口的自然对数	万人
	政府支持	ln GOV	财政支出占 GDP 的比重	%
	城市基建水平	ln ROAD	市辖区人均道路面积	M2/人

12.3.3 样本选择与数据来源

本章的研究所使用的绿色专利申请数据来自 incoPat 专利数据库,基于 IPC 绿色清单所公布的分类号、所在城市和申请时间等信息进行专利检索。其余数据均来自《中国城市统计年鉴》《中国环境统计年鉴》《中国能源统计年鉴》及国泰安数据库。此外,为保持数据的完整性和可靠性,研究对样本做出如下处理:首先,研究样本剔除港澳台地区及部分数据缺失严重的城市;其次,对部分缺失值采用插值法进行插补;最后,将本章所涉及有关货币计量的变量全部以 2007 年为基期进行价格平减。经上述处理后,最终得到 2007—2020 年中国 277 个地级及以上城市的面板数据。另外,对面板中部分波动较大的数据进行对数处理,其主要变量的描述性统计如表 12-2 所示。

12.3.4　描述性统计

表 12-2 为主要变量的描述性统计。结果显示能源强度和碳排放强度的标准差分别为 0.889、0.604,两者的标准差均较大,这表明中国城市间的能源强度和碳排放强度均存在异质性且波动性较大。另外,为满足渐进双重差分回归的平行趋势检验,本章绘制了城市能源强度和碳排放强度的时间趋势变化图,以观察在实施智慧城市试点政策进行平行趋势预测之前,两者是否保持平行趋势。如图 12-2 所示,在 2012 年首次设立试点之前,智慧城市与非智慧城市的能源强度与碳排放强度的变化趋势基本一致,因此可初步断定满足平行趋势。此外,2012 年以后,智慧城市的能源强度与碳排放强度的下降速度显著快于非智慧城市,这一特征事实初步表明智慧城市试点政策有利于城市节能减排,为进一步的实证分析奠定了基础。然而,以上仅仅满足了初步平行趋势检验,更为严格的平行趋势检验将在后续动态效应部分进行检验。

表 12-2　主要变量的描述性统计

变量	样本量	均值	标准差	最小值	最大值
ln ENYS	3 878	4.752	0.889	0.724	6.751
ln CO2S	3 878	−6.403	0.604	−9.157	−4.625
DID	3 878	0.084	0.277	0.000	1.000
ln PGDP	3 878	10.516	0.766	8.126	13.185
ln OPEN	3 878	1.768	1.830	0.001	20.658
ln PSCAL	3 878	5.872	0.702	2.890	8.136
ln GOV	3 878	2.818	0.442	1.889	4.106
ln ROAD	3 878	2.360	0.570	0.793	3.786

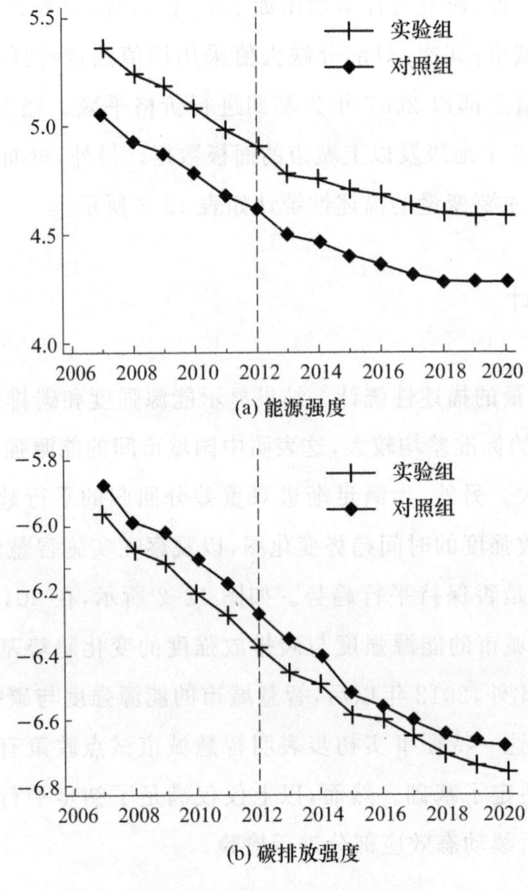

图 12-2　初步平行趋势检验

12.4 实证分析

12.4.1 基准回归分析

本章利用双向固定 DID 模型识别智慧城市建设对节能减排的影响，基准回归结果如表 12-3 所示。列(1)和列(3)为未纳入控制变量的回归结果，列(2)和列(4)为纳入控制变量的回归结果。其中，列(1)和列(2)报告了智慧城市试点对节能减排的节能政策效应，列(3)和列(4)报告了智慧城市试点对节能减排的减排政策效应。通过表 12-3 中列(2)和列(4)可以看出，智慧城市试点政策的估计系数在 5％和 1％的水平上显著为负，这表明智慧城市建设有利于节能减排，具体而言，智慧城市试点政策使能源强度下降 1.7％，碳排放强度下降 5.3％，且碳减排效应大于节能效应。综上，假设 H1 得到初步验证，这与张兵兵等[338]的研究结论相似。此结论体现了智慧城市建设在节能减排中的重要作用，这一发现也为创新城市治理模式、改善城市生态提供了经验证据。观察表 12-3 中其他控制变量的系数,不难发现,经济发展水平(ln PGDP)的系数在 1%水平上显著为负,这表明经济发展水平的提高有利于节能减排。对外开放水平(ln OPEN)的系数在 1%和 10%水平上显著为负数,这表明对外开放有利于实现节能减排。城市人口规模(ln PSCAL)的系数均在 1%水平上显著为负,这表明我国城市人口规模集聚的正外部显现,极大地降低了能源强度和碳排放强度。政府干预(ln GOV)在 1%水平上显著为正,这说明我国政府干预力量可能处于扭曲市场资源配置的阶段,从而增加碳排放与能源消耗。

表 12-3　基准回归结果

变量	(1)	(2)	(3)	(4)
	ln ENYS	ln ENYS	ln CO2S	ln CO2S
DID	−0.023* (−1.82)	−0.017** (−2.41)	−0.066*** (−4.42)	−0.053*** (−4.95)
ln PGDP	—	−0.829*** (−63.57)	—	−0.712*** (−35.70)
ln OPEN	—	−0.006*** (−5.32)	—	−0.003* (−1.79)
ln PSCAL	—	−0.755*** (−37.39)	—	−0.774*** (−19.86)
ln GOV	—	0.048*** (4.28)	—	0.072*** (3.54)
ln ROAD	—	0.021*** (3.59)	—	0.023*** (2.90)
常数项	4.754*** (1 881.61)	17.730*** (75.91)	−6.397*** (−2 288.95)	5.377*** (14.18)
样本量	3 878	3 878	3 878	3 878
R^2	0.976	0.994	0.939	0.971
城市固定	YES	YES	YES	YES
时间固定	YES	YES	YES	YES

注:*、** 和 *** 分别表示 $p<0.1$、$p<0.05$ 和 $p<0.01$,括号上方为估计值,括号内为 t 统计量值。

12.4.2 平行趋势检验

基准回归反映了智慧城市建设对节能减排效应的平均效应,但是政策效应随时间的动态变化未知。鉴于此,本章借鉴事件研究法[339],通过动态效应模型考察智慧城市对城市节能减排的动态影响。此外,事件研究法也被用于严格检验平行趋势,具体而言,即构造各年的虚拟变量与双重差分变量的交乘项进行估计[340]。在此基础上,本章采用事件研究法正式检验平行趋势,建立如下动态效应模型:

$$Y_{it} = \alpha_0 + \sum_{k=1}^{4} \alpha_{-k} \mathrm{Pre}_{it}^{k} + \sum_{k=1}^{6} \alpha_k \mathrm{Post}_{it}^{k} + \sum_{j=2}^{N} \alpha_j X_{it} + \nu_t + \mu_i + \varepsilon_{it} \tag{12-4}$$

其中,Pre_{it}^{k}表示智慧城市试点城市i政策实施前的第k年,Post_{it}^{k}表示智慧城市试点城市i政策实施后的第k年。其中,将智慧城市试点建立年份作为基准年,Pre1～Pre5为政策实施前5至1年,Post1～Post5为政策实施后1至5年。最后,通过图示法检验平行趋势和动态效应,其结果如图12-3所示。

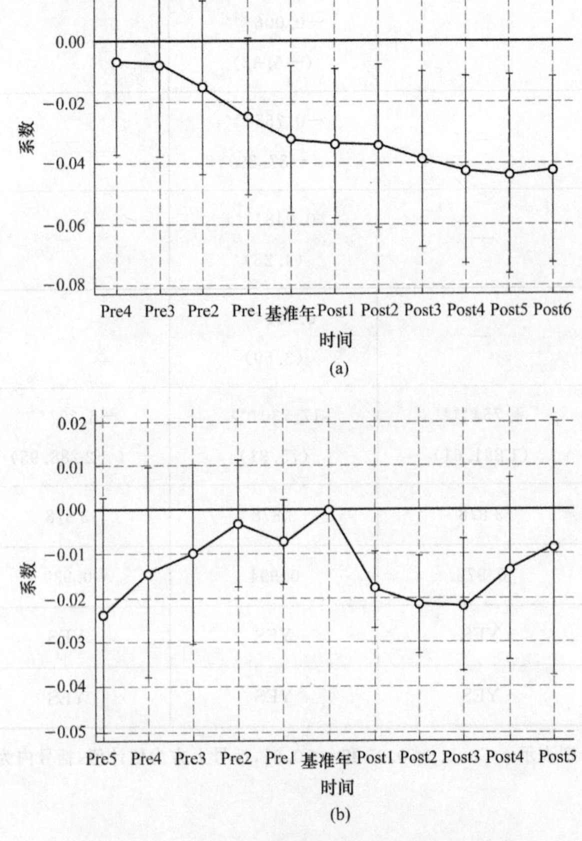

图 12-3 智慧城市建设的时间动态效应分析

在图 12-3 中,圆圈表示估计结果,实心竖线表示 95%的置信区间,横轴为年份。以智慧城市试点建立年份作为基准年,可以发现智慧城市试点政策实施前各期系数估计值均不具有统计显著性,这表明智慧城市与非智慧城市的节能减排效应在智慧城市实施前具有相同的时间变化趋势,这再次在图上证明了研究满足平行趋势假设。同时,观察政策实施后的估计系数可知,政策实施对能源强度的系数均显著为负且随时间的推移呈下降趋势,而对碳排放强度的系数同样为负且在第 1、2、3 期较为显著,这表明智慧城市试点政策有助于实现节能减排。此外,值得注意的是,智慧城市的节能减排效应随时间的推移而不断增强。

12.4.3　稳健性与内生性检验

1. 引入时间趋势和 Bacon 分解

1) 引入时间趋势

渐进 DID 得以使用的理想情形是能够随机选取对照城市与非对照城市。然而,在现实情境下的多数选择并非随机的,参照对象的选取往往会受城市经济发展水平、地理位置等因素的影响。长此以往,这种影响会对估计结果的准确性造成影响。为缓解这种非随机性选择对回归结果的偏差,本章在基准模型中引入城市特征与时间趋势的交乘项,其结果如表 12-4 所示。在加入时间趋势交乘项后,DID 的估计系数均仍然显著为负,此结果表明在缓解非随机选择的影响后,渐进 DID 依旧有效,即智慧城市试点可推动节能减排的实现。

2) Bacon 分解

考虑渐进 DID 的有效性可能会因其异质性处理效应导致双向固定效应估计量存在估计偏误,即 TWFE 的错误估计而引起学界广泛讨论[341]。为了进一步深入检验渐进 DID 模型的有效性,本章采用 Bacon 分解进行估计[342],其结果如表 12-4 所示。观察 Bacon 分解的回归结果不难发现,其回归结果依旧显著为负,进一步验证了基准回归结果的稳健性。

表 12-4　引入时间趋势和 Bacon 分解

变量	时间趋势		Bacon 分解	
	ln ENYS	ln CO2S	ln ENYS	ln CO2S
DID	−0.035***	−0.014***	−0.017**	−0.053*
	(−2.93)	(−3.10)	(−2.95)	(−1.93)
样本量	3 878	3 878	3 878	3 878

续表

变量	时间趋势		Bacon 分解	
	ln ENYS	ln CO2S	ln ENYS	ln CO2S
控制变量	YES	YES	—	—
时间趋势与控制变量交乘项	—	—	YES	YES
城市固定	YES	YES	YES	YES
时间固定	YES	YES	YES	YES

注：*、** 和 *** 分别表示 $p<0.1$、$p<0.05$ 和 $p<0.01$，括号上方为估计值，括号内为 t 统计量值。

2. 倾向得分匹配(PSM-DID)和排除干扰性因素

1) 倾向得分匹配

为缓解样本选择性偏差带来的估计偏差，本章进一步利用 PSM-DID 方法进行稳健性检验。该方法通过是否为智慧城市试点政策的虚拟变量 treat 对可观测值进行 logit 回归，得到倾向得分匹配值，再将倾向得分匹配值最接近的城市设置为智慧城市试点政策的配对城市。在具体估计中，本章运用卡尺最近邻匹配方法进行 PSM-DID 估计，以检验智慧城市建设的节能减排作用是否稳健。在估计之前，本章还需要检验实验组和控制组匹配效果，通过绘制倾向得分值密度函数图，如图 12-4 所示可知，在匹配前，实验组和控制组的核密度曲线偏差比较大，在匹配后，实验组和控制组的核密度曲线已经比较接近，这说明本章的匹配效果较好。因此，在共同支撑假设基础上，这进一步证明了 PSM-DID 方法的可行性和合理性。图 12-4 为 PSM-DID 估计结果，可以看出，智慧城市试点政策虚拟变量的估计系数均显著为负，这表明智慧城市试点政策有利于节能减排，结论呈现出较好的稳健性。

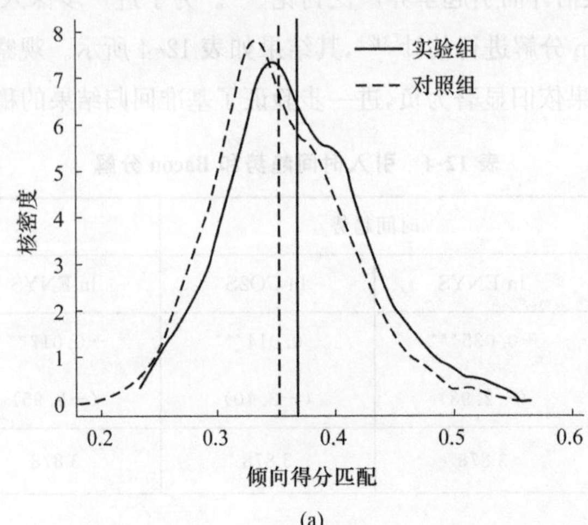

(a)

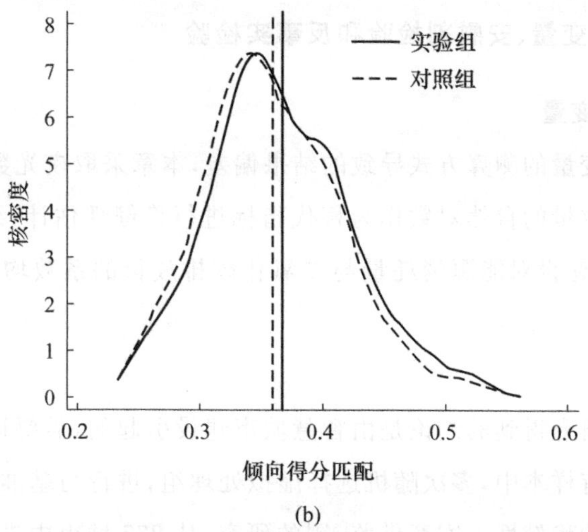

图 12-4　节能减排 PSM-DID 核密度图

2) 排除干扰性因素(低碳城市)

智慧城市试点政策的净效应还可能受到与碳排放密切相关的环境保护、节能减排等政策的干扰。本章选取 2010 年实施的低碳城市试点政策并构建虚拟变量低碳试点政策作为外生政策的冲击。表 12-5 报告了 PSM-PID 和排除低碳试点政策干扰后的估计结果,结果显示 DID 的估计系数仍显著为负,这表明基准回归结果较为稳健。

表 12-5　PSM-DID 和排除低碳试点政策干扰后的估计结果

变量	PSM-DID		排除干扰因素	
	ln ENYS	ln CO2S	ln ENYS	ln CO2S
DID	−0.016** (−2.35)	−0.051*** (−4.72)	−0.016** (−2.41)	−0.053*** (−4.96)
低碳试点政策	—	—	−0.024*** (−5.27)	−0.012* (−1.74)
样本量	3 851	3 851	3 878	3 878
R^2	0.994	0.971	0.994	0.971
控制变量	YES	YES	YES	YES
城市固定	YES	YES	YES	YES
时间固定	YES	YES	YES	YES

注：*、** 和 *** 分别表示 $p<0.1$、$p<0.05$ 和 $p<0.01$,括号上方为估计值,括号内为 t 统计量值。

3. 替换被解释变量、安慰剂检验和反事实检验

1) 替换被解释变量

为避免被解释变量的测算方式导致的结果偏差，本章采取夜光数据拟合的能源消耗量以及二氧化碳排放量的自然对数作为替代指标进行稳健性估计，结果如表 12-6 所示。不难发现，智慧城市建设对能源消耗量与二氧化碳排放量的系数均显著为负，证明结论具有较好的稳健性。

2) 安慰剂检验

为确保本章的研究得到的结论是由智慧城市建设引起的，需要进行安慰剂检验。安慰剂检验通过在所有样本中，多次随机选择虚拟处理组，进行与基准回归一致的回归，保证了基准研究结果的稳健性。本章借鉴[343]的研究，从 277 城市中进行 500 次抽样，每次抽样随机抽取 99 个城市作为实验组，剩余的 178 个作为控制组，其结果如图 12-5 所示，可以看到，估计系数分布在零的附近，且服从正态分布，绝大多数的回归系数不显著，符合安慰剂检验的预期。此外，虚线处为基准回归核心解释变量实际的系数估计值，可以发现实际的系数估计值与安慰剂检验中的估计参数并不一致，这表明其在城市安慰剂检验中属于小概率事件。综上可知，智慧城市试点政策实施后，城市节能减排效果的实现源于智慧城市建设，并非由其他不可观测因素导致，这也进一步验证了基准回归结论的稳健性。

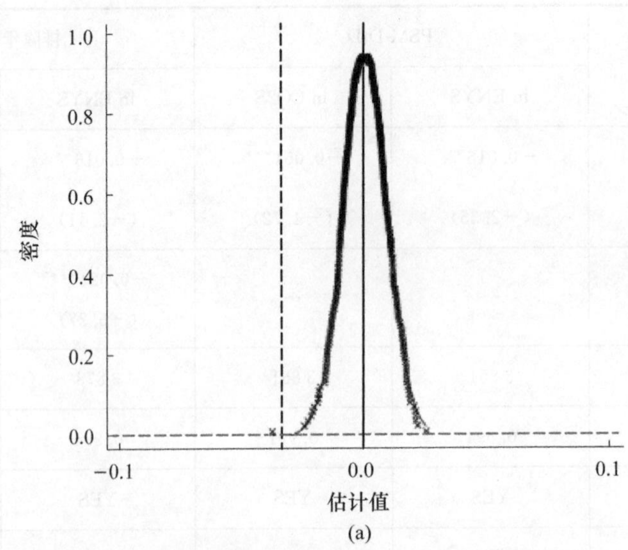

(a)

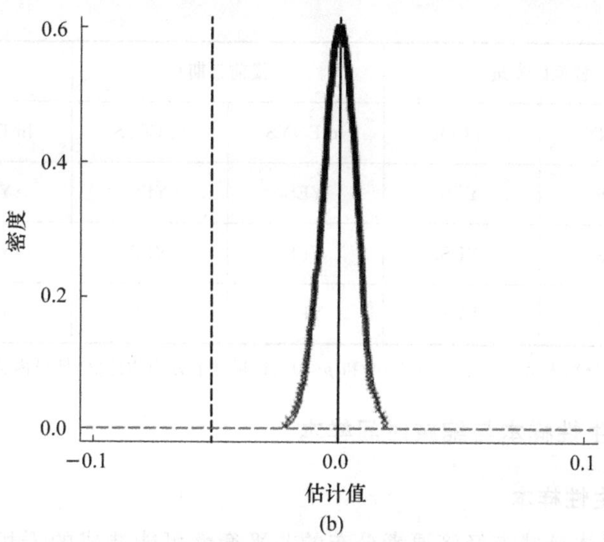

图 12-5　安慰剂检验

3) 反事实检验

本部分将智慧城市试点政策推行时间分别提前三年或者滞后一年,将其与 treat 相乘并纳入基准模型进行反事实的安慰剂检验,其结果如表 12-6 所示,将智慧城市试点政策推行时间提前三年的交互项 did1 的估计系数均不显著,这表明在智慧城市试点政策实施基准年 2012 以前,智慧城市建设对处理组与对照组的节能减排均没有显著的影响。而将智慧城市试点政策推行时间滞后一年的交互项 did2 的估计系数均显著为负,这表明推行智慧城市试点政策的实际年份确实能够实现城市节能减排,进一步证实基准回归结果的稳健性。

表 12-6　反事实检验结果

变量	替换因变量		提前三期		滞后一期	
	ln ENY	ln CO2	ln ENYS	ln CO2S	ln ENYS	ln CO2S
DID	−0.058* (−1.69)	−0.053*** (−4.95)	—	—	—	—
did1	—	—	−0.019 (−1.26)	−0.047 (−0.84)	—	—
did2	—	—	—	—	−0.015** (−2.34)	−0.056*** (−5.55)
样本量	3 878	3 878	3 878	3 878	3 878	3 878
R^2	0.933	0.982	0.947	0.880	0.994	0.971

续 表

变量	替换因变量		提前三期		滞后一期	
	ln ENY	ln CO2	ln ENYS	ln CO2S	ln ENYS	ln CO2S
控制变量	YES	YES	YES	YES	YES	YES
城市固定	YES	YES	YES	YES	YES	YES
时间固定	YES	YES	YES	YES	YES	YES

注：*、** 和 *** 分别表示 $p<0.1$、$p<0.05$ 和 $p<0.01$，括号上方为估计值，括号内为 t 统计量值。

4. 剔除弱内生性样本与缩减时间样本

1）剔除弱内生性样本

为了避免不同体量城市经济要素分布的非平衡性可能造成的干扰，将所有的省会城市从样本中剔除。表 12-7 结果表明，智慧城市建设能够推动城市节能减排的结论与基准回归结果仍保持一致。

2）缩减时间样本

将 2017 年及以后的样本剔除，以此来避免 2017 年以来鼓励申报并推广智慧城市可能导致的影响。表 12-7 的结果表明，智慧城市试点的节能减排效应仍较为稳健。

表 12-7　剔除省会城市和缩减时间样本检验结果

变量	剔除省会城市		缩减时间样本	
	ln ENYS	ln CO2S	ln ENYS	ln CO2S
DID	−0.008*** (−3.09)	−0.038*** (−3.63)	−0.013** (−2.25)	−0.047*** (−5.82)
样本量	3 612	3 612	2 770	2 770
R^2	0.992	0.968	0.996	0.986
控制变量	YES	YES	YES	YES
城市固定	YES	YES	YES	YES
时间固定	YES	YES	YES	YES

注：*、** 和 *** 分别表示 $p<0.1$、$p<0.05$ 和 $p<0.01$，括号上方为估计值，括号内为 t 统计量值。

12.4.4　机制检验

为进一步探究智慧城市建设通过何种路径实现对节能减排的影响，本章从源头预防、过程控制以及末端治理三个角度作为切入点进行深层次挖掘，其中，源头预防产业结构的度量，本章采用第三产业增加值与第二产业增加值的自然对数的比值衡量[344]，记作STRU；过程控制能源利用效率，选用GDP与能源消费总量之比的自然对数来表征，记作EEF；末端治理绿色技术创新，选取绿色创新申请数、万人绿新发明数分别衡量绿色技术创新数量和绿色技术创新质量[345]，分别记为GAPP和GIAP。具体而言，在基准模型基础上进行拓展，采用中介效应分析法进行机制检验。具体步骤为：首先，将智慧城市试点政策与机制变量进行回归，如模型(12-5)所示，若智慧城市试点政策系数 β_1 显著，说明智慧城市对于机制变量具有显著影响；其次，将智慧城市试点政策与机制变量同时放入模型与被解释变量进行回归，如模型(12-6)所示，若机制变量的系数 γ_2 显著，智慧城市试点政策系数 γ_1 不显著或仍显著但系数降低，则证明智慧城市通过机制变量 Med_{it} 促进了节能减排的实现，将模型设定如下：

$$Med_{it} = \beta_0 + \beta_1 DID_{it} + \sum_{j=2}^{N} \beta_j X_{it} + \nu_i + \mu_t + \varepsilon_{it} \tag{12-5}$$

$$Y_{it} = \gamma_0 + \gamma_1 DID_{it} + \gamma_2 Med_{it} + \sum_{j=3}^{N} \gamma_j X_{it} + \nu_i + \mu_t + \varepsilon_{it} \tag{12-6}$$

其中，Med_{it} 为机制变量，其他各变量设定同模型(1)。

表 12-8 中列(1)～列(3)报告了源头预防产业结构作为机制变量的实证结果。列(1)结果表明，DID变量的估计系数为 0.044 且在 1%水平上显著，这表明智慧城市建设能够优化产业结构。列(2)中 DID 变量与 STRU 的回归系数分别为−0.015和−0.027 且均显著，这表明智慧城市建设和产业结构均可降低能源强度。列(3)中 DID 变量与 STRU 的回归系数分别为−0.055 和−0.034 且均显著，表明智慧城市建设和产业结构均可降低碳排放强度。综上，表 12-8 中列(1)～列(3)结果说明，智慧城市建设可通过优化产业结构促进节能减排，且在此过程中产业结构发挥了部分中介作用，其中介效应占比分别为 7.0%(0.044×−0.027/−0.017)和 2.8%(0.044×−0.034/−0.053)。本部分的研究结论使假说 H3 得以验证。

表 12-8 中列(4)～列(6)报告了过程控制能源利用效率作为机制变量的实证结果。列(4)结果表明，DID 变量的估计系数为 0.013 且在 1%水平上显著，这表明智慧城市建设能够提高能源利用效率。列(5)中 DID 变量与 EEF 的回归系数分别为−0.025 和−0.694且均显著，这表明智慧城市建设和产业结构均可降低能源强度。列(6)中 DID 变量与 EEF 的回归系数分别为−0.059 和−0.443 且均显著，这表明智慧城市建设和产业结构均可降低碳排放强度。综上，表 12-8 中列(4)～列(6)结果说明，智慧城市建设可通过优化产业结构促进节能减排，且在此过程中产业结构发挥了部分中介作用，其中介效应占比分别为 53.0%(0.013×−0.694/−0.017)和 10.9%(0.013×−0.443/−0.053)。本部分的研究结论使假说 H4 得以验证。

表 12-8 机制检验Ⅰ和Ⅱ

变量	(1) STRU	(2) ln ENYS	(3) ln CO2S	(4) EEF	(5) ln ENYS	(6) ln CO2S
DID	0.044*** (2.58)	−0.015** (−2.28)	−0.055*** (−5.00)	0.013*** (3.01)	−0.025*** (−3.64)	−0.059*** (−5.37)
STRU	—	−0.027*** (−3.25)	−0.034* (−1.77)	—	—	—
EEF	—	—	—	—	−0.694*** (−16.54)	−0.443*** (−7.22)
样本量	3 878	3 878	3 878	3 878	3 878	3 878
R^2	0.876	0.994	0.971	0.925	0.995	0.971
控制变量	YES	YES	YES	YES	YES	YES
城市固定	YES	YES	YES	YES	YES	YES
时间固定	YES	YES	YES	YES	YES	YES

表 12-9 中列(1)～列(3)报告了末端治理绿色技术创新数量作为机制变量的实证结果。列(1)结果表明,DID 变量的估计系数为 1.165 且在 1%水平上显著,这表明智慧城市建设能够提高绿色技术创新数量。列(2)中 DID 变量为−0.018 且均显著,GAPP 的回归系数为 0.001 但不显著,这表明智慧城市建设可降低能源强度,但是绿色技术创新数量并未降低能源强度。(3)列中 DID 变量与 GAPP 的回归系数分别为−0.034 和−0.016且均显著,这表明智慧城市建设和绿色技术创新数量均可降低碳排放强度。综上,表 12-8 中列(4)～列(6)结果说明智慧城市建设可通过提高绿色技术创新数量促进城市碳减排,但是智慧城市建设通过提高绿色技术创新数量实现节能效果并不明显,在此过程中绿色技术创新数量仅在减排部分发挥了部分中介作用,其中介效应占比为 35.2%(1.165×−0.016/−0.053)。本部分的研究结论使假说 H5 的智慧城市建设通过提高绿色技术创新数量实现降碳部分得以验证。

表 12-9 中列(4)～列(6)报告了末端治理绿色技术创新质量作为机制变量的实证结果。列(4)结果表明,DID 变量的估计系数为 0.602 且在 1%水平上显著,这表明智慧城市建设能够提高绿色技术创新质量。列(5)中 DID 变量为−0.017 且均显著,GIAP 的回归系数为 0.001 但不显著,这表明智慧城市建设可降低能源强度,但是绿色技术创新质量并未降低能源强度。列(6)中 DID 变量与 GIAP 的回归系数分别为−0.037 和−0.028 且均显著,这表明智慧城市建设和绿色创新质量均可降低碳排放强度。综上,表 12-9 中

列(4)~列(6)结果说明,智慧城市建设可通过提高绿色技术创新质量促进城市碳减排,但是智慧城市建设通过提高绿色技术创新质量实现节能的效果并不明显,在此过程中绿色技术创新质量仅在减排部分发挥了部分中介作用,其中介效应占比为 32.8%(0.602×−0.028/−0.053)。本部分的研究结论使假说 H5 的智慧城市建设通过提高绿色技术创新质量实现降碳部分得以验证。

表 12-9　机制检验Ⅲ

变量	(1)	(2)	(3)	(4)	(5)	(6)
	GAPP	ln ENYS	ln CO2S	GIAP	ln ENYS	ln CO2S
DID	1.165*** (7.02)	−0.018*** (−2.61)	−0.034*** (−3.38)	0.602*** (6.93)	−0.017** (−2.47)	−0.037*** (−3.60)
GAPP	—	0.001 (1.58)	−0.016*** (−10.02)	—	—	—
GIAP	—	—	—	—	—0.001 (0.71)	−0.028*** (−9.65)
样本量	3 878	3 878	3 878	3 878	3 878	3 878
R^2	0.789	0.994	0.972	0.756	0.994	0.972
控制变量	YES	YES	YES	YES	YES	YES
城市固定	YES	YES	YES	YES	YES	YES
时间固定	YES	YES	YES	YES	YES	YES

注:*、** 和 *** 分别表示 $p<0.1$、$p<0.05$ 和 $p<0.01$,括号上方为估计值,括号内为 t 统计量值。

12.4.5　异质性分析

1. 工业特征异质性:老工业基地城市和非老工业基地城市

本章进一步探究智慧城市的节能减排效应是否会因城市工业特征的不同而产生差异。具体而言,依据国务院《全国老工业基地调整改造规划(2013—2020 年)》的分类标准,将样本城市按照工业基础及属性特征划分为老工业基地城市和非老工业基地城市。结果如图 12-6 中展示。图 12-6(a)显示,智慧城市试点政策的节能程度不同。其中,非老工业基地城市的智慧城市试点政策的节能程度更强,且显著异于 0,而老工业基地城市的智慧城市试点政策的节能效果未能发挥。图 12-6(b)显示,智慧城市试点政策的碳减排程度同样存在差异。其中,非老工业基地城市的智慧城市试点政策的碳减排程度更强,且显著异于0,而老工业基地城市的智慧城市试点政策的碳减排程度相较于非老工业基地城市的基准回归结果偏低,且不显著。综上,非老工业基地城市的智慧城市试点政策的节能减排程度要显著强于老工业基地城市,且减排效应强于节能效应,换言之,智慧城市更有利于推动非老工业基地城市的节能减排,这与Hu等[287]的研究存在显著差异。

究其原因可能为,老工业基地城市是中国重要的能源基地,总体能源消耗较大[346],产业结构偏重型化,智慧城市试点的实施时间较短,加之老工业基地的粗放发展方式,致使其低碳治理效果未能在短期内发挥出其应有的作用。非老工业基地经济较为发达、产业结构完善、市场化程度高,更有利于智慧城市的数字技术与节能低碳技术的融合发展和溢出扩散,促进清洁能源的规模化利用和能源利用效率的提升。由此,智慧城市对非老工业基地城市节能减排的促进效果相对更好。

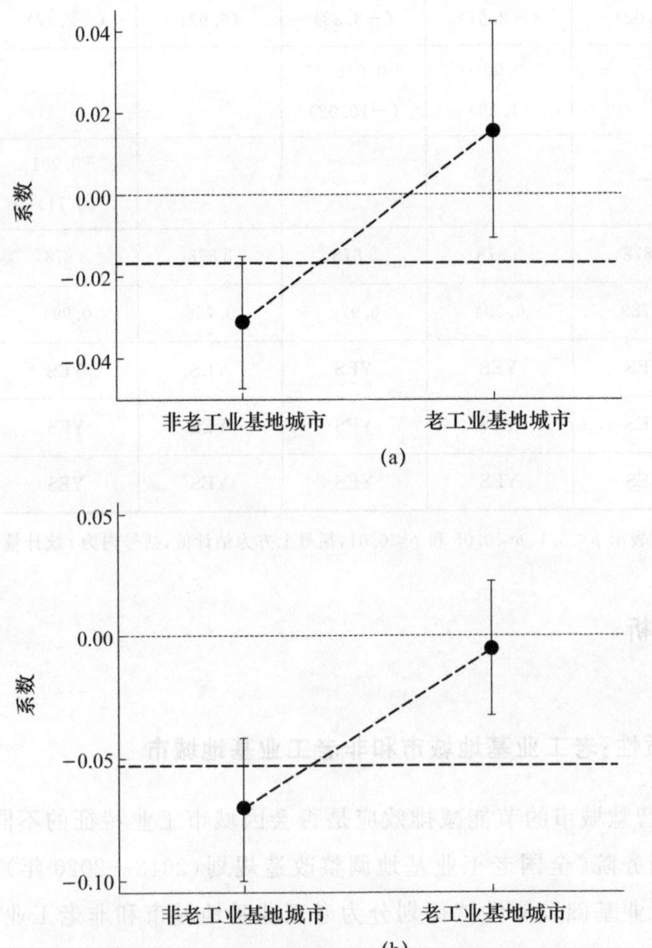

注：实心圆点表示边际系数，短竖线为95%置信区间，虚线为基准回归中智慧城市的系数值，下同。

图12-6 基于城市工业特征异质性

2. 资源禀赋异质性:资源型城市与非资源型城市

本章进一步探究智慧城市的节能减排效应是否会因城市资源禀赋的不同而产生差异。具体而言,本章依据《全国资源型城市可持续发展规划(2013—2020 年)》的通知文件,将全部样本城市划分为资源型城市与非资源型城市,从资源禀赋的视角切入来考察智慧城市试点政策对节能减排的异质性影响。本章对城市资源禀赋异质性进行检验,将资源型城市与非资源型城市的节能效应、减碳效应在图 12-7 中展示。图 12-7(a)显示,智慧城市试点政策的节能程度不同。其中,非资源型城市的智慧城市试点政策的节能程度更强,且显著异于 0,而资源型城市的智慧城市试点政策的节能效果未能发挥。图 12-7(b)显示,智慧城市试点政策的碳减排程度同样存在差异。其中,非资源型城市的智慧城市试点政策的碳减排程度更强,且显著异于 0,而资源型城市的智慧城市试点政策的碳减排程度相较于非资源型城市与基准回归结果偏低,同样显著异于 0。综上,非资源型城市的智慧城市试点政策的节能减排程度要显著强于资源型城市,且减排效应强于节能效应。

其原因可解释为:路径依赖理论认为,资源型城市往往会因自身资源禀赋产生路径依赖和产业结构锁定效应,城市发展较为依赖高耗能、高排放产业。加之资源型城市的传统产业与新型数字技术嵌入度不高,节能环保等新兴产业与传统资源产业关联效应不强,无法有效对传统产业进行数字化改造,也正因如此,资源型城市的智慧城市试点政策的节能减排效应相较于非资源型城市有所不足。

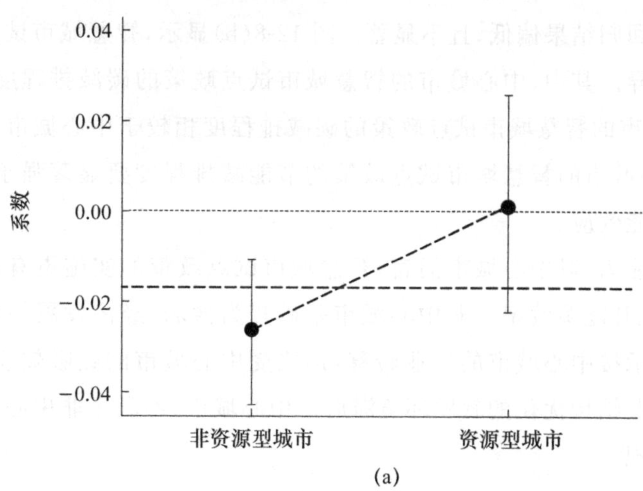

(a)

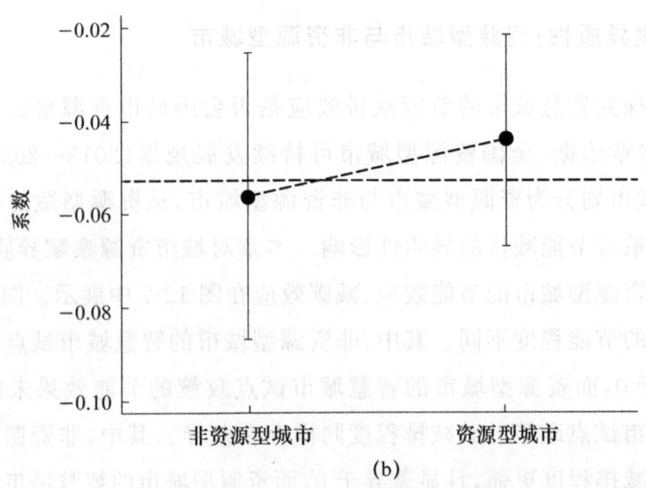

图 12-7 基于城市资源禀赋的异质性

3. 行政等级异质性:中心城市与非中心城市

本章进一步探究智慧城市的节能减排效应是否会因城市行政等级的不同而产生差异。具体而言,按照城市行政等级将省会城市、计划单列市和经济特区城市等级划分为中心城市,其他城市归为非中心城市。在此基础上,对城市行政等级异质性进行检验,为使结果更加直观,将中心城市与非中心城市的节能效应、减碳效应在图 12-8 中展示。图 12-8(a)显示,智慧城市试点政策的节能程度不同。其中,中心城市的智慧城市试点政策的节能程度更强,且显著异于 0,而非中心城市的智慧城市试点政策的节能程度相较于中心城市与基准回归结果偏低,且不显著。图 12-8(b)显示,智慧城市试点政策的碳减排程度同样存在差异。其中,中心城市的智慧城市试点政策的碳减排程度更强,且显著异于 0,而非中心城市的智慧城市试点政策的碳减排程度相较于中心城市与基准回归结果偏低。综上,中心城市的智慧城市试点政策的节能减排程度要显著强于非中心城市,且减排效应强于节能效应。

究其原因可能为:对中心城市而言,智慧城市试点政策的实施更有利于产业结构优化与技术创新,提升能源效率。非中心城市基础较为薄弱,经济发展往往需要中心城市的辐射带动或者承接中心城市的产业转移,加之受中心城市的虹吸效应影响,非中心城市技术创新与产业结构优化的软硬环境滞后于中心城市,不利于非中心城市智慧城市节能减排效应的实现。

4. 金融发展异质性:低金融水平城市与高金融水平城市

本章进一步探究智慧城市的节能减排效应是否会因城市金融水平的不同而产生差异。具体而言,本章选取城市金融机构存贷款余额占 GDP 的比重来衡量金融水平,并按中位数将样本划分为高、低金融水平两组,结果如图 12-9 中展示。图 12-9(a)显示,智慧

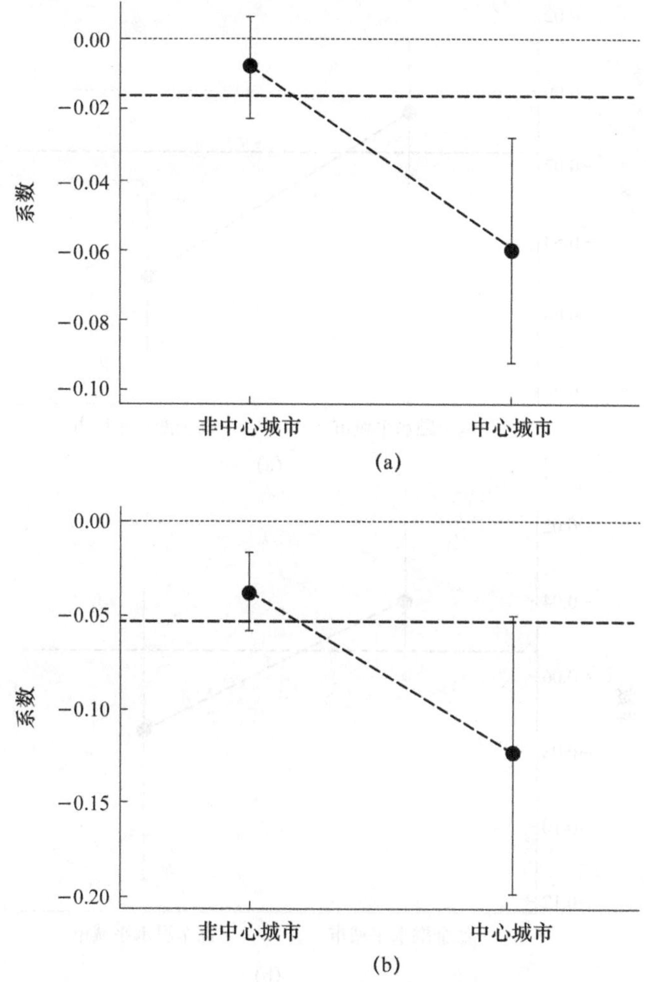

图 12-8　基于城市行政等级的异质性

城市试点政策的节能程度不同。其中,高金融水平城市的智慧城市试点政策的节能程度更强,且显著异于 0,而低金融水平城市的智慧城市试点政策的节能效果未能发挥。图 12-9(b)显示,智慧城市试点政策的碳减排程度同样存在差异。其中,高金融水平城市的智慧城市试点政策的碳减排程度更强,且显著异于 0,而低金融水平城市的智慧城市试点政策的碳减排程度相较于低金融水平城市与基准回归结果偏低,同样显著异于 0。综上,高金融水平城市的智慧城市试点政策的节能减排程度要显著强于低金融水平城市,且减排效应强于节能效应。其原因可归结为:智慧城市试点的实施需要资金支撑,高金融水平城市可为智慧城市建设提供更为丰富的财力支持,因此,智慧城市的节能减排效果在高金融水平城市较为显著。

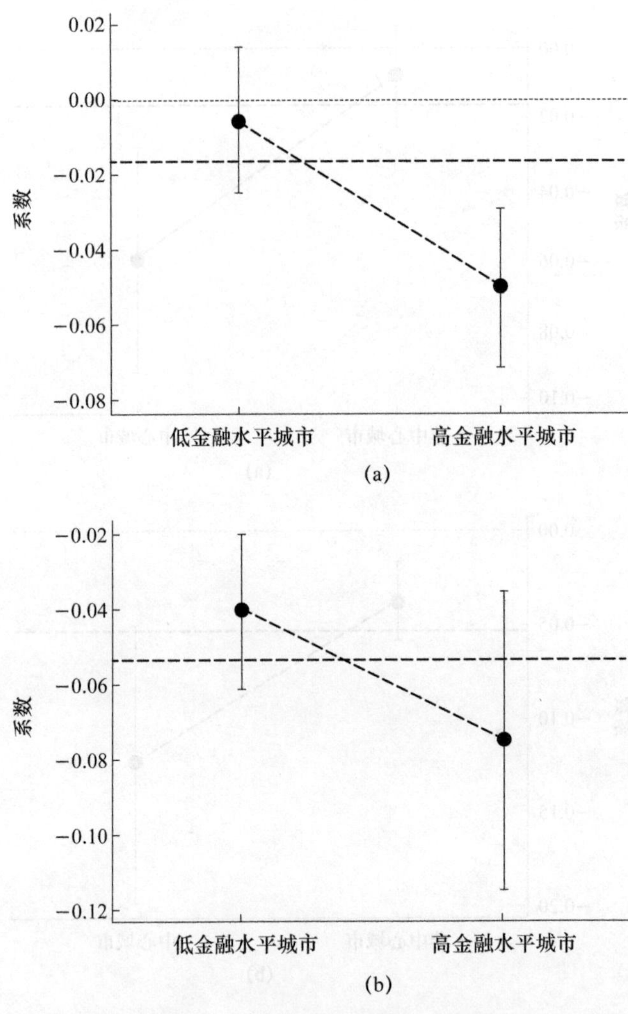

图 12-9 基于城市工业特征异质性

12.4.6 进一步分析

1. 边际效应

智慧城市试点政策能够实现节能减排，且智慧城市建设的节能减排效应具有持续性，但对政策的边际效应却知之甚少。因此，我们采用分位数回归模型研究智慧城市试点政策对能源强度与碳排放强度的边际影响，结果如图 12-10 所示。智慧城市试点政策对能源强度与碳排放强度的抑制作用具有递增的边际效应；即能源强度与碳排放强度越大，智慧城市试点政策对二者的抑制作用也越强，这表明高能源强度与碳排放强度的地区推进智慧城市建设可获得更大的环境效益与节能潜力。

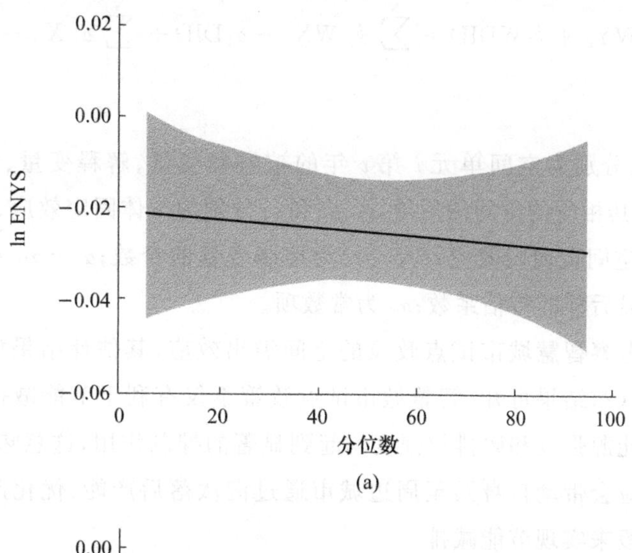

(a)

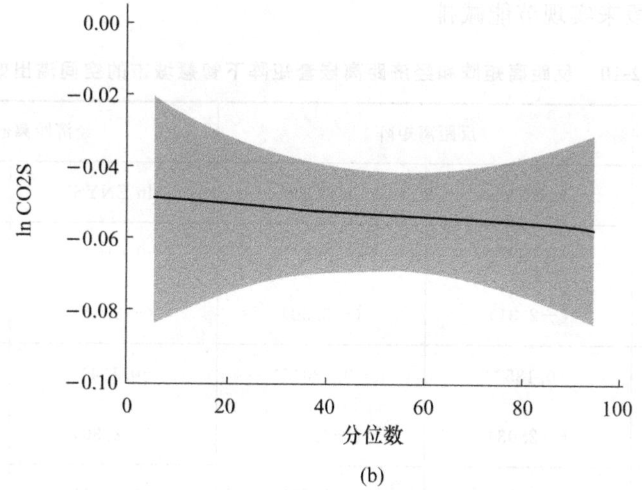

(b)

图 12-10　智慧城市试点政策节能减排的边际效应

2. 空间溢出效应

为进一步考察智慧城市试点政策的空间溢出效应,本章尝试采用空间计量模型进行估计。考虑空间杜宾模型即可通过偏微分处理避免点估计偏误,又可将新型网络基础设施对节能减排的影响分解为直接效应与溢出效应,相较于空间误差模型(Spatial Error Model,SEM)、空间自相关模型(Spatial Autocorrelation Model,SAR、自变量空间滞后模型(Spatial Lag of Model,SLM)等模型,更具优势,所采用的更大似然估计(MLE)也使估计结果更有效,并规避内生性问题。因而本章拟构建如下空间杜宾模型(Spatial Dubin Model,SDM)测度新型网络基础设施对节能减排的溢出效应:

$$Y_{it}=\alpha_0+\rho WY_{it}+\phi_1 WDID+\sum_{j=2}^{N}\phi_j WX_{it}+\alpha_1 DID+\sum_{j=2}^{N}\alpha_j X_{it}+\nu_i+\mu_t+\varepsilon_{it} \tag{12-7}$$

其中：Y_{it}、DID、X_{it}分别为空间单元 i 第 t 年的被解释变量、解释变量、控制变量，WY_{it}、WDID 和 WX_{it}为其相应的空间滞后项，ν_i、μ_t 和 ε_{it}分别为个体固定效应、时间固定效应和随机扰动项；ρ 为空间自回归效应；$(N-1)$为控制变量的个数；$\alpha_1-\alpha_N$ 和 $\phi_1-\phi_N$ 分别为直接影响及空间滞后项的待估系数；α_0 为常数项。

本部分重点考察智慧城市试点政策的空间溢出效应，其估计结果如表 12-10 所示。从表中列(1)和列(2)结果可知，智慧城市试点政策不仅有利于节能减排的实现，而且对降低邻近城市的能源强度和碳排放强度均起到显著的抑制作用，这意味着智慧城市的示范效应和警示效应会带动自身乃至周边城市通过淘汰落后产能、优化产业结构、推动绿色技术创新等手段来实现节能减排。

表 12-10　反距离矩阵和经济距离嵌套矩阵下智慧城市的空间溢出效应

	反距离矩阵		经济距离嵌套矩阵	
变量	ln ENYS	ln CO2S	ln ENYS	ln CO2S
DID	−0.014**	−0.028***	−0.016***	−0.029***
	(−2.31)	(−3.30)	(−2.86)	(−3.35)
W×DID	−0.135**	−0.420***	−0.134**	−0.401***
	(−2.03)	(−4.36)	(−2.30)	(−4.38)
rho	−0.962***	−3.627***	−2.751***	−3.614***
	(−94.28)	(−89.67)	(−151.56)	(−102.50)
样本量	3 878	3 878	3 878	3 878
R^2	0.062	0.327	0.063	0.317
控制变量	YES	YES	YES	YES
城市固定	YES	YES	YES	YES
时间固定	YES	YES	YES	YES

12.5　研究结论与政策启示

12.5.1　研究结论

智慧城市建设等新型基础设施建设已成为在中国经济高质量发展过程中实现节能减排的重要手段,本章在厘清智慧城市试点政策的节能减排的内在机理基础上,进而以是否实施智慧城市试点政策为准自然实验,运用 2007—2020 年中国 277 个城市的面板数据考察了是否实施智慧城市试点政策对城市节能减排的影响效应。本章研究结论如下。

(1) 智慧城市建设使节能效应提高 1.7%、减排效应降低 5.3%,这表明智慧城市试点政策的实施有利于节能减排的实现,该结论分别在进行安慰剂检验、双重差分倾向得分匹配法(PSM-DID)检验等多维情境下依旧稳健,这对中国实现绿色低碳发展具有较强的政策启示。不仅如此,智慧城市建设在影响城市节能减排过程中还具有显著的时间动态效应与空间溢出效应,即随着时间的推移,智慧城市试点政策的节能减排效应不断增强,且能够带动周边地区实现节能减排。

(2) 源头预防(产业结构)、过程控制(能源利用效率)、末端治理(绿色技术创新)等是智慧城市试点政策实现节能减排的有效路径,其中产业结构升级的作用较小。

(3) 智慧城市试点政策的节能减排效应具有显著的边际效应递增特征。

(4) 智慧城市试点政策的节能减排效应存在异质性。具体而言,智慧城市政策试点仅在中心城市、资源型城市、非老工业基地城市、高金融发展水平城市的节能减排效应更加显著。

12.5.2　政策启示

本章从绿色低碳经济的角度论证了智慧城市等新型基础设施建设对实现节能减排的重要性,这不仅充分考虑了在数字经济时代背景下城市如何通过数字化和智能化转型走向可持续发展的路径选择,而且丰富了智慧城市建设等新型基础设施建设对实现节能减排的相关研究。此外,为确保智慧城市试点政策能够更好地促进节能减排,本章提出如下政策启示。

1. 有序加大智慧城市的政策试点范围,充分释放智慧城市的节能减排效应

本章结论充分肯定了智慧城市试点政策的节能减排效应,因此,政府应积极参与智

慧城市试点政策的统筹规划与协调推进，遵循先试点后推广的渐进式改革模式，形成先试点城市以点带面带动后续城市扩散的智慧城市试点城市建设格局，最大限度地发挥智慧城市实现节能减排的规模效应和技术溢出效应。此外，应加大信息通信技术的投入力度，加快培育大数据、云计算等新兴数字技术与产业，推动数字技术与能源和环境领域的实时监测、融合和创新，优化总体布局和提高资源的配置效率，催生与节能、低碳领域相关的新技术、新业态、新产业，以发挥智慧城市提升能源利用效率、降低碳排放的赋能作用，为中国城市绿色低碳发展培育新动能。

2. 从全局系统观念推动节能减排协同

本章的作用机制结果表明智慧城市可通过源头预防（产业结构）、过程控制（能源利用效率）、末端治理（绿色技术创新）等实现节能减碳。因此，在实现节能减排协同过程中，需从源头预防、过程控制以及末端治理的全局角度系统地提高政策的节能减排效率。依托智慧城市试点政策的优势，不断推进产业结构优化。一是加快钢铁冶炼、石油开采等工业领域的低碳技术革新，严格落实高耗能、高排放项目的产能等量或减量置换。二是力推绿色低碳产业，加快环保材料、新能源、生物技术等战略性新兴产业的建设，推动智能网联汽车、风电、氢能等绿色低碳产业与新兴技术的深度融合，加速产业绿色低碳转型。此外，地方政府也应紧密结合政策导向，在节能减排等领域重点突破，尤其要渗透进智慧工业、智慧能源、智慧交通等领域，全面驱动各领域的能源利用效率提升与绿色技术创新。

3. 因地制宜精准施策，实施差异化智慧城市试点政策

本章的异质性结果表明，在中心城市、资源型城市、非老工业基地、高金融水平城市，政策试点的节能减排效果更加显著。因此，应充分考虑智慧城市试点政策对城市节能减排的异质性影响，实施有针对性的城市战略，发挥智慧城市在城市绿色低碳转型中的优势。具体而言，根据不同地区的工业特征、资源禀赋、城市行政分级和金融发展水平等因素，应实施差异化智慧城市试点政策，并进行动态管理。此外，针对老工业基地城市和资源型城市，应积极探索数字化转型路径，运用数字技术对传统产业进行全方位、全链条的改造，带动资源型产业低碳技术变革和数字化转型，破除结构性能源资源“诅咒”，不断释放智慧城市建设赋能城市绿色低碳转型的活力，从而实现老工业基地城市和资源型城市数字化转型与绿色发展的协调共生。而针对非中心城市和低金融水平城市，应充分利用智慧城市红利，实现城市绿色低碳发展。

12.5.3 研究局限与展望

本章的研究定量考察了智慧城市试点政策对节能减排的影响，但仍存在一定的局限性，值得进一步深入研究。首先，囿于数据的可得性，本章的研究仅停留在城市层面，并未涉及县域或者企业等更为细致的主体，未来将对此进行深入挖掘。其次，本章仅研究了智慧城市试点政策实施 8 年后对城市节能减排效应的影响，而政策实施效果需要一个更长周期的考察，方能对其效应做出更为客观的评估，因此，未来的研究重点将关注智慧城市试点政策的长期节能减排效应。此外，考虑在政策实施期间，可能存在类似或者相关政策，如低碳政策，未来将会进一步考虑政策协同的节能减排效应。最后，本研究在以往文献的基础上选取了一系列控制变量与中介变量，未来需深入挖掘其他潜在的决定因素与影响机制。

参考文献

[1] 许恒，张一林，曹雨佳. 数字经济、技术溢出与动态竞合政策[J]. 管理世界，2020(11)：63-84.

[2] 宋晓明，田泽，丁晨辉，等. 数字经济驱动中国高技术产业高质量发展——机制与路径研究[J]. 技术经济与管理研究，2022(6)：3-7.

[3] 王军，朱杰，罗茜. 中国数字经济发展水平及演变测度[J]. 数量经济技术经济研究，2021，38(7)：26-42.

[4] 裴长洪，倪江飞，李越. 数字经济的政治经济学分析[J]. 财贸经济，2018，39(9)：5-22.

[5] 刘丽，丁涛. 数字经济与产业绿色高质量发展——作用机制及区域异质研究[J]. 技术经济与管理研究，2022(3)：106-110.

[6] 林跃勤. 新兴国家数字经济发展与合作[J]. 深圳大学学报(人文社会科学版)，2017，34(4)：105-108.

[7] 曹正勇. 数字经济背景下促进我国工业高质量发展的新制造模式研究[J]. 理论探讨，2018(2)：99-104.

[8] 王彬燕，田俊峰，程利莎，等. 中国数字经济空间分异及影响因素[J]. 地理科学，2018，38(6)：859-868.

[9] 刘军，杨渊鋆，张三峰. 中国数字经济测度与驱动因素研究[J]. 上海经济研究，2020，32(6)：81-96.

[10] 刘传明，尹秀，王林杉. 中国数字经济发展的区域差异及分布动态演进[J]. 中国科技论坛，2020(3)：97-109.

[11] 焦帅涛，孙秋碧. 我国数字经济发展测度及其影响因素研究[J]. 调研世界，2021(7)：13-23.

[12] 黄群慧，余泳泽，张松林. 互联网发展与制造业生产率提升：内在机制与中国经验[J]. 中国工业经济，2019(8)：5-23.

[13] 郭峰，王靖一，王芳，等. 测度中国数字普惠金融发展：指数编制与空间特征[J]. 经济学(季刊)，2020，19(4)：1401-1418.

[14] 金芳，齐志豪，梁益琳. 大数据、金融集聚与绿色技术创新[J]. 经济与管理评论，2021，37(4)：97-112.

[15] 杨君，余雯雯，肖明月，等. 生产性服务业集聚、空间溢出效应与制造业资本回报率——基于中国城市空间面板模型的实证[J]. 浙江理工大学学报(社会科学版)，2021(5)：479-492.

[16] ELHORST J P. Matlab software for spatial panels[J]. International Regional Science Review，2014，37(3)：389-405.

[17] 何立峰. 深入贯彻新发展理念 推动中国经济迈向高质量发展[J]. 宏观经济管理，2018(4)：4-5，14.

[18] 潘桔，郑红玲. 区域经济高质量发展水平的测度与差异分析[J]. 统计与决策，2020，36(23)：102-106.

[19] 王珺. 以高质量发展推进新时代经济建设[J]. 南方经济，2017(10)：1-2.

[20] 刘友金，周健. "换道超车"：新时代经济高质量发展路径创新[J]. 湖南科技大学学报(社会科学版)，2018，21(1)：49-57.

[21] 金碚. 关于"高质量发展"的经济学研究[J]. 中国工业经济，2018(4)：5-18.

[22] 蒲晓晔，JARKO FIDRMUC. 中国经济高质量发展的动力结构优化机理研究[J]. 西北大学学报(哲学社会科学版)，2018，48(1)：113-118.

[23] 陈昌兵. 新时代我国经济高质量发展动力转换研究[J]. 上海经济研究，2018，30(5)：16-24，41.

[24] 段秀芳，沈敬轩. 粤港澳大湾区城市高质量发展评价及空间结构特征分析[J]. 统计与信息论坛，2021，36(5)：35-44.

[25] 任保平，王竹君，周志龙. 中国经济增长质量的国际比较[J]. 西安财经学院学报，2015，28(1)：42-49.

[26] 王薇，任保平. 我国经济增长数量与质量阶段性特征：1978—2014年[J]. 改革，2015(8)：48-58.

[27] 刘瑞，郭涛. 高质量发展指数的构建及应用——兼评东北经济高质量发展[J]. 东北大学学报(社会科学版)，2020，22(1)：31-39.

[28] 魏敏，李书昊. 新常态下中国经济增长质量的评价体系构建与测度[J]. 经济学家，2018(4)：19-26.

[29] 唐娟，秦放鸣，唐莎. 中国经济高质量发展水平测度与差异分析[J]. 统计与决策，2020，36(15)：5-8.

[30] 李辉. 大数据推动我国经济高质量发展的理论机理、实践基础与政策选择[J]. 经济学家，2019(3)：52-59.

[31] 华坚，胡金昕. 中国区域科技创新与经济高质量发展耦合关系评价[J]. 科技进步

与对策，2019，36(8)：19-27.

[32] 马茹，罗晖，王宏伟，等. 中国区域经济高质量发展评价指标体系及测度研究[J]. 中国软科学，2019(7)：60-67.

[33] 杜素生. 中国经济增长新动能指数测度与演化分析[J]. 技术经济与管理研究，2022(7)：25-30.

[34] 许宪春，任雪，常子豪. 大数据与绿色发展[J]. 中国工业经济，2019(4)：5-22.

[35] 解学梅,韩宇航. 本土制造业企业如何在绿色创新中实现"华丽转型"？——基于注意力基础观的多案例研究[J]. 管理世界,2022,38(3):76-106.

[36] 陈光亮，罗传建. 政府投入资金对高技术产业创新发展的影响研究[J]. 管理学报，2022，19(12)：1819-1827.

[37] 迈克尔·波特. 国家竞争优势[M].李明轩,邱如美,译.北京:华夏出版社,2002:9-19.

[38] GEREFFI G. International trade and industrial upgrading in the apparel commodity chain[J]. Journal of International Economics，1999，48(1)：37-70.

[39] ERNST D. Global production network and industrial upgrading-knowledge-centered approach[R]. East-West Center Working Paper：Economic Series，2001.

[40] HUMPHREY J，SCHMITZ H. Governance in global value chains[J]. IDS Bulletin，2001，32(3)：19-29.

[41] 郑涛，杨如雪. 高技术制造业的技术创新、产业升级与产业韧性[J]. 技术经济，2022，41(2)：1-14.

[42] BRESCHI S， MALERBA F， ORSENIGO L. Technological regimes and schumpeterian patterns of innovation[J]. The Economic Journal，2000，110(463)：388-410.

[43] KLEPPER S. Firm survival and the evolution of oligopoly[J]. The RAND Journal of Economics，2002，33(1)：37.

[44] 邓创，曹子雯. 金融结构市场化、技术创新与产业结构升级[J]. 西安交通大学学报(社会科学版)，2020，40(5)：20-29.

[45] 赵蓉，赵立祥，苏映雪. 国内价值链、产品间关联与制造业产业升级——基于要素禀赋视角的探析[J]. 山西财经大学学报，2021，43(2)：57-70.

[46] 谭志雄，罗佳惠，韩经纬. 比较优势、要素流动与产业低端锁定突破：基于"双循环"新视角[J]. 经济学家，2022(4)：45-57.

[47] 刘逸，张一帆，黄凯旋，等. 战略耦合影响下珠三角产业升级模式及测度[J]. 地理研究，2022，41(4)：1107-1121.

[48] CRESCENZI R，PIETROBELLI C，RABELLOTTI R. Corrigendum to:

innovation drivers, value chains and the geography of multinational corporations in Europe[J]. Journal of Economic Geography, 2014, 14(6):1053-1086.

[49] 刘宏笪. 双循环格局与产业科技创新的耦合协调分析[J]. 科学学研究, 2022, 40(7): 1328-1344.

[50] 朱晓武. 区块链技术驱动的商业模式创新: DIPNET 案例研究[J]. 管理评论, 2019, 31(7): 65-74.

[51] 袁徽文, 高波. 数字经济发展与高技术产业创新效率提升 ——基于中国省级面板数据的实证检验[J]. 科技进步与对策, 2022, 39(10): 61-71.

[52] 黄海清, 魏航. 我国高技术企业产业结构升级的影响研究[J]. 财经理论与实践, 2022, 43(1): 123-130.

[53] QIU Y, WANG H N, WU J J. Impact of industrial structure upgrading on green innovation: evidence from Chinese cities[J]. Environmental Science and Pollution Research, 2023, 30(2): 3887-3900.

[54] 冯文娜, 陈晗. 二元式创新对高技术企业组织韧性的影响——知识范围与知识平衡的调节作用[J]. 科学学与科学技术管理, 2022, 43(4): 117-135.

[55] 魏敏, 李书昊. 新时代中国经济高质量发展水平的测度研究[J]. 数量经济技术经济研究, 2018, 35(11): 3-20.

[56] 李维安, 孟乾坤. 高技术产业技术锁定及其升级路径 ——基于多元治理的视角[J]. 科学学与科学技术管理, 2021, 42(6): 114-140.

[57] 袁鹏, 唐欣, 彭文武, 等. 潜在创新要素协同的空间关联以及与长三角高新技术产业升级关系研究[J/OL]. 经济地理:1-14[2022-08-03].

[58] 王兆峰, 王梓瑛. 长江经济带生态福利绩效空间格局演化及影响因素研究——基于超效率 SBM 模型[J]. 长江流域资源与环境, 2021, 30(12): 2822-2832.

[59] 郭炳南, 唐利, 张浩. 环境规制与长江经济带生态福利绩效的空间效应研究[J]. 经济体制改革, 2021(3): 73-79.

[60] 王德春, 罗章. 环境政策影响下产业结构升级与生态福利绩效互动研究[J]. 预测, 2021, 40(3): 83-89.

[61] 赵涛, 张智, 梁上坤. 数字经济、创业活跃度与高质量发展——来自中国城市的经验证据[J]. 管理世界, 2020(10): 65-75.

[62] XU S, YANG C Y, HUANG Z H, et al. Interaction between digital economy and environmental pollution: new evidence from a spatial perspective [J]. International Journal of Environmental Research and Public Health, 2022, 19(9): 5074.

[63] 郭吉涛, 梁爽. 数字经济对中国全要素生产率的影响机理: 提升效应还是抑制效

果？[J]. 南方经济，2021(10)：9-27.

[64] TIAN X Y，ZHANG Y X，QU G H. The impact of digital economy on the efficiency of green financial investment in China's Provinces[J]. International Journal of Environmental Research and Public Health，2022，19(14)：8884.

[65] DALY H E. The world dynamics of economic growth：the economics of the steady state[J]. American Economic Review，1974，64(2)：15-23.

[66] 诸大建，张帅. 生态福利绩效与深化可持续发展的研究[J]. 同济大学学报(社会科学版)，2014，25(5)：106-115.

[67] 臧漫丹，诸大建，刘国平. 生态福利绩效：概念、内涵及G20实证[J]. 中国人口·资源与环境，2013，23(5)：118-124.

[68] 冯吉芳，袁健红. 中国区域生态福利绩效及其影响因素[J]. 中国科技论坛，2016(3)：100-105.

[69] DALY H E. Economics in a full world[J]. Scientific American，2005，293(3)：100-107.

[70] DIETZ T，ROSA E A，YORK R. Environmentally efficient well-being：is there a kuznets curve?[J]. Applied Geography，2012，32(1)：21-28.

[71] JORGENSON A K. Economic development and the carbon intensity of human well-being[J]. Nature Climate Change，2014，4：186-189.

[72] COMMON M. Measuring national economic performance without using prices[J]. Ecological Economics，2007，64(1)：92-102.

[73] 何林，陈欣. 基于生态福利的陕西省经济可持续发展研究[J]. 开发研究，2011，27(6)：24-28.

[74] 肖黎明，张仙鹏. 强可持续理念下绿色创新效率与生态福利绩效耦合协调的时空特征[J]. 自然资源学报，2019，34(2)：312-324.

[75] 龙亮军. 中国主要城市生态福利绩效评价研究——基于PCA-DEA方法和Malmquist指数的实证分析[J]. 经济问题探索，2019(2)：69-79.

[76] 郭炳南，卜亚. 长江经济带城市生态福利绩效评价及影响因素研究——以长江经济带110个城市为例[J]. 企业经济，2018:37(8)：30-37.

[77] 杜慧彬，黄立军，张辰，等. 中国省级生态福利绩效区域差异性分解和收敛性研究[J]. 生态经济，2019(3)：187-193.

[78] 方时姣，肖权. 中国区域生态福利绩效水平及其空间效应研究[J]. 中国人口·资源与环境，2019，29(3)：1-10.

[79] 洪银兴. 资源配置效率和供给体系的高质量[J]. 江海学刊，2018(5)：84-91.

[80] 荆文君，孙宝文. 数字经济促进经济高质量发展：一个理论分析框架[J]. 经济学

家，2019(2)：66-73.

[81] 国家互联网信息办公室. 数字中国发展报告(2020年)[EB/OL]. (2021-07-02)[2023-09-20]. https://www.cac.gov.cn/2021-06/28/c_1626464503226700.htm.

[82] 上官绪明，葛斌华. 数字金融、环境规制与经济高质量发展[J]. 现代财经(天津财经大学学报)，2021，41(10)：84-98.

[83] YILMAZ S，HAYNES K E，DINC M. Geographic and network neighbors：spillover effects of telecommunications infrastructure[J]. Journal of Regional Science，2002，42(2)：339-360.

[84] KELLER W. Trade and the transmission of technology[J]. Journal of Economic Growth，2002，7(1)：5-24.

[85] 边志强. 网络基础设施的溢出效应及作用机制研究[J]. 山西财经大学学报，2014，36(9)：72-80.

[86] 李天籽，王伟. 网络基础设施的空间溢出效应比较研究[J]. 华东经济管理，2018，32(12)：5-12.

[87] LIN J，YU Z，WEI Y D，et al. Internet access，spillover and regional development in China[J]. Sustainability，2017，9(6)：946.

[88] 张俊英，郭凯歌，唐红涛. 电子商务发展、空间溢出与经济增长——基于中国地级市的经验证据[J]. 财经科学，2019(3)：105-118.

[89] 韩长根，张力. 互联网是否改善了中国的资源错配——基于动态空间杜宾模型与门槛模型的检验[J]. 经济问题探索，2019(12)：43-55.

[90] 陈强远，林思彤，张醒. 中国技术创新激励政策：激励了数量还是质量[J]. 中国工业经济，2020(4)：79-96.

[91] 白俊红，陈新. 数字经济、空间溢出效应与区域创新效率[J]. 研究与发展管理，2022，34(6)：67-78.

[92] 伍红，郑家兴. 政府补助和减税降费对企业创新效率的影响——基于制造业上市企业的门槛效应分析[J]. 当代财经，2021(3)：28-39.

[93] 魏后凯，年猛，李玏. “十四五”时期中国区域发展战略与政策[J]. 中国工业经济，2020(5)：5-22.

[94] BAI J. On regional innovation efficiency：evidence from panel data of china's different provinces[J]. Regional Studies，2013，47(5)：773-788.

[95] 张凡. 区域创新效率与经济增长实证研究[J]. 中国软科学，2019(2)：155-162.

[96] 蔡跃洲，马文君. 数据要素对高质量发展影响与数据流动制约[J]. 数量经济技术经济研究，2021，38(3)：64-83.

[97] 兰海霞，赵雪雁. 中国区域创新效率的时空演变及创新环境影响因素[J]. 经济地

理，2020，40(2)：97-107.

[98] 杨骞，刘鑫鹏，孙淑惠. 中国科技创新效率的时空格局及收敛性检验[J]. 数量经济技术经济研究，2021，38(12)：105-123.

[99] TIAN Z P. Regional innovation efficiency of China and its influencing factors [C]//2009 IEEE International Conference on Grey Systems and Intelligent Services (GSIS 2009). November 10-12，2009，Nanjing，China. IEEE，2009：826-830.

[100] 马大来，陈仲常，王玲. 中国区域创新效率的收敛性研究：基于空间经济学视角[J]. 管理工程学报，2017，31(1)：71-78.

[101] 王钺，白俊红. 资本流动与区域创新的动态空间收敛[J]. 管理学报，2016，13(9)：1374-1382.

[102] 韩兆洲，程学伟. 中国省域 R&D 投入及创新效率测度分析[J]. 数量经济技术经济研究，2020，37(5)：98-117.

[103] CASTELLACCI F，ARCHIBUGI D. The technology clubs：the distribution of knowledge across nations[J]. Research Policy，2008，37(10)：1659-1673.

[104] 郑万腾，赵红岩，陈羽洁，等. 技术扩散能否成为区域创新效率提升的新动能——研发要素流动视角[J]. 科技进步与对策，2020，37(21)：56-63.

[105] 蒋仁爱，李冬梅，温军. 互联网发展水平对城市创新效率的影响研究[J]. 当代经济科学，2021，43(4)：77-89.

[106] 韩先锋，宋文飞，李勃昕. 互联网能成为中国区域创新效率提升的新动能吗[J]. 中国工业经济，2019(7)：119-136.

[107] 李雷，杨水利，陈娜. "互联网+"、技术异质性与创新效率——基于省际工业企业面板数据研究[J]. 中国地质大学学报(社会科学版)，2021，21(3)：125-141.

[108] 韩先锋，李勃昕，董明放. "互联网+"有助于加速区域创新效率收敛吗？[J]. 科研管理，2021，42(12)：167-174.

[109] FORÉS B，CAMISÓN C. Does incremental and radical innovation performance depend on different types of knowledge accumulation capabilities and organizational size? [J]. Journal of Business Research，2016，69(2)：831-848.

[110] SOVBETOV Y. Impact of digital economy on female employment：evidence from turkey[J]. International Economic Journal，2018，32(2)：256-270.

[111] 黄明凤，姚栋梅. 研发要素流动、空间溢出效应与区域创新效率——基于省际面板数据的空间杜宾模型分析[J]. 科研管理，2022，43(4)：149-157.

[112] CHEN Q，ZHANG Y B，CHEN L. A study of Internet development and enterprise financing in China[J]. Networks and Spatial Economics，2021，21

(3)：495-511.

[113] 岑聪. 互联网技术发展与中国创新效率的空间优化——兼论知识产权保护的门槛效应[J]. 会计与经济研究，2022，36(2)：94-111.

[114] 卞元超，吴利华，白俊红. 高铁开通是否促进了区域创新？[J]. 金融研究，2019(6)：132-149.

[115] WANG P，CEN C. Does digital economy development promote innovation efficiency? a spatial econometric approach for Chinese regions[J]. Technology Analysis & Strategic Management，2024，36(5)：931-945.

[116] ACEMOGLU D，RESTREPO P. The race between man and machine：implications of technology for growth，factor shares，and employment[J]. American Economic Review，2018，108(6)：1488-1542.

[117] 李宗显，杨千帆. 数字经济如何影响中国经济高质量发展[J]. 现代经济探讨，2021(7)：10-19.

[118] 韩先锋，刘娟，李勃昕."互联网+"驱动区域创新效率的异质动态效应研究[J]. 管理学报，2020，17(5)：715-724.

[119] 金环，于立宏. 数字经济、城市创新与区域收敛[J]. 南方经济，2021(12)：21-36.

[120] 郑万腾，赵红岩. 数字金融发展能驱动区域技术创新收敛吗？——来自中国284个城市的经验证据[J]. 当代经济科学，2021，43(6)：99-111.

[121] 安孟，张诚. 数字经济发展能否提升中国区域创新效率[J]. 西南民族大学学报(人文社会科学版)，2021，42(12)：99-108.

[122] 郭家堂，骆品亮. 互联网对中国全要素生产率有促进作用吗[J]. 管理世界，2016(10)：34-49.

[123] 刘丽. 中国高技术产业高质量发展路径研究——以产业链为视角[J]. 技术经济与管理研究，2021(11)：25-29.

[124] DON T. The digital economy：promise and peril in the age of networked intelligence[M]. New York：McGraw-Hill，1996.

[125] CLIFTON N，FüZI A，LOUDON G. Coworking in the digital economy：Context，motivations，and outcomes[J]. Futures，2022，135：102439.

[126] 余文涛，吴士炜. 互联网平台经济与正在缓解的市场扭曲[J]. 财贸经济，2020，41(5)：146-160.

[127] 王梦菲，张昕蔚. 数字经济时代技术变革对生产过程的影响机制研究[J]. 经济学家，2020(1)：52-58.

[128] 莎拉·凯斯勒. 零工经济：传统职业的终结和工作的未来[M]. 刘雁，译. 北京：机械工业出版社，2019.

[129] ZHANG Y F, MA S Y, YANG H D, et al. A big data driven analytical framework for energy-intensive manufacturing industries[J]. Journal of Cleaner Production, 2018, 197: 57-72.

[130] BANALIEVA E R, DHANARAJ C. Internalization theory for the digital economy[J]. Journal of International Business Studies, 2019, 50(8): 1372-1387.

[131] 潘彪，黄征学. 新发展格局下长三角地区制造业高质量发展的路径——基于产业分工合作的视角[J]. 上海商学院学报，2021，22(3)：78-89.

[132] SASIKUMAR S K, SERSIA K. Digital platform economy: overview, emerging trends and policy perspectives[J]. Productivity, 2021, 61(3): 336-347.

[133] 郭东杰，周立宏，陈林. 数字经济对产业升级与就业调整的影响[J]. 中国人口科学，2022(3)：99-110.

[134] BALSMEIER B, WOERTER M. Is this time different? How digitalization influences job creation and destruction[J]. Research Policy, 2019, 48(8): 103765.

[135] 董雪兵，潘登，池若楠. 工业机器人如何重塑中国就业结构[J]. 经济学动态，2022(12)：51-66.

[136] FREY C B, OSBORNE M A. The future of employment: how susceptible are jobs to computerisation? [J]. Technological Forecasting and Social Change, 2017, 114: 254-280.

[137] KEYNES J M. Economic Possibilities for our grandchildren[M]. London: Palgrave Macmillan UK, 2010: 321-332[2022-10-02].

[138] LEONTIEF W. Machines and man[J]. Scientific American, 1952, 187(3): 150-160.

[139] PANTEA S, SABADASH A, BIAGI F. Are ICT displacing workers in the short run? Evidence from seven european countries[J]. Information Economics and Policy, 2017, 39: 36-44.

[140] 孔高文，刘莎莎，孔东民. 机器人与就业——基于行业与地区异质性的探索性分析[J]. 中国工业经济，2020(8)：80-98.

[141] 王晓娟，朱喜安，王颖. 工业机器人应用对制造业就业的影响效应研究[J]. 数量经济技术经济研究，2022，39(4)：88-106.

[142] 李磊，王小霞，包群. 机器人的就业效应：机制与中国经验[J]. 管理世界，2021(9)：104-118.

[143] DAVID B. Computer technology and probable job destructions in Japan: an evaluation[J]. Journal of the Japanese and International Economies, 2017, 43:

77-87.

［144］ 孙早，侯玉琳. 工业智能化如何重塑劳动力就业结构[J]. 中国工业经济，2019(5)：61-79.

［145］ BERG A，BUFFIE E F，ZANNA L F. Should we fear the robot revolution? (The correct answer is yes)[J]. Journal of Monetary Economics，2018，97：117-148.

［146］ LORDAN G，NEUMARK D. People versus machines：The impact of minimum wages on automatable jobs[J]. Labour Economics，2018，52：40-53.

［147］ MICHAELS G，NATRAJ A，VAN REENEN J. Has ICT polarized skill demand? evidence from eleven countries over twenty-five years[J]. The Review of Economics and Statistics，2014，96(1)：60-77.

［148］ DIXON J，HONG B，WU L. The robot revolution：managerial and employment consequences for firms[J]. Management Science，2021，67(9)：5586-5605.

［149］ ACEMOGLU D，RESTREPO P. Low-skill and high-skill automation [J]. Journal of Human Capital，2018，12(2)：204-232.

［150］ 胡拥军，关乐宁. 数字经济的就业创造效应与就业替代效应探究[J]. 改革，2022(4)：42-54.

［151］ LAUDIEN S M，PESCH R. Understanding the influence of digitalization on service firm business model design：a qualitative-empirical analysis[J]. Review of Managerial Science，2019，13(3)：575-587.

［152］ 龚玉泉，袁志刚. 中国经济增长与就业增长的非一致性及其形成机理[J]. 经济学动态，2002(10)：35-39.

［153］ ZHOU G S，CHU G S，LI L X，et al. The effect of artificial intelligence on China's labor market[J]. China Economic Journal，2020，13(1)：24-41.

［154］ 陈秋霖，许多，周羿. 人口老龄化背景下人工智能的劳动力替代效应——基于跨国面板数据和中国省级面板数据的分析[J]. 中国人口科学，2018(6)：30-42.

［155］ AGHION P，JONES B F，JONES C I. Artificial intelligence and economic growth[R]. NBER Working Paper，2017，23928.

［156］ BESSEN J. AI and jobs：the role of demand[R]. NBER Working Paper，2018，24235.

［157］ GAGGL P，WRIGHT G C. A short-Run view of what computers do：evidence from a UK tax incentive[J]. American Economic Journal：Applied Economics，2017，9(3)：262-294.

[158] BESSEN J. Automation and jobs：when technology boosts employment[J]. Economic Policy，2019，34(100)：589-626.

[159] ACEMOGLU D，RESTREPO P. Automation and new tasks：how technology displaces and reinstates labor[J]. Journal of Economic Perspectives，2019，33(2)：3-30.

[160] RAGETH L，RENOLD U. The linkage between the education and employment systems：ideal types of vocational education and training programs[J]. Journal of Education Policy，2020，35(4)：503-528.

[161] KUMBHAKAR S C，PARMETER C F. The effects of match uncertainty and bargaining on labor market outcomes：evidence from firm and worker specific estimates[J]. Journal of Productivity Analysis，2009，31(1)：1-14.

[162] 韩民春，韩青江，夏蕾. 工业机器人应用对制造业就业的影响——基于中国地级市数据的实证研究[J]. 改革，2020(3)：22-39.

[163] 邝嫦娥，李文意，黄小丝. 长江中游城市群碳排放强度与经济高质量发展耦合协调的时空演变及驱动因素[J]. 经济地理，2022，42(8)：30-40.

[164] 徐维祥，周建平，刘程军. 数字经济发展对城市碳排放影响的空间效应[J]. 地理研究，2022，41(1)：111-129.

[165] 杨学成，涂科. 出行共享中的用户价值共创机理——基于优步的案例研究[J]. 管理世界，2017(8)：154-169.

[166] 周文辉，杨苗，王鹏程，等. 赋能、价值共创与战略创业：基于韩都与芬尼的纵向案例研究[J]. 管理评论，2017，29(7)：258-272.

[167] BLOOM P，DEES G. Cultivate your ecosystem[J]. Stanford Social Innovation Review，2008，6(1)：47-53.

[168] 杨伟，周青，方刚. 产业创新生态系统数字转型的试探性治理——概念框架与案例解释[J]. 研究与发展管理，2020，32(6)：13-25.

[169] 王一晨. 运用工业互联网推动中国制造业转型升级[J]. 中州学刊，2019(4)：26-30.

[170] 权锡鉴，史晓洁，宋晓缤，等. 资本配置结构优化的企业混合所有制：工业互联网平台的赋能机理与本质[J]. 会计研究，2020(12)：99-112.

[171] 何小龙，李君，周勇，等. 工业互联网平台应用现状及发展对策[J]. 科技管理研究，2021，41(10)：132-137.

[172] 李君，邱君降，柳杨，等. 工业互联网平台评价指标体系构建与应用研究[J]. 中国科技论坛，2018(12)：70-86.

[173] 魏津瑜，马骏. 数据治理视角下的工业互联网发展对策研究[J]. 科学管理研究，

2020，38(6)：58-63.

[174] MATT C，HESS T，BENLIAN A. Digital transformation strategies[J]. Business & Information Systems Engineering，2015，57(5)：339-343.

[175] CHANIAS S，MYERS M D，HESS T. Digital transformation strategy making in pre-digital organizations：the case of a financial services provider[J]. The Journal of Strategic Information Systems，2019，28(1)：17-33.

[176] 吕文晶，陈劲，刘进. 智能制造与全球价值链升级——海尔 COSMOPlat 案例研究[J]. 科研管理，2019，40(4)：145-156.

[177] 倪嘉成，李华晶，林汉川. 人力资本、知识转移绩效与创业企业成长——基于互联网情境的跨案例研究[J]. 研究与发展管理，2018，30(1)：47-59.

[178] 邵帅，范美婷，杨莉莉. 经济结构调整、绿色技术进步与中国低碳转型发展——基于总体技术前沿和空间溢出效应视角的经验考察[J]. 管理世界，2022(2)：46-69.

[179] LIN S F，XIAO L，WANG X J. Does air pollution hinder technological innovation in China? A perspective of innovation value chain[J]. Journal of Cleaner Production，2021，278：123326.

[180] 韩超，陈震，王震. 节能目标约束下企业污染减排效应的机制研究[J]. 中国工业经济，2020(10)：43-61.

[181] 孙伟增，张晓楠，郑思齐. 空气污染与劳动力的空间流动——基于流动人口就业选址行为的研究[J]. 经济研究，2019，54(11)：102-117.

[182] CHANG T，GRAFF ZIVIN J，GROSS T，et al. Particulate pollution and the productivity of pear packers[J]. American Economic Journal：Economic Policy，2016，8(3)：141-169.

[183] EBENSTEIN A，FAN M，GREENSTONE M，et al. New evidence on the impact of sustained exposure to air pollution on life expectancy from China's Huai River Policy[J]. Proceedings of the National Academy of Sciences，2017，114(39)：10384-10389.

[184] 马永强，赵良凯，杨华悦，等. 空气污染与企业绿色创新——基于我国重污染行业 A 股上市公司的经验证据[J]. 产业经济研究，2021(6)：116-128.

[185] 张帆，姚树洁，汪锋. 高速铁路与城市环境污染——基于中国 285 个城市面板数据的分析[J]. 重庆大学学报(社会科学版)，2023，29(1)：24-37.

[186] 陶锋，赵锦瑜，周浩. 环境规制实现了绿色技术创新的“增量提质”吗——来自环保目标责任制的证据[J]. 中国工业经济，2021(2)：136-154.

[187] 魏冬，冯采. 空气污染对地区科技创新水平的影响研究——基于专利授权大数

据的证据[J]. 南方经济，2021(8)：112-134.

[188] WEI L Y，LIU Z. Air pollution and innovation performance of Chinese cities：human capital and labour cost perspective[J]. Environmental Science and Pollution Research International，2022，29(45)：67997-68015.

[189] 朱承亮，刘瑞明，王宏伟. 专利密集型产业绿色创新绩效评估及提升路径[J]. 数量经济技术经济研究，2018，35(4)：61-79.

[190] 罗能生，徐铭阳，王玉泽. 空气污染会影响企业创新吗？[J]. 经济评论，2019(1)：19-32.

[191] LONG X L，CHEN Y Q，DU J G，et al. Environmental innovation and its impact on economic and environmental performance：Evidence from Korean-owned firms in China[J]. Energy Policy，2017，107：131-137.

[192] 罗进辉，巫奕龙. 空气污染会倒逼企业进行绿色创新吗？[J]. 系统工程理论与实践，2023，43(2)：321-349.

[193] WANG C，LIAO H，PAN S Y，et al. The fluctuations of China's energy intensity：biased technical change[J]. Applied Energy，2014，135：407-414.

[194] GUNDERSON R，YUN S J. South Korean green growth and the Jevons paradox：an assessment with democratic and degrowth policy recommendations[J]. Journal of Cleaner Production，2017，144：239-247.

[195] 罗勇根，杨金玉，陈世强. 空气污染、人力资本流动与创新活力——基于个体专利发明的经验证据[J]. 中国工业经济，2019(10)：99-117.

[196] XU X，SYLWESTER K. Environmental quality and international migration[J]. Kyklos，2016，69(1)：157-180.

[197] 李卫兵，张凯霞. 空气污染对企业生产率的影响——来自中国工业企业的证据[J]. 管理世界，2019，35(10)：95-112，119.

[198] 蔡渊渊，綦良群，张毅，等. 自主技术创新还是技术引进：范式选择与资源优化配置[J]. 中国科技论坛，2021(8)：22-32.

[199] XU M，QIN Z F，ZHANG S H，et al. Health and economic benefits of clean air policies in China：a case study for Beijing-Tianjin-Hebei region[J]. Environmental Pollution，2021，285：117525.

[200] CARNEIRO J，COLE M A，STROBL E. The effects of air pollution on students' cognitive performance：evidence from brazilian university entrance tests[J]. Journal of the Association of Environmental and Resource Economists，2021，8(6)：1051-1077.

[201] 张广来，张宁. 健康中国战略背景下空气污染的心理健康效应[J]. 中国人口·

资源与环境，2022，32(2)：15-25.

[202] 赵红军，刘晓敏，陶欣洁. 空气污染对劳动供给时间的时空影响——基于全国劳动力动态调查数据的经验证据[J]. 经济学动态，2021(11)：76-90.

[203] 李丁，张艳，马双，等. 大气污染的劳动力区域再配置效应和存量效应[J]. 经济研究，2021，56(5)：127-143.

[204] 杜威剑，李梦洁. 环境规制对企业产品创新的非线性影响[J]. 科学学研究，2016，34(3)：462-470.

[205] HOLMES T J，SCHMITZ J A JR. Competition and productivity：a review of evidence[J]. annual review of economics，2010，2：619-642.

[206] FANG D，WANG Q G，LI H M，et al. Mortality effects assessment of ambient PM2.5 pollution in the 74 leading cities of China[J]. Science of the Total Environment，2016，569：1545-1552.

[207] 张旭，张婕，樊耘. 基于认知评价角度的奖励与创新绩效关系研究——情感状态与认知资源的调节作用[J]. 南开管理评论，2017，20(5)：144-154.

[208] HAMAMOTO M. Environmental regulation and the productivity of Japanese manufacturing industries[J]. Resource and Energy Economics，2006，28(4)：299-312.

[209] 范德成，吴晓琳. 中国工业绿色技术创新动力评价及时空格局演化研究[J]. 科技进步与对策，2022，39(1)：78-88.

[210] ARIMURA T H，HIBIKI A，JOHNSTONE N. An empirical study of environmental R & D：what encourages facilities to be environmentally friendly?[J]. Environmental Policy and Corporate Behaviour，2007(32)：142-173.

[211] 张迩瀚. 论基础专利之改进技术保护路径的完善——以确立反向等同原则为视角[J]. 科技进步与对策，2022，39(5)：136-142.

[212] 沈可，李雅凝. 中国的人口老龄化如何影响科技创新？——基于系统 GMM 方法与动态面板门槛模型的经验证据[J]. 人口研究，2021，45(4)：100-113.

[213] 李勃昕，韩先锋，李宁. 知识产权保护是否影响了中国 OFDI 逆向创新溢出效应？[J]. 中国软科学，2019(3)：46-60.

[214] 唐松，伍旭川，祝佳. 数字金融与企业技术创新——结构特征、机制识别与金融监管下的效应差异[J]. 管理世界，2020(5)：52-66.

[215] GUO W，DAI H J，LIU X R. Impact of different types of environmental regulation on employment scale：an analysis based on perspective of provincial heterogeneity[J]. Environmental Science and Pollution Research，2020，27(36)：45699-45711.

[216] BERMAN E, BUI L T M. Environmental regulation and labor demand: evidence from the South Coast Air Basin[J]. Journal of Public Economics, 2001, 79(2): 265-295.

[217] GREENSTONE M. The impacts of environmental regulations on industrial activity: evidence from the 1970 and 1977 clean air act amendments and the census of manufactures[J]. Journal of Political Economy, 2002, 110(6): 1175-1219.

[218] KAHN M E, MANSUR E T. Do local energy prices and regulation affect the geographic concentration of employment? [J]. Journal of Public Economics, 2013, 101: 105-114.

[219] WALKER W R. Environmental regulation and labor reallocation: evidence from the clean air act [J]. American Economic Review, 2011, 101 (3): 442-447.

[220] BEZDEK R H, WENDLING R M, DIPERNA P. Environmental protection, the economy, and jobs: national and regional analyses [J]. Journal of Environmental Management, 2008, 86(1): 63-79.

[221] COLE M A, ELLIOTT R J R. Determining the trade-environment composition effect: the role of capital, labor and environmental regulations[J]. Journal of Environmental Economics and Management, 2003, 46(3): 363-383.

[222] BELOVA A, GRAY W B, LINN J, et al. Estimating the job impacts of environmental regulation [J]. Journal of Benefit-Cost Analysis, 2015, 6(2): 325-340.

[223] YAMAZAKI A. Jobs and climate policy: evidence from British Columbia's revenue-neutral carbon tax [J]. Journal of Environmental Economics and Management, 2017, 83: 197-216.

[224] LI H L, ZHU X H, CHEN J Y, et al. Environmental regulations, environmental governance efficiency and the green transformation of China's iron and steel enterprises[J]. Ecological Economics, 2019, 165: 106397.

[225] RAFF Z, EARNHART D. The effects of clean water act enforcement on environmental employment[J]. Resource and Energy Economics, 2019, 57: 1-17.

[226] COLE M A, ELLIOTT R J R, WU S S. Industrial activity and the environment in China: an industry-level analysis[J]. China Economic Review, 2008, 19(3): 393-408.

［227］ 刘巧玲，王奇，刘勇．经济增长、国际贸易与污染排放的关系研究——基于美国和中国 SO_2 排放的实证分析［J］．中国人口·资源与环境，2012，22(5)：170-176.

［228］ PORTER M E. America's green strategy［J］. Scientific American，1991，264(4)：168.

［229］ DAI L H，MU X R，LEE C C，et al. The impact of outward foreign direct investment on green innovation：the threshold effect of environmental regulation［J］. Environmental Science and Pollution Research，2021，28(26)：34868-34884.

［230］ SONG Y，YANG T T，ZHANG M. Research on the impact of environmental regulation on enterprise technology innovation-an empirical analysis based on Chinese provincial panel data［J］. Environmental Science and Pollution Research International，2019，26(21)：21835-21848.

［231］ LI M J，DU W J. The impact of environmental regulation on the employment of enterprises：an empirical analysis based on scale and structure effects［J］. Environmental Science and Pollution Research International，2022，29(15)：21705-21716.

［232］ SHAO S，HU Z G，CAO J H，et al. Environmental regulation and enterprise innovation：a review［J］. Business Strategy and the Environment，2020，29(3)：1465-1478.

［233］ KNELLER R，MANDERSON E. Environmental regulations and innovation activity in UK manufacturing industries［J］. Resource and Energy Economics，2012，34(2)：211-235.

［234］ WALKER W R. The transitional costs of sectoral reallocation：evidence from the clean air act and the workforce［J］. The Quarterly Journal of Economics，2013，128(4)：1787-1835.

［235］ DISSOU Y，SUN Q. GHG mitigation policies and employment：a CGE analysis with wage rigidity and application to Canada［J］. Canadian Public Policy，2013，39(2)：53-65.

［236］ 周五七，陶靓．环境规制影响中国劳动力就业的区域异质性——基于产业结构门槛效应的实证检验［J］．西部论坛，2020，30(1)：100-110.

［237］ 谢乔昕．环境规制、绿色金融发展与企业技术创新［J］．科研管理，2021，42(6)：65-72.

［238］ 李强，丁春林．环境规制、空间溢出与产业升级——来自长江经济带的例证［J］．

重庆大学学报(社会科学版),2019,25(1):17-28.

[239] 孙文远，周寒. 环境规制对就业结构的影响——基于空间计量模型的实证分析[J]. 人口与经济，2020(3)：106-122.

[240] 缪陆军，陈静，范天正，等. 数字经济发展对碳排放的影响——基于278个地级市的面板数据分析[J]. 南方金融，2022(2)：45-57.

[241] 张华，丰超. 创新低碳之城：创新型城市建设的碳排放绩效评估[J]. 南方经济，2021(3)：36-53.

[242] SHI K F，CHEN Y，LI L Y，et al. Spatiotemporal variations of urban CO_2 emissions in China：a multiscale perspective[J]. Applied Energy，2018，211：218-229.

[243] MIAO Z，BALEZENTIS T，TIAN Z H，et al. Environmental performance and regulation effect of China's atmospheric pollutant emissions：evidence from "three regions and ten urban agglomerations"[J]. Environmental and Resource Economics，2019，74(1)：211-242.

[244] 张腾，蒋伏心，韦朕韬. 数字经济能否成为促进我国经济高质量发展的新动能?[J]. 经济问题探索，2021(1)：25-39.

[245] 中国信息通信研究院. 中国数字经济发展白皮书(2021年)[EB/OL]. (2021-04)[2023-9-20]. http://www.caict.ac.cn/kxyj/qwfb/bps/202104/P020210424737615413306.pdf.

[246] YANG X D，WU H T，REN S Y，et al. Does the development of the Internet contribute to air pollution control in China? Mechanism discussion and empirical test[J]. Structural Change and Economic Dynamics，2021，56：207-224.

[247] SALAHUDDIN M，ALAM K. Internet usage，electricity consumption and economic growth in Australia：a time series evidence[J]. Telematics and Informatics，2015，32(4)：862-878.

[248] 邬彩霞，高媛. 数字经济驱动低碳产业发展的机制与效应研究[J]. 贵州社会科学，2020，371(11)：155-161.

[249] 谢云飞. 数字经济对区域碳排放强度的影响效应及作用机制[J]. 当代经济管理，2022，44(2)：68-78.

[250] 苏科，周超. 人力资本、科技创新与绿色全要素生产率——基于长江经济带城市数据分析[J]. 经济问题，2021(5)：71-79.

[251] 郭丰，杨上广，任毅. 数字经济、绿色技术创新与碳排放——来自中国城市层面的经验证据[J]. 陕西师范大学学报(哲学社会科学版)，2022，51(3)：45-60.

[252] WANG J D，DONG K Y，DONG X C，et al. Assessing the digital economy and

its carbon-mitigation effects: the case of China[J]. Energy Economics, 2022, 113: 106198.

[253] LYU X Y. The impact of the digital economy on carbon emissions: evidence from China[J]. Journal of Empirical Studies, 2022, 9(1): 15-23.

[254] CHEN L J. How CO_2 emissions respond to changes in government size and level of digitalization? Evidence from the BRICS countries[J]. Environmental Science and Pollution Research, 2022, 29(1): 457-467.

[255] LI Z G, WANG J. The dynamic impact of digital economy on carbon emission reduction: evidence city-level empirical data in China[J]. Journal of Cleaner Production, 2022, 351: 131570.

[256] WANG J D, DONG X C, DONG K Y. How digital industries affect China's carbon emissions? Analysis of the direct and indirect structural effects[J]. Technology in Society, 2022, 68: 101911.

[257] XUE Y, TANG C, WU H T, et al. The emerging driving force of energy consumption in China: does digital economy development matter? [J]. Energy Policy, 2022, 165: 112997.

[258] MOYER J D, HUGHES B B. ICTs: do they contribute to increased carbon emissions? [J]. Technological Forecasting and Social Change, 2012, 79(5): 919-931.

[259] ZHANG W, LIU X M, WANG D, et al. Digital economy and carbon emission performance: evidence at China's city level[J]. Energy Policy, 2022, 165: 112927.

[260] ZHOU D, ZHANG X R, WANG X Q. Research on coupling degree and coupling path between China's carbon emission efficiency and industrial structure upgrading [J]. Environmental Science and Pollution Research International, 2020, 27(20): 25149-25162.

[261] LIU L W, CHEN C X, ZHAO Y F, et al. China's carbon-emissions trading: overview, challenges and future[J]. Renewable and Sustainable Energy Reviews, 2015, 49: 254-266.

[262] HE Y Z, SONG W. Analysis of the impact of carbon trading policies on carbon emission and carbon emission efficiency[J]. Sustainability, 2022, 14(16): 10216.

[263] KLOPPENBURG S, BOEKELO M. Digital platforms and the future of energy provisioning: promises and perils for the next phase of the energy transition [J]. Energy Research & Social Science, 2019, 49: 68-73.

[264] CHEN Q, GAO X, XIE S, et al. On the predictability of China macro indicator

with carbon emissions trading[J]. Energies, 2021, 14(5): 1271.

[265] MI Z F, PAN S Y, YU H, et al. Potential impacts of industrial structure on energy consumption and CO_2 emission: a case study of Beijing[J]. Journal of Cleaner Production, 2015, 103: 455-462.

[266] MARKANDYA A, ARTO I, GONZÁLEZ-EGUINO M, et al. Towards a green energy economy? Tracking the employment effects of low-carbon technologies in the European Union [J]. Applied Energy, 2016, 179: 1342-1350.

[267] SCHULTES A, LEIMBACH M, LUDERER G, et al. Optimal international technology cooperation for the low-carbon transformation[J]. Climate Policy, 2018, 18(9): 1165-1176.

[268] VAN DEN BUUSE D, KOLK A. An exploration of smart city approaches by international ICT firms [J]. Technological Forecasting and Social Change, 2019, 142: 220-234.

[269] CARLSSON B. The digital economy: what is new and what is not? [J]. Structural Change and Economic Dynamics, 2004, 15(3): 245-264.

[270] PAN W R, XIE T, WANG Z W, et al. Digital economy: an innovation driver for total factor productivity[J]. Journal of Business Research, 2022, 139: 303-311.

[271] WANG Y H, WEN Z G, CAO X, et al. Is information and communications technology effective for industrial energy conservation and emission reduction? Evidence from three energy-intensive industries in China[J]. Renewable and Sustainable Energy Reviews, 2022, 160: 112344.

[272] WANG H L, GUO J G. Impacts of digital inclusive finance on CO_2 emissions from a spatial perspective: evidence from 272 cities in China[J]. Journal of Cleaner Production, 2022, 355: 131618.

[273] WANG X, WANG X, REN X H, et al. Can digital financial inclusion affect CO_2 emissions of China at the prefecture level? Evidence from a spatial econometric approach[J]. Energy Economics, 2022, 109: 105966.

[274] LI X Y, LIU J, NI P J. The impact of the digital economy on CO_2 emissions: a theoretical and empirical analysis[J]. Sustainability, 2021, 13(13): 7267.

[275] 康鹏辉，茹少峰. 环境规制的绿色创新双边效应[J]. 中国人口·资源与环境，2020，30(10)：93-104.

[276] 邵帅，李欣，曹建华，等. 中国雾霾污染治理的经济政策选择——基于空间溢出

效应的视角[J]. 经济研究，2016，51(9)：73-88.

[277] REN S Y，HAO Y，XU L，et al. Digitalization and energy：how does Internet development affect China's energy consumption? [J]. Energy Economics，2021，98：105220.

[278] WU H T，HAO Y，WENG J H. How does energy consumption affect China's urbanization? New evidence from dynamic threshold panel models[J]. Energy Policy，2019，127：24-38.

[279] LIU J，ZHENG Y X，GENG G N，et al. Decadal changes in anthropogenic source contribution of PM2. 5 pollution and related health impacts in China，1990-2015[J]. Atmospheric Chemistry and Physics，2020，20(13)：7783-7799.

[280] OZTURK I. Sustainability in the food-energy-water nexus：evidence from BRICS (Brazil，the Russian Federation，India，China，and South Africa) countries[J]. Energy，2015，93：999-1010.

[281] ZHANG Q Y，ZHU J X，MULDER J，et al. High environmental costs behind rapid economic development：Evidence from economic loss caused by atmospheric acid deposition[J]. Journal of Environmental Management，2023，334：117511.

[282] ZHENG H T，ZHAO B，WANG S X，et al. Transition in source contributions of PM2. 5 exposure and associated premature mortality in China during 2005 - 2015[J]. Environment International，2019，132：105111.

[283] 国家统计局. 中华人民共和国 2022 年国民经济和社会发展统计公报[EB/OL]. (2023-2-28) [2023-12-03]. http://www.gov.cn/shuju/2023-02/28/content_5743623.htm.

[284] ZHENG J L，MI Z F，COFFMAN D. et al. Regional development and carbon emissions in China[J]. Energy Economics，2019，81：25-36.

[285] IEA. World Energy Outlook 2022[EB/OL]. (2022-10)[2023-12-05]. https://www.iea.org/reports/world-energy-outlook-2022.

[286] WU H T，XUE Y，HAO Y，et al. How does Internet development affect energy-saving and emission reduction? Evidence from China [J]. Energy Economics，2021，103：105577.

[287] HU J，HU M J，ZHANG H. Has the construction of ecological civilization promoted green technology innovation? [J]. Environmental Technology & Innovation，2023，29：102960.

[288] ANG B W. Decomposition analysis for policymaking in energy：which is the

preferred method? [J]. Energy Policy, 2004, 32(9): 1131-1139.

[289] LU S M, LU C, TSENG K T, et al. Energy-saving potential of the industrial sector of Taiwan[J]. Renewable and Sustainable Energy Reviews, 2013, 21: 674-683.

[290] WEN Z G, CHEN M, MENG F X. Evaluation of energy saving potential in China's cement industry using the Asian-Pacific Integrated Model and the technology promotion policy analysis[J]. Energy Policy, 2015, 77: 227-237.

[291] ZHANG Y J, HAO J F, SONG J. The CO_2 emission efficiency, reduction potential and spatial clustering in China's industry: evidence from the regional level[J]. Applied Energy, 2016, 174: 213-223.

[292] HUANG P, LIU Y. Renewable energy development in China: spatial clustering and socio-spatial embeddedness[J]. Current Sustainable/Renewable Energy Reports, 2017, 4(2): 38-43.

[293] WANG J X, AN Q, ZHAO Y, et al. Role of electrolytic hydrogen in smart city decarbonization in China[J]. Applied Energy, 2023, 336: 120699.

[294] LIU K, LIN B Q. Research on influencing factors of environmental pollution in China: a spatial econometric analysis[J]. Journal of Cleaner Production, 2019, 206: 356-364.

[295] BERNSTEIN R, MADLENER R. Impact of disaggregated ICT capital on electricity intensity in European manufacturing[J]. Applied Economics Letters, 2010, 17(17): 1691-1695.

[296] ISHIDA H. The effect of ICT development on economic growth and energy consumption in Japan[J]. Telematics and Informatics, 2015, 32(1): 79-88.

[297] ZHANG J P, CHENG M W, WEI X Y, et al. Internet use and the satisfaction with governmental environmental protection: evidence from China[J]. Journal of Cleaner Production, 2019, 212: 1025-1035.

[298] YU Y T, ZHANG N. Does smart city policy improve energy efficiency? Evidence from a quasi-natural experiment in China[J]. Journal of Cleaner Production, 2019, 229: 501-512.

[299] NIU Z C, CHEN J S, XU L L, et al. Application of the environmental internet of things on monitoring PM2.5 at a coastal site in the urbanizing region of southEast China[J]. International Journal of Sustainable Development & World Ecology, 2013, 20(3): 231-237.

[300] SALAHUDDIN M, ALAM K. Information and communication technology,

electricity consumption and economic growth in OECD countries: a panel data analysis[J]. International Journal of Electrical Power & Energy Systems, 2016, 76: 185-193.

[301] SAIDI K, TOUMI H, ZAIDI S. Impact of information communication technology and economic growth on the electricity consumption: empirical evidence from 67 countries[J]. Journal of the Knowledge Economy, 2017, 8 (3): 789-803.

[302] CHENG J H, YI J H, DAI S, et al. Can low-carbon city construction facilitate green growth? Evidence from China's pilot low-carbon city initiative[J]. Journal of Cleaner Production, 2019, 231: 1158-1170.

[303] WU Y, SHEN L Y, SHUAI C Y, et al. Key driving forces on the development of low carbon city (LCC) in China[J]. Ecological Indicators, 2021, 124: 107379.

[304] YU Y T, ZHANG N. Low-carbon city pilot and carbon emission efficiency: quasi-experimental evidence from China[J]. Energy Economics, 2021, 96: 105125.

[305] SHIN K. Environmental policy innovations in China: a critical analysis from a low-carbon city[J]. Environmental Politics, 2018, 27(5): 830-851.

[306] HUANG J R, SHEN J, MIAO L, et al. The effects of emission trading scheme on industrial output and air pollution emissions under city heterogeneity in China[J]. Journal of Cleaner Production, 2021, 315: 128260.

[307] LV C C, SONG J, LEE C C. Can digital finance narrow the regional disparities in the quality of economic growth? Evidence from China[J]. Economic Analysis and Policy, 2022, 76: 502-521.

[308] YOKOO H F, ARIMURA T H, CHATTOPADHYAY M, et al. Subjective risk belief function in the field: evidence from cooking fuel choices and health in India[J]. Journal of Development Economics, 2023, 161: 103000.

[309] HUO D, ZHANG X T, MENG S, et al. Green finance and energy efficiency: dynamic study of the spatial externality of institutional support in a digital economy by using hidden Markov chain[J]. Energy Economics, 2022, 116: 106431.

[310] RAZZAQ A, SHARIF A, OZTURK I, et al. Asymmetric influence of digital finance, and renewable energy technology innovation on green growth in China [J]. Renewable Energy, 2023, 202: 310-319.

[311] HAO X L, LI Y H, REN S Y, et al. The role of digitalization on green economic growth: does industrial structure optimization and green innovation

matter? [J]. Journal of Environmental Management, 2023, 325: 116504.

[312] ANTOCI A, GALEOTTI M, SORDI S. Environmental pollution as engine of industrialization [J]. Communications in Nonlinear Science and Numerical Simulation, 2018, 58: 262-273.

[313] GAO J, ZHANG W F, GUAN T, et al. The effect of manufacturing agent heterogeneity on enterprise innovation performance and competitive advantage in the era of digital transformation[J]. Journal of Business Research, 2023, 155: 113387.

[314] RUIJER E, PORUMBESCU G, PORTER R, et al. Social equity in the data era: a systematic literature review of data-driven public service research[J]. Public Administration Review, 2023, 83(2): 316-332.

[315] MORETTO V, ELIA G, GHIANI G. Leveraging knowledge discovery and knowledge visualization to define the "inner areas": an application to an Italian province[J]. Journal of Knowledge Management, 2022, 26(10): 2743-2771.

[316] LIU J Y, WOODWARD R T, ZHANG Y J. Has carbon emissions trading reduced PM2. 5 in China? [J]. Environmental Science & Technology, 2021, 55 (10): 6631-6643.

[317] 马青山，何凌云，袁恩宇. 新兴基础设施建设与城市产业结构升级——基于"宽带中国"试点的准自然实验[J]. 财经科学，2021(4)：76-90.

[318] CHEN L F, WANG K F. The spatial spillover effect of low-carbon city pilot scheme on green efficiency in China's cities: Evidence from a quasi-natural experiment[J]. Energy Economics, 2022, 110: 106018.

[319] QIAO L, LI L, FEI J J. Information infrastructure and air pollution: empirical analysis based on data from Chinese cities[J]. Economic Analysis and Policy, 2022, 73: 563-573.

[320] YANG X H, LIN S L, LI Y, et al. Can high-speed rail reduce environmental pollution? Evidence from China[J]. Journal of Cleaner Production, 2019, 239: 118135.

[321] DENG H Y, BAI G, SHEN Z Y, et al. Digital economy and its spatial effect on green productivity gains in manufacturing: Evidence from China[J]. Journal of Cleaner Production, 2022, 378: 134539.

[322] SKARE M, DE LAS MERCEDES DE OBESSO M, RIBEIRO-NAVARRETE S. Digital transformation and European small and medium enterprises (SMEs): a comparative study using digital economy and society index data [J].

International Journal of Information Management, 2023, 68: 102594.

[323] REN S M, LI L Q, HAN Y Q, et al. The emerging driving force of inclusive green growth: Does digital economy agglomeration work? [J]. Business Strategy and the Environment, 2022, 31(4): 1656-1678.

[324] MAKOV T, MESHULAM T, CANSOY M, et al. Digital food sharing and food insecurity in the COVID-19 era[J]. Resources, Conservation and Recycling, 2023, 189: 106735.

[325] BEN ARFI W, HIKKEROVA L, SAHUT J M. External knowledge sources, green innovation and performance[J]. Technological Forecasting and Social Change, 2018, 129: 210-220.

[326] YUAN B L, LI C, YIN H Y, et al. Green innovation and China's CO_2 emissions the moderating effect of institutional quality[J]. Journal of Environmental Planning and Management, 2022, 65(5): 877-906.

[327] XIE P J, JAMAANI F. Does green innovation, energy productivity and environmental taxes limit carbon emissions in developed economies: Implications for sustainable development[J]. Structural Change and Economic Dynamics, 2022, 63: 66-78.

[328] HOLZMANN P, GREGORI P. The promise of digital technologies for sustainable entrepreneurship: a systematic literature review and research agenda[J]. International Journal of Information Management, 2023, 68: 102593.

[329] CHEAH C G, CHIA W Y, LAI S F, et al. Innovation designs of industry 4.0 based solid waste management: machinery and digital circular economy[J]. Environmental Research, 2022, 213: 113619.

[330] MESHULAM T, FONT-VIVANCO D, BLASS V, et al. Sharing economy rebound: the case of peer-to-peer sharing of food waste[J]. Journal of Industrial Ecology, 2023, 27(3): 882-895.

[331] MA Q, TARIQ M, MAHMOOD H, et al. The nexus between digital economy and carbon dioxide emissions in China: the moderating role of investments in research and development[J]. Technology in Society, 2022, 68: 101910.

[332] ZHANG L, MU R Y, ZHAN Y F, et al. Digital economy, energy efficiency, and carbon emissions: Evidence from provincial panel data in China[J]. Science of the Total Environment, 2022, 852: 158403.

[333] LI R R, WANG Q, LIU Y, et al. Per-capita carbon emissions in 147

countries: the effect of economic, energy, social, and trade structural changes [J]. Sustainable Production and Consumption, 2021, 27: 1149-1164.

[334] YANG Z, GAO W J, HAN Q, et al. Digitalization and carbon emissions: how does digital city construction affect China's carbon emission reduction? [J]. Sustainable Cities and Society, 2022, 87: 104201.

[335] GAO W L, PENG Y. Energy saving and emission reduction effects of urban digital economy: technology dividends or structural dividends? [J]. Environmental Science and Pollution Research, 2023, 30(13): 36851-36871.

[336] PU Z N, FEI J H. The impact of digital finance on residential carbon emissions: evidence from China [J]. Structural Change and Economic Dynamics, 2022, 63: 515-527.

[337] WANG K L, SUN T T, XU R Y, et al. How does Internet development promote urban green innovation efficiency? Evidence from China [J]. Technological Forecasting and Social Change, 2022, 184: 122017.

[338] 张兵兵，陈思琪，曹历娟. 城市因“智慧”而低碳吗?——来自智慧城市试点政策的探索[J]. 经济评论，2022，238(6)：132-149.

[339] HU J. Synergistic effect of pollution reduction and carbon emission mitigation in the digital economy [J]. Journal of Environmental Management, 2023, 337: 117755.

[340] TAO J, HUANG J J, BIAN G J, et al. Fine particulate pollution driven by nitrate in the moisture urban atmospheric environment in the Pearl River Delta region of South China [J]. Journal of Environmental Management, 2023, 326: 116704.

[341] SANT'ANNA P H C, ZHAO J. Doubly robust difference-in-differences estimators[J]. Journal of Econometrics, 2020, 219(1): 101-122.

[342] CALLAWAY B, SANT'ANNA P H C. Difference-in-Differences with multiple time periods[J]. Journal of Econometrics, 2021, 225(2): 200-230.

[343] 周茂，陆毅，杜艳，等. 开发区设立与地区制造业升级[J]. 中国工业经济，2018(3)：62-79.

[344] YU Y T, ZHANG N, KIM J D. Impact of urbanization on energy demand: an empirical study of the Yangtze River Economic Belt in China [J]. Energy Policy, 2020, 139: 111354.

[345] 宋德勇，李超，李项佑. 新型基础设施建设是否促进了绿色技术创新的“量质齐

升”——来自国家智慧城市试点的证据[J]. 中国人口·资源与环境，2021，31(11)：155-164.

[346] WANG H，LI Y，LIN W，et al. How does digital technology promote carbon emission reduction? Empirical evidence based on e-commerce pilot city policy in China[J]. Journal of Environmental Management，2023，325：116524.